# 대한민국 전문코치 백인백서

**백인백서 추진위원회** 안남섭 · 이경희 · 오정근 · 권영애 · 한민수

**백인백서 편집위원회** 김태균 · 석윤희 · 유승아 · 조진영 · 한혜정 · 유현심 · 한민수

**백인백서 홍보위원회** 민지선 · 노태성 · 김숙정 · 배명숙 · 왕효분 · 유현심 · 신여윤 · 김상호

**대한민국 전문코치 백인백서**

2024년 5월 30일 초판1쇄 발행
2024년 6월 30일 초판2쇄 발행

기획 코칭프렌즈 | 지은이 100인의 전문코치
펴낸이 이찬규 | 펴낸곳 북코리아 | 등록번호 제03-01240호
주소 13209 경기도 성남시 중원구 사기막골로45번길 14 우림2차 A동 1007호
전화 02-704-7840 | 팩스 02-704-7848
이메일 ibookorea@naver.com | 홈페이지 www.북코리아.kr
ISBN 978-89-6324-203-3 (03190)
값 23,000원

coaching

# 대한민국 전문코치 백인백서

100인의 전문코치 지음

북코리아

# PREFACE

바야흐로 코칭의 시대가 열렸다.

10,000명의 코치가 10,000명을 코칭으로 돕는
'Vision Of Community'(VOC 비전)를 실천하기 위해
대한민국 전문코치들이 《대한민국 전문코치 백인백서》로 모였다.
우리의 시작은 100명이지만,
또 다른 100명을 돕는 '사회공헌코칭'을 시작으로
VOC의 비전은 성취되고 있다.

2024년 5월
100인의 전문코치

# CONTENTS

## II 전문코치 2부 코칭다움을 배우다

## III 전문코치 3부 코치다움을 실현하다

## IV 전문코치 4부 코칭 비전을 완성하다

# I

## 전문코치 1부

# 코치의
# 세계로
# 들어가다

001

# 가치 있는 일을 같이 하는 글로벌 파트너 코치 손미향

I.I.M.D 대표
메트라이프사회공헌재단 이사
한국커리어코치협회 상임이사
미국 월드미션대학교 겸임교수
미국국제코칭연맹 PCC
한국코치협회 KPC

진정성 • 회복탄력성 • 공감 • 책임감 • 전략적 사고

"가치 있는 일을 같이 하는 '마음 따스한 파트너 코치' 손미향입니다."

Heartfelt leader to help change the lives of people

**코칭이란** 리더가 구성원의 가치와 목표를 공유하고 그들의 발전을 코칭하는 파트너십이 코칭리더십입니다. 코칭리더십은 구성원이 새로운 기술을 습득하고 상황에 적응하며 자신을 발전시키고자 하는 열망을 높이도록 공감하고 격려해주는 맞춤형 리더십을 의미합니다. 이는 구성원과 리더가 수평적 관계를 형성해 구성원의 잠재력을 발휘하도록 이끌어 유능감과 자율감을 체화learn by experience하도록 도와줍니다. 코칭이란 문제를 해결해주는 것이라기보다는 함께 생각하는 파트너인 코치와 '미래를 창조'하는 것입니다.

## 코치로서의 전문성

좋은 코치로서의 전문성은 클라이언트들의 변화와 성공에 큰 영향을 미치며, 자신의 잠재력을 발견하고 성취할 수 있도록 돕는 것이라고 생각하며, 손미향 코치는 아래와 같은 분야에 특별한 전문성을 지니고 있습니다.

### 1 소통 커뮤니케이션 전문가Communication Professional

좋은 코치는 효과적으로 의사소통할 수 있어야 하며 상대방에 대한 이해로 그들의 필요와 목표를 정확하게 파악하여 개별화된 접근법을 제공해야 합니다. Marketing PR Communication 자원개발 소통 전문가로 활동, 영감을 불러일으키는 연설가입니다.

### 2 리더십과 동기부여Courage Builder

코치는 리더십과 동기부여를 통해 개인이나 팀의 잠재력을 최대한 발휘하도록 도와줍니다. 목표를 설정하고 그에 따른 계획을 수립하여 이루기 위해 지도하고 지원합니다. 30년간 글로벌 광고회사, 국제기구, 국제개발협력단체, 과학기술단체, 미국 대학 등 다양한 기관들에서 활동해왔기에 현재는 진성코칭리더로, 국제기관과 글로벌 기업 간 ESG 코칭을 통해 지역사회와 구성원 그리고 세계 시민이 될 글로벌 인재들의 성장까지도 함께 돕고 있습니다.

### 3 자기 계발과 지속적인 학습Development Professional

전문적인 코치는 자기 계발에 투자하고 지속적으로 새로운 지식과 도구를 학습하여 자신의 전문성을 발전시킵니다. 이를 통해 클라이언트들에게 최신 트렌드와 동향에 기반한 지원을 제공할 수 있습니다. 꾸준히 자기계발서를 출간하며 코치 스스로 지속적인 학습을 하고 있습니다. 특히, 수많은 국내외 글로벌 기관에서 재능기부 자원봉사 활동으로 공익코칭을 통해 가치 나눔을 실천하고 있습니다.

**프로그램 개발 및 저서**

- 《사람이 답이다》(아가페출판사, 2020)
- 《시대를 초월한 성공의 열쇠 10가지》(더로드출판사, 2022)
  *2022 한국 코치협회 올해의 코칭 도서
- 《크리스천 코칭 디스커버리》(공저, 아가페출판사, 2022)
- 《청소년 부모 교사 실전 코칭》(공저, 동화세상에듀코, 2022)
- 《성공을 부르는 용기는 다르다》(역서, 더로드출판사, 2022)

## 가치 있는 일을 같이 하는 글로벌 파트너 코치 손미향의
## ABC 코칭대화모델

### A 코치가 되어 본인 삶에서 무엇이 달라졌나요?

진정성 있는 경청과 열린 질문을 통해 마음을 여는 대화를 하고, 상대를 공감하는 여백이 더욱 풍성해져 깊이 있는 관계를 세워가고 있습니다. 덕분에 소중한 관계 속에서 '알아차림'이라는 아름답고 의미 있는 열매를 가득 맺어가고 있습니다. 특히, 영어를 해야 일할 수 있는 글로벌 기관들에서 일해왔기 때문에, 전문코치가 되어서도 '영어로 코칭'이 필요한 기업의 외국인 근로자, 국제유학생, 난민들에게도 실제적 나눔을 하고 있습니다.

### B 코치로서 달성한 비전은?

글로벌 리더로서, 지난 30년간 글로벌 기업과 국제기구 세계본부, 국제개발협력단체, 과학기술단체, 미국 대학 등 다양한 기관들에서 자원개발 전문가Development Professional로 일해오면서, 인생 후반부는 "가치 있는 일을 같이 하는" 파트너코치로서 'Help change the lives of people'을 꿈꿔왔습니다. 미국 미주장로회신학대학교 객원교수이자 월드미션대학교 겸임교수로서 비즈니스 코칭과 마케팅PR 파트너십 등을 가르치며 글로벌 인재 교육에도 매진했습니다. 코치가 되면서 "가치 있는 일을 같이 하는" 꿈을 더욱 구체적으로 품격 있게 이루어가고 있습니다.

### C 코칭을 통해 깨닫게 된 것은?

자기계발/리더십 전문가로 첫 저서를 발간하면서, "사람이 답이다"라는 제목을 결정하게 된 것은, 지난 2015년 한국뉴욕주립대학교 연구교수이자 커리어개발센터장으로서 재임 시 국제유학생들을 돕고자 시작한 코칭 덕분이었습니다. 국적, 인종, 종교, 문화가 모두 다른 국제유학생들에게 맞춤형 코칭을 통해, 스스로 자신의 길을 주도적으로 찾아가는 데 있어 등대와 같이 중요한 역할을 해주었습니다. 코칭을 통해 '사람이 답이다'라는 귀한 깨달음을 갖습니다.

### plus 앞으로의 비전은?

마스터 코치가 되어 전 세계 글로벌 코치들과 나눔을 통해 미션을 공유하며, 혜택받지 못한 이들일지라도 스스로 비전을 찾아가도록 '함께 생각하는 파트너코치'가 되고자 합니다. "모든 생명은 귀하고, 사람은 사람으로서 품격 있게 살아가야 할 자격이 있기 때문"입니다.

*Global Impact 2030 - with Joyful Career with Joy!*

## Coach's Powerful Coaching Question
## 글로벌 파트너 코치 손미향의 파워풀 코칭퀘스천

1. 내일이 없다면, 오늘 당신은 무엇을 하고 싶으신가요?
   당신도 이 땅에 이루고 가야 할 미션이 있을 텐데요, 죽기 전에 꼭 해놓고 가고 싶은 것은 무엇인가요?

2. 목표 달성을 위한 핵심 단어 5가지를 떠올린다면 무엇이 생각나시는지요?

3. 오늘 대화 중에 무엇이 가장 자신을 움직였다고 보십니까?
   당신에게 가장 가치 있는 것은 무엇입니까?

# 002
# 감사하우스
# 화평 코치 안남섭

(사)미래준비 이사장
바인그룹·동화세상에듀코 고문코치
캐럿글로벌 고문코치
한국코치협회 KSC Korea Supervisor Coach
전, (사)한국코치협회 부회장

미 래 지 향 · 배 움 · 연 결 성 · 공 감 · 화 합

"감사와 기쁨을 주고받는 사랑에너지 충만한 삶의 방식으로 살며 삶의 목적을 찾아 자기다운 삶을 꽃피우고 더 나은 세상을 위해 선한 영향력을 발휘하도록 돕고 동행하는 코치들의 코치 감사하우스 화평 코치 안남섭입니다."

**코칭이란** 변화와 성장을 원하는 개인과 조직의 존재목적을 찾아주고 자기다움과 정체성을 찾고 꽃피워 더 나은 삶과 희망과 신뢰의 공동체에 기여하도록 돕는 진정성과 존재중심으로 함께하는 구조화된 공감 대화 파트너십입니다.

## 코치로서의 전문성

### 1 코칭적 접근이 필요한 시대

2021년 11월 PEW리포트에 17개 선진국 중 유일하게 '물질적 웰빙이 목적인 나라'라는 결과에서 나타난 부끄러운 모습에서 보는 것처럼, 우리 사회는 화려한 고속압축성장의 그림자가 크고 그 대가를 치르고 있습니다. 짧은 기간 경제 기적은 이루어 잘사는 것처럼 보이는데 우리 사회 구성원 대부분의 삶이 행복하지 않은 모습에 우리는 희망을 찾지 못하고 불안해하고 있습니다.

장기화된 코로나19 팬데믹 영향으로 삶의 방식이 급속히 바뀌고 비대면 삶의 방식에 익숙해지며 그에 따른 부작용으로 소통 단절의 어려움이 증폭되고 개인과 조직의 스트레스와 우울감, 무력감 등 사회 전반에 심리적 불안이 늘어나고 있습니다. 공감 부족, 소통방법의 서툶과 관심다양화로 세대차, 소통방식의 차이, 문화 충돌이 심각해지고 있고 부끄러운 갈등공화국 오명을 갖고 있어 행복지수가 낮은 삶의 방식에 대한 대안 찾기와 반성이 일고 있습니다.

가족들이 활동하는 시간대와 방법이 달라지며 함께 식사하는 시간과 기회가 줄어들고 있습니다. 이러한 상황이 지속되며 집밥의 소중함을 공감하고 나누며 관계를 회복하는 행복한 소통장으로서의 공감식탁운동 등 공동체 문화의 회복에 대한 갈증도 커져가고 있습니다. 자기성찰의 시대, 도구가 아닌 자기다움을 살아내는 존재중심적 접근과 영성적 삶의 방식에 관심이 늘어나고 있으며 삶의 방식의 변화를 요구받고 있습니다.

코로나19 이후 소통방식이 다양해지고 인공지능의 도움으로 가상세계와 현실세계가 급속히 융합되며 원격근무와 원격교육 등을 통해 비대면 활동과 스마트워킹 등 효과성 관점에서 새롭고 다양한 삶의 방식이 활발하게 모색되고 시도되고 있습니다. 그동안 무감각하고 익숙해져서 관행적으로 우리의 일상을 지배해왔던 불필요한 거품이 빠지고 크게 급속히 변해버린 새로운 환경에서 공동체의 소중함과 개인과 조직의 존재 이유인 목적이 점점 더 중요해지는 세상으로 급속히 변하고 있습니다.

문맹사적 대전환의 시대를 통과하고 있는 지금 우리가 더 큰 사명과 공유가치를 찾고 공감대를 넓혀가는 사회적 통합을 위해 우리가 가진 다양한 잠재적 자원과 기회를 잘 활용할 수 있는 유연하고 창의적이고 혁신적인 다양한 코칭적 접근이 더욱 중요해지고 있습니다. 저는 우리 기업과 조직의 제도와 삶을 크게 바꾼 계기가 되었던 IMF 환란 시기에 독일에서 들어와 지금 살고 있는 미래마을 감사하우스에 산 지 25년이 되어갑니다.

## 2 코칭과의 만남과 코치로서의 삶

한국에 소개된 코칭을 초창기에 만나고 금년에 1만 명 인증코치회원 시대를 연 한국코치협회 봉사를 하면서 많은 코치를 양성해오며 그동안 전문코치로서의 감사한 삶을 살며 바인그룹과 캐럿글로벌 등 국내 중소기업 등에 코칭을 소개하고 코칭문화를 확산해왔습니다.

그동안 우리가 생태계와 환경을 급속히 파괴하며 물질주의 가치관으로 속도와 경쟁 위주로 잘못 살아온 삶의 방식에 대한 우리 사회 구성원들의 철저한 자기성찰과 자기 인식을 바탕으로 이번 기회에 더 안전하고 건강하고 행복한 세상을 위한 다양한 노력을 돕는 사회 변화의 동력으로서의 코칭문화가 폭넓게 확산되는 계기가 되리라 생각합니다.

## 3 감사하우스 THANKS 코칭모델

그동안 감사하우스에 다녀간 사람들과 함께하며 최근 개발한 THANKS 코칭모델을 통해 건강하고 행복한 일상의 긍정적 코칭 체험을 확산하기 위해 주제가 있는 공감식탁의 활성화를 기대하고 있고 주변의 소중한 사람들이 서로 존중하고 배려하며 만들어가는 희망과 신뢰로 작동하는 품격 있는 아름다운 세상, 대한민국이 앞당겨지기를 소망합니다.

감사하우스는 감사와 기쁨을 주고받는 사랑에너지 충만한 삶을 살며 더 아름다운 세상을 꿈꾸며 일상의 기적을 이루어가는 곳입니다. 감사하우스는 상대를 있는 그대로 존중하며 다양한 모습으로 숨어있는 각자 삶의 목적을 향한 열망과 자원을 끌어내고 미래긍정의 마음으로 자기다운 삶을 주도적으로 선택하고 누릴 수 있도록 돕는 코칭의 파워를 체험하는 공간이 되었으면 좋겠습니다.

감사하우스의 THANKS 코칭모델은 과거 후회와 현재 두려움 미래 염려의 멘탈 후두염에 사로잡혀 자기다운 삶을 누리지 못하는 고객들에게 지금보다 더 건강하고 행복한 삶을 일상의 주제로 경청과 코칭 질문을 통해 감사와 균형된 관점으로 삶을 바라보게 하며 코치다움으로 자기성찰을 돕고 숨은 강점자원을 탐색하고 실행력을 높혀 스스로 감사와 기쁨을 주고받는 사랑에너지 충만한 코.감.기.주.사의 삶을 살도록 돕는 코칭모델입니다.

다음 질문을 수시로 반복하며 코치다움을 드러내는 THANKS 모델이 다양한 공감식탁 현장과 가정의 밥상머리에서 자연스럽게 활용되며 우리의 일상에 빠르게 도미노운동으로 확산되기를 기대해봅니다.

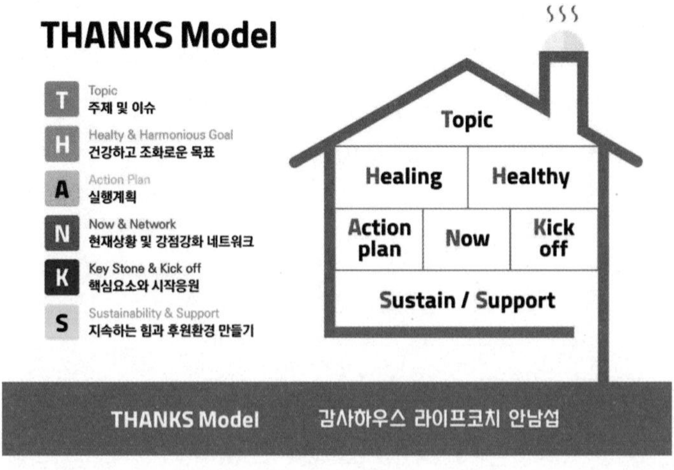

## Coach's Powerful Coaching Question
## 감사하우스 화평 코치 안남섭의 파워풀 코칭퀘스천

1 최근 2주 동안 감사하고 기뻤던 일은 무엇인가요?

2 더 건강하고 행복한 균형 잡힌 나다운 일상은 어떤 모습인가요?

3 나의 존재 이유인 삶의 목적을 분명히 하고 사랑에너지를 더 잘 주고받기 위해 내가 더 노력해야 할 부분은 어떤 게 있을까요?

4 그중에 당장 하나를 실천한다면 내 삶이 어떻게 달라질까요?

5 무엇부터 언제 시작해보시겠습니까?

6 제가 무얼 어떻게 도와드리면 될까요?

003

# 공감과 소통의 관계도코치
# 여유 코치 신여윤

코칭제타 대표
감정코칭·진로코칭전문가, 작가
사람책, 강사, 코치, 유튜버
서울시교육청 학부모책
부모교육전문강사
강남서초교육지원청
학교폭력심의위원

여유 · 공감 · 감정 · 긍정 · 소통 · 감사 · 관계

"배움과 나눔을 실천하며 주변에 에너지를 일으키는 여유 코치 신여윤입니다."

**코칭이란** 코칭은 사람과 사람이 할 수 있는 가장 고귀한 질문대화로 서로의 에너지를 올리고 코치이의 잠재력을 끌어내는 데 가장 탁월한 소통의 툴로서 관계에 있어서도 그 순간의 현존을 감사하게 하는 브릿지 역할을 합니다.

## 코치로서의 전문성

### 1 관계도 여왕

사람책으로 주변의 멘토로 다년간 활동하며 관계에 있어 탁월함

### 2 코치들의 코치

전문 자격취득 전에도 이미 코치들을 코칭할 만큼 공감과 소통 대마왕

### 3 마음챙김 전문가

탁월한 공감능력을 바탕으로 셀프코칭은 물론, 마음챙김 루틴으로 누구에게나 귀감이 되어 함께 하고 싶게 하는 감정코칭 전문가

**프로그램 개발 및 저서**

- 《엄마 교과서》(도트북, 2022)
- 《중위권 학부모를 위한 공부·진로·진학》(공저, 선스토리, 2022)
- 《엄마부터 행복해지겠습니다》(좋은습관연구소, 2023)

**인터뷰**

- 스쿨잼
- 네이버 엑스퍼트
- 경험수집잡화점
- 더 히든 라이터
- 머니투데이
- 뉴시스
- 그 외 신문 다수

공감과 소통의 관계도코치 여유 코치 신여윤의
## ABC 코칭대화모델

### A 코치가 되어 본인 삶에서 무엇이 달라졌나요?

인증코치가 되기 이전부터 다양한 루트로 코칭이라는 과정을 진로코칭, 역량코칭, 감정코칭, 라이프코칭, 청소년코칭, 독서코칭 등 배움과 나눔을 하고 있었고, 정식으로 코칭 기본과정부터 받으면서 느꼈던 것은 문득 오래전부터 지인들이 아니면 처음 어떤 연결고리로 만난 분들과 이야기하다 보면 늘 듣는 얘기가 "선생님과 얘기하면 에너지가 올라요." 또는 "선생님한테는 어떤 얘기도 해도 돼서 편안하고 제가 좋은 사람 같아요." 이런 종류의 얘기였다. 이게 바로 코칭이었구나 싶었다. 결국 나는 코치로서 나 스스로는 물론, 타인의 에너지를 올리는 사람임을 알았고, 그 달란트에 감사하고 더욱 배움과 나눔을 실천하리라 생각했던 것 같다.

### B 코치로서 달성한 비전은?

- 감정코칭 전문가로서 자리매김
- 한국코치협회 인증코치KPC 자격 취득
- 오래전 버킷리스트였던 작가의 꿈 실현
- 사람책으로 스테디셀러 인정
- 긍정확언채널 당나귀TV 유튜버로 영향력
- 감사일기 챌린지, 눈치코치 감정코칭 챌린지로 참여자들에게 좋은 루틴을 형성

### C 코칭을 통해 깨닫게 된 것은?

- 사람의 존귀함 새삼 깨닫게 됨
- 누구에게나 배울 수 있음을 서로 상승마스터로 존재함을 절감함
- 자존자애, 자기자비가 성장과 변화를 이끎
- 시간 관리 이전에 에너지 관리임
- 자기이해는 모든 일의 기본임을 깨달음

### plus 앞으로의 비전은?

- 스테디셀러 사람책처럼 코치로서 역량 꾸준히 발휘
- 긍정확언에 이어 감정코칭, 소행성 관계, 북극성, 알쓸신JOB 등 저자
- 감정코칭의 셀프코칭 누구나 가능하게 실현

## Coach's Powerful Coaching Question
## 여유 코치 신여윤의 파워풀 코칭퀘스천

1. 사랑하는 가족과 대화를 하거나 여행할 때, 코치로서 코치이Coachee(고객)들의 에너지를 일으켜 그들의 변화와 성장을 볼 때 그때 내가 가장 멋져 보입니다. 또는 도움이 필요한 사람에게 도움 그 이상의 마음을 주며, 감사를 받을 때 당신이 가장 예뻐(멋져) 보이는 그때는 보통 어떤 일과 누구와 함께일 때인가요?

2. 소행성 관계, 즉 소통하고 행동하고 성장하는 관계로서 '신뢰감'이 상호 형성되는 게 가장 먼저라고 생각합니다. 당신의 관계에 있어서 우선순위를 고려한다면, 가장 먼저 손에 꼽는 것은 무엇인가요?

3. 사랑하는 사람들과 함께 오래오래 건강하게 좋은 시간을 갖도록 하고, 적어도 선한 사람들이 건강을 잃을 때 속수무책으로 죽음에 이르거나 억울하게 당하는 일은 없도록 하고 싶습니다. 당신이 신이라면 뭘 이루고 싶습니까?

004

## 청소년의 꿈과 성장을 돕는 드림코치 꿈쌤 백수연

독산청소년문화의집 관장
《괜찮아, 꿈이 있으면 길을 잃지 않아》 저자

최 상 화 · 긍 정 · 책 임 · 사 교 성 · 집 중

*"청소년들이 자기 삶의 주인으로 살아갈 수 있도록, 자신이 가진 내면의 빛과 무한한 가능성을 발견해주고, 존재 자체만으로도 반짝반짝 빛날 수 있도록 도와주는 드림코치 꿈쌤 백수연입니다."*

**코칭이란** 코칭은 개인의 가능성을 발견하고, 그 사람만의 고유의 언어를 찾아주는 존재사랑입니다.

## 코치로서의 전문성

### 1 청소년지도사

- 청소년학과 학사·석사를 졸업하고 현장에서 15년 이상 청소년을 만나며 현재는 청소년 기관의 관장으로서 재직하고 있는 이론과 실무를 겸비한 청소년 전문가
- 2023년 올해의 청소년지도자로 선정되어 여성가족장관 표창 수상

### 2 강연가

전국 각지의 학교, 도서관, 청소년기관 등 청소년 대상 진로, 셀프리더십, 인문학, 청소년 참여, 사회 참여, 멘토링 및 코칭 등 18년차 청소년 분야 전문강사

### 3 작가

- 청소년 진로, 셀프리더십, 사회 참여 등 청소년 분야에서 4권의 책을 쓴 청소년 베스트셀러 작가
- 블로그 〈백수연의 꿈이 빛나는 날에〉를 통해 일상의 경험과 성장을 기록하며 글쓰기를 생활화하고 있음

**프로그램 개발 및 저서**

- 《괜찮아, 꿈을 있으면 길을 잃지 않아》(보랏빛소, 2015)
- 《My Dream Diary Book》(보랏빛소, 2016)
- 《괜찮아, 내 인생의 주인공은 나니까》(보랏빛소, 2018)
- 《10대를 위한 사회참여 이야기》(보랏빛소어린이, 2022)
- 〈청소년의 리더십생활기술이 청소년진로태도성숙에 미치는 영향〉(경기대학교 석사학위논문, 2007) *청소년학 전공

**방송 출연**

- TBS 〈상담받고 대학가자〉 겨울방학특집 청소년진로특강 생방송 출연(2019)

드림코치 꿈쌤 백수연의

## ABC 코칭대화모델

### A 코치가 되어 본인 삶에서 무엇이 달라졌나요?

현장에서 청소년지도사로서 청소년을 만나온 지도 벌써 20여 년이 다 되어갑니다. 저의 20대, 30대는 청소년들과 함께 성장했다고 해도 과언이 아닙니다. 코치가 되기 전에 코칭을 이론적으로 따로 배운 적은 없지만, '청소년은 무한한 가능성을 가진 귀한 존재다'라는 관점으로 청소년을 만나왔습니다. 코치가 된 후 제가 청소년을 만나온 가치와 철학에 대한 확신을 갖게 되었고, 앞으로 40대 이후 제가 무엇에 더 집중하며 살아가야 하는지 방향을 알게 되었습니다.

### B 코치로서 달성한 비전은?

- 한국코치협회 인증코치KAC 자격 취득
- 《대한민국 전문코치 백인백서》 공저
- 코칭 기반으로 청소년 강연 및 멘토링 코칭 진행
- 기관장으로서 코칭리더십을 활용한 조직관리 및 기관 운영
- 청소년코칭 전문가로 커리어비전 달성

### C 코칭을 통해 깨닫게 된 것은?

- 자기인식: 셀프1(비판자아) 때문에 가려진 나의 빛을 스스로 깨닫고, 감추고 있던 내 결핍을 극복하고 내 존재를 셀프2(가능성자아)로 변화하고 인식함
- 알아차림: 내 자신과 고객의 감정 뒤에 숨겨진 욕구를 알아차리고, 질문과 피드백을 통해 되돌려주고 성찰하는 습관이 생김
- 존재공명: 나의 코칭으로 인해 누군에게 도움이 되고 기여했을 때, 존중 에너지가 상승하여 상호존중 에너지가 연결되는 공명의 순간을 경험함

### plus 앞으로의 비전은?

- 청소년 공공기관에서 코칭 기반 청소년 프로그램 서비스 제공
- 청소년 대상 재능기부 코칭 1,000명 달성
- 2030년 개인코칭연구소 설립 실현

## Coach's Powerful Coaching Question
## 드림코치 꿈쌤 백수연의 파워풀 코칭퀘스천

1 당신의 삶이 보람 있고 행복했던 순간은 언제인가요? 그 일은 당신에게 어떤 의미가 있나요? 그 일을 통해 당신이 얻고 싶은 것은 무엇인가요?

2 힘들고 위기의 순간에 당신은 어떻게 극복했나요? 그 순간 나를 이끌어간 힘은 무엇인가요? 나에게 그 힘을 주는 사람이나 원동력이 있다면 무엇인가요?

3 누구나 이 세상에 존재하는 이유가 있습니다. 당신에게는 무한한 가능성과 빛이 존재합니다. 당신이 가진 강점으로 이 세상에 도움이 되고 기여할 수 있다면, 당신은 무엇을 하고 싶나요?

005

# 나우코치 眞和 이경희

생애설계코칭연구소 소장
한국사회적코칭협회 마스터 공감코치
언더우드상담코치연구소 트레이너

공감 · 용기 · 창의성 · 열정 · 기쁨

"고객이 진정한 자신을 발견하고 스스로 라이프 디자인을 하면서 일과 삶의 균형과 조화를 이루어갈 수 있도록 동행하는 나우코치 진화眞和 이경희입니다."

**코칭이란** 코칭은 놀라운 가능성을 가진 '나'의 존재를 발견하고, 원만한 의사소통과 대인관계를 통해 공동체('우리') 안에서 충분한 역량을 발휘하고 세상과 더불어 '참된 평화眞和'를 이루어 나가는 배움과 성숙의 과정입니다.

## 코치로서의 전문성

### 1 라이프코칭Life Coaching

아들러 심리분석, 사티어 가족치료, 로고테라피를 기반으로 한 라이프코칭

### 2 코치인증 심사위원

전문코치 자격과정 트레이너 및 인증 심사위원

### 3 마스터코치Master Coach

인생설계코칭 트레이너, 공감코칭 프로그램 개발자 및 마스터코치

**프로그램 개발 및 저서**

- 아들러 심리학을 기반으로 한 〈공감코칭 프로그램〉 공동 개발
- 《신을 신고 벗을 때마다》(도서출판 명상, 2001)
- 《마음의 다락방》(도서출판 Essay, 2005)
- 《두 개의 의자》(와일드북, 2017)
- 《평생 명강사》(공저, 한국평생교육원, 2016)
- 《미래에게 묻고 삶으로 답하다》(공저, 동화세상에듀코, 2020)
- 《오늘이 미래다》(공저, 동화세상에듀코, 2020) 외
- 《코칭의 역사》(공역, 코큽북스, 2015)
- 월간 《주부편지》 상담코칭코너, 월간 《행복한 우리집》 코칭에세이 고정집필

나우코치 眞和 이경희의
## ABC 코칭대화모델

### A 코치가 되어 본인 삶에서 무엇이 달라졌나요?

코칭을 통해 폭넓은 자기이해와 깊은 자아성찰을 하고 건강한 의사소통과 원만한 대인관계의 능력을 갖게 되었으며 지속적으로 배우면서 성장할 수 있는 평생직업을 얻었습니다. 여러 분야의 전문성과 코칭을 융합하여 다양한 고객들에게 효과적인 코칭을 할 수 있게 되었습니다. 전문코치로서 베이비부머 세대를 위한 인생설계코칭을 하고, 코로나 팬데믹 시국에는 회복탄력성을 높이는 생활백신을 개발했으며, 온라인 코칭과 저술활동을 통해 사회적 기여를 했습니다.

### B 코치로서 달성한 비전은?

- 전문코치로서 비즈니스코치, 라이프코치, 인생설계사, 사회복지사, 평생교육사 자격 취득
- (사)한국코치협회 인증코치KPC 및 인증 심사위원
- 사회복지대학원 평생교육원과 경영대학원에서 코칭 강의 및 자격 과정 강사
- 인생이모작을 꿈꾸는 베이비부머를 위한 인생설계코칭과 강의
- 사회적 코칭 활동을 통해 사회적 코치 양성 및 코칭으로 사회적 기여
- 사회적 변화와 회복을 위한 〈공감코칭〉 프로그램 공동 개발
- 개인 수필집(코칭 에세이), 코칭 서적 번역서(공역), 공저 50여 권 출간

### C 코칭을 통해 깨닫게 된 것은?

- 참 나 발견: 셀프코칭을 통한 자아의 통합
- 일과 삶의 균형: 갈등과 스트레스 관리, 회복탄력성 증가, 역량 강화
- 협업과 동반성장: 코치들과의 협업과 연대를 통해 지속적으로 동반성장
- 코칭을 통한 기여로 사회적 변화의 가능성과 희망을 갖게 됨

### plus 앞으로의 비전은?

- 2025년까지 온라인 플랫폼을 활용한 회원 1,000명의 라이프코칭 커뮤니티 운영
- 2027년까지 공동체(가정, 학교, 직장)의 건강한 소통과 관계 회복, 조직문화 혁신을 위한 공감코칭 프로그램 운영 및 공감코치 200명 양성
- 2030년까지 중장년 웰리빙Living & Leaving을 위한 '브라보 마이 라이프스토리' 프로그램 개발과 살롱 운영 및 웰리빙 코치 300명 양성

## Coach's Powerful Coaching Question
## 나우코치 眞和 이경희의 파워풀 코칭퀘스천

1 지난 3년간 코로나 팬데믹 기간에 많은 것을 포기하며 과연 삶에서 가장 중요한 것이 무엇일까 우선순위를 생각하며 보냈습니다. 그렇다면 앞으로 어떤 자세로 살아가는 것이 예상치 못한 위기를 맞이할 때 도움이 될까요?

2 무심코 한 선택이 평생을 좌우하기도 하고 작은 각도가 궤도를 바꾸기도 합니다. 혹시 현재 자신이 처해 있는 상황에서 한 가지를 바꾸어 원하는 방향으로 가고자 한다면 무엇을 버리겠습니까?

3 먼 여행길에 극도로 지치고 힘들 때 쉬어가며 마시는 한 그릇의 시원한 생수는 새로운 활력을 줍니다. 본인의 생활 중에 언제든지 힘을 주는 한 그릇의 생수가 있다면 그것은 무엇입니까?

006

## 사람을 세우고 함께하는 도우미 코치 장재섭

대상주식회사 부장
한국국제기아대책기구 감사실장
평화종합사회복지관 관장
경산시장애인종합복지관 관장
한국기독교코칭학회 감사
코칭프렌즈 사회공헌코치

끈기 · 회복력 · 균형감 · 유연성 · 나눔

*"전환기적 어려움을 겪는 사람에게 다가가 새 힘을 얻어 앞으로 나아가도록 함께하는 도우미 코치 장재섭입니다."*

**코칭이란** 크리스천 코칭은 예수 그리스도의 십자가의 은혜 안에서 하나님의 자녀로서 충만한 삶을 살아갈 수 있도록 고객과 코치가 성령님을 통해 임파워링하는 수평적 파트너십입니다.

## 코치로서의 전문성

### 1 존재론적 변화

나의 존재나무인 성숙함, 유연성, 균형감, 안정감, 내면의 힘, 기여로 40년 조직생활을 하고, 내 자신을 기업 → 국제 NGO → 사회복지 → 사람으로의 관심대로 변화시키면서 존재 실현의 삶을 추구

### 2 상담적 코칭

고객변화와 성장목표를 명료하게 설정하여 성취하도록 돕되, 필요하다면 고객의 과거 미해결 이슈나 부정적 정서 이슈도 함께 다루면서 고객의 건강한 자기를 활성화시켜 보다 효과적으로 변화와 성장을 향해 나아가도록 돕는 순환적 통합 접근

### 3 크리스천 코치

기독교 코칭학회 인증심사위원으로 기독교 영성인 그리스도의 성품으로 변화되어 하나님과 연합하고 타인들과 연합하며 하나님 나라의 공동체의 삶을 추구하는 삶. 결국 존재론적 가치를 바탕으로 심리와 영성을 코칭으로 통합하고자 노력하고 있음

**공부**

- 홍익대학교 세무대학원 세무학 석사(2003)
- 대구대학교 사회복지대학원 사회복지학 석사(2015)
- 커넬글로벌대학 상담학 박사 수료(2021)

사람을 세우고 함께하는 도우미 코치 장재섭의

## ABC 코칭대화모델

### A 코치가 되어 본인 삶에서 무엇이 달라졌나요?

사람에 대한 관심입니다. 세무회계를 전공하여 회계인으로 기업에 25년 몸담았고, 이후 국제 선교NGO의감사실장, 장애인복지관장과 종합사회복지관장으로 40년의 조직생활을 마무리했습니다. 도중에 코칭을 접하면서 조직생활을 돌아보니 재무 기능 → 국제개발 NGO → 사회복지 → 상담·코칭으로 관심분야를 실제 일로서 나 자신을 변화시켜 왔음을 알 수가 있습니다. 결국 기능에서 사람에 대한 관심으로의 변화를 가져온 것입니다. 사람에 대한 관심은 의식과 무의식의 내면을 바라보는 심리와 크리스천으로서 영성을 함께 바라보게 되는 통합적 시각을 갖게 되었습니다. 또한 삶의 생애적인 측면에서도 웰빙well-being과 웰에이징well-aging 그리고 웰다잉well-dying의 통합적 관점도 관심 있게 바라보고 있습니다.

### B 코치로서 달성한 비전은?

- 한국코치협회 인증코치KPC
- 한국코치협회 인증코치KPCC
- 국제코치연합 인증코치CAMC
- 한국기독교코칭학회 인증코치IPC
- 라이프코칭, 감정코칭, 회복력코칭, 긍정심리코칭, 인지행동코칭, 아들러리더십코칭, 수용전념코칭, 웰다잉코칭
- 상담학 전공을 통해 심리학 기반 이론 장착

### C 코칭을 통해 깨닫게 된 것은?

- 자기성찰: 지속적 자기성찰과 Self 코칭을 통해 삶의 원동력을 얻음
- 변화와 성장: 관심에 머무르지 않고 일과 삶을 통해 변화와 성장을 경험
- 통합: 삶의 정체성으로 존재, 심리, 영성의 통합과 생애적 차원의 웰빙, 웰에이징, 웰다잉으로 통합되고 신체적·정신적·사회적·영적인 전인적 건강을 도모

### plus 앞으로의 비전은?

전환기적 어려움을 겪는 사람에게 다가가 그 사람이 기력을 회복하고 일어나 앞으로 나아가도록 자율권과 독립성을 존중하면서 넛지nudge하는 일

## Coach's Powerful Coaching Question
## 도우미 코치 장재섭의 파워풀 코칭퀘스천

1. 당신은 지금 인생의 한 전환기에 있을 수 있습니다. 지금까지 성공적으로 잘 살아왔습니다만, 지금 그 전환기적 어려움이 당신을 짓누르고 꼼짝 못하게 하며 숨 막히게 할 수 있습니다. 그 어려움에서 빠져 나올 수 있는 첫 번째 행동은 무엇입니까?

2. 삶은 선택의 연속입니다. 지금 여기서 더 확장할까? 선택과 집중으로 한 우물을 팔까? 확장하려면 그만큼 시간과 비용이 소요되지만 상응한 성과가 담보되지 않을 수 있습니다. 한편 선택과 집중을 하다 보면 새로운 시도가 막혀 주어진 가능성이 제한될 수도 있을 것입니다. 10년 후 당신은 지금의 선택을 어떻게 평가할 수 있을까요?

3. 100세 시대를 살고 있습니다. 퇴직 후에도 30년이라는 시간이 주어져 있습니다. 성공한 직장생활이 성공한 생애로 담보되지 않을 수도 있는 것입니다. 남은 후반전의 시간이 중요한 이유입니다. 당신의 생애적으로 이루어야 할 가장 중요한 일은 무엇입니까?

007

# 강점을 일상으로 살아가는 사람들과 동행하는 동행코치 이정현

갤럽글로벌 강점코치
블루밍경영연구소 인터널코치FT. 파트너코치
KB손해보험 육성코치 2008년~
오정근의 커리어코칭FT


승부 · 최상화 · 절친 · 배움 · 체계

*"변화와 성장을 원하는 사람들에게 자신의 강점으로부터 시작하는 출발점으로부터 동행함으로 실행하고 정착하게 하는 동행코치 이정현입니다."*

**코칭이란** 코칭은 도움을 주는 대화법입니다. 많은 사람들이 상대방의 이야기를 들어주면서 잘 경청하고 있다고 생각하지만, 자신도 모르게 상대의 이야기를 듣는 것이 아니라 나의 생각을 전달하게 됩니다. 코칭은 상대의 이야기를 충분히 경청함으로 상대의 이야기를 나눌 수 있는 대화법입니다.

## 코치로서의 전문성

### 1 갤럽강점코치

개개인의 강점과 조직의 강점을 찾아 자신의 삶과 일에 성과를 만들어갑니다. 개인은 개인코칭으로 조직은 강점워크숍 진행으로 성과를 만듭니다.

### 2 인터널코치FT

KAC 인증 기본과정 운영으로 코치로서의 삶을 시작할 수 있도록 돕는 FT로서 코치 양성과 이후 코치로서 가는 길에 계속 함께합니다.

### 3 영업조직 육성코치

2008년부터 KB손해보험 육성코치로 현재까지 일하고 있으면서 영업 현장에서 실행하고 정착하는 성과 관리자로서 정착과 성과를 만듭니다.

**프로그램 개발 및 저서**

- 《나는 오늘도 기본을 입고 출근합니다》(매일경제신문사, 2022)
- MY강점 MY퍼스널 브랜딩 과정 런칭(공동운영, 2023)
- 오정근의 커리어코칭 FT 자격(2023)

강점을 일상으로 살아가는 사람들과 동행하는 동행코치 이정현의

## ABC 코칭대화모델

### A 코치가 되어 본인 삶에서 무엇이 달라졌나요?

코칭을 만난 것이 삶에 있어서 가장 힘들었던 시간에 만나게 되었습니다. 코칭을 만나고 특히 나의 강점과 코칭을 같이 바라보게 되면서 나를 인정 하고 타인을 인정하게 되었고 무엇보다 강점으로 잘 살아온 저 스스로를 잘 살고 있다 생각하게 된 계기가 되어서 전문코치로서 제가 느낀 이러한 마음들을 전달하는 사람으로서 제2의 삶을 살고자 합니다.

### B 코치로서 달성한 비전은?

- 한국코치협회 KPC코치
- 미국갤럽글로벌 강점코치
- 국제코칭연맹 PCC 자격 취득
- 오정근의 커리어코칭 FT
- 인터널코치육성 FT로 인터널코치 4기 진행(2023. 8)
- CITCPC PCC과정 수료
- 갤럽강점진단 200건 이상(2022. 8~2023. 8)
- 기업강점 워크숍
- 기업비즈니스코칭·그룹코칭·임원 일대일 코칭

### C 코칭을 통해 깨닫게 된 것은?

- 자기확신: 나의 강점을 인식함으로써 나도 잘하는 사람이라는 확신을 가짐
- 성과향상: 코칭으로 스스로 답을 찾아가게 함으로써 성과가 배가 됨
- 관점전환: 삶은 대인관계의 연속임. 그 대인관계 속에서 함께함의 의미를 다시 느낌

### plus 앞으로의 비전은?

- 전 국민 강점발굴 프로젝트 (자신의 강점으로 살아가는 사람들 육성)
- 2025년 코칭힐링연구소 코칭프로그램 코칭기관 설립
- 2030년 전문코치 1,000명 양성

## Coach's Powerful Coaching Question
## 동행코치 이정현의 파워풀 코칭퀘스천

1 지금은 나를 스스로 인정하고 나를 들여다보는 시간이 필요한 순간입니다. 타인의 관점이 아닌 나의 관점으로 세상을 돌아보는 힘! 바로 당신의 강점은 무엇인가요? 당신의 강점 5가지를 자신의 언어로 이야기해보세요.

2 살면서 많은 결정을 하게 됩니다. 그 결정 중 중요하지만 긴급하지 않은 일은 무엇일까요?

3 우리는 언젠가는 죽음을 누구나 마주하게 됩니다. 묘지의 비석에 어떤 문구로 기록해보시겠습니까?

008

# 온전한 몰입 과정과 성취감 근거 기반 레-코칭 대표코치 오윤주

초록마음코칭 대표
아시아상담코칭학회 상임이사
제주스타트업협회 소속대표

관점전환 · 성취감 · 안전성 · 팀워크 · 소통

"레포츠 액티비티 활동과 심리코칭을 연결하여 내면탐색, 긍정적 관계 향상에 탁월한 레-코칭 대표 전문코치 오윤주입니다."

**코칭이란** 삶에서 마주하는 끊임없는 선택과 결과에 유연하고 당당하게 대응하는 내면의 힘을 키우는 과정입니다.

## 코치로서의 전문성

### 1 다양한 사례 중심 심리상담 베이스

고객이 가지고 있는 내면 감정과 목표를 향한 욕구, 비전을 알아차릴 수 있도록 도와주는 유연한 공감 스펙트럼

### 2 인지행동코칭 전문가

다양한 레포츠 활동 과정을 고객의 삶과 연결하여 근거기반 강점을 도출하고 발견한 긍정자원이 일상에서 지속적으로 실행될 수 있도록 도와주는 전문코치

### 3 실용적인 코칭으로 저변확대

커리어, 학습, 조직의 관계 및 소통 강화를 위해 다양한 분야와 접목하여 개인, 조직이 실용적으로 활용할 수 있도록 지속적인 연구

**프로그램 개발 및 저서**

- 레-코칭 인지행동코칭 프로그램 개발 및 브랜딩: 한국관광공사지원사업자 선정 크라우드 펀딩 성공
- 코칭모델 'PICNIC' 공동개발, 한국코치협회 기초프로그램 인증 예정
- 한국란도너스 슈퍼랜도너 3회, KR5000 2회 달성
- 국내 및 해외(프랑스, 일본) 자전거 장거리(200km~1,200km) 대회 다수 완주 참가
- 스킨스쿠버 어드밴스자격 보유
- 〈자전거타기 인지행동코칭 프로그램이 중년여성의 자아존중감과 생활만족도에 미치는 효과〉(숭실대학교 석사학위논문, 2021) *교육학(커리어학습코칭학과) 전공
- 경영학박사 과정(관광경영학과)

**방송 출연**

- KBS제주 〈탐나는 제주〉 '현장 속으로': [자전거로 내 안의 한계를 뛰어넘다], 2024 2. 29.

온전한 몰입 과정과 성취감 근거 기반 레-코칭 대표코치 오윤주의

## ABC 코칭대화모델

### A 코치가 되어 본인 삶에서 무엇이 달라졌나요?

개인적으로 좌절의 시기에 코칭을 통하여 다시 일어설 수 있었습니다. 삶을 살아가면서 혼자 해결하지 못할 것 같은 문제를 직면하게 되고 더 높은 목표를 이루고 싶은 욕구가 생깁니다. 코치가 되고 지속적으로 코칭을 공부하면서 단단해진 내면의 힘은 문제에 매몰되지 않고 미래지향적 긍정의 힘으로 발현됩니다. 바로 이점이 코치가 된 후 제 삶의 변화입니다.

### B 코치로서 달성한 비전은?

레-코칭을 더욱 많은 고객에게 다양한 환경에서 다양한 액티비티를 경험하고 레-코칭에 참여할 수 있도록 제주도에 사무실을 오픈하였습니다.

자전거 타기에 익숙하지 않은 3인의 가족이 3박 4일 동안 제주도 한바퀴 240km 라이딩과 연결한 레-코칭에 참여했던 프로그램이 가장 기억에 남습니다. 가족이 자전거 타기에 집중하면서 각자의 내면 탐색, 서로를 바라보는 관점 변화가 생겼고 레-코칭 전과 후 가족의 긍정적 관계 변화가 크게 일어났습니다. 수동적이었던 자녀는 성취감 경험이 자신감을 찾게 하였고 막연했던 진로를 스스로 결정하는 결과로 이어졌습니다. 그리고 부모님은 자녀를 위해 앞서서 이끌어주던 자녀교육 방법에서 벗어나 자녀를 믿고 기다려줄 수 있게 되었습니다. 더하여 자녀와 더욱 친밀한 관계변화로 기뻐하셨습니다. 코칭철학을 믿고 코칭을 진행할 때 고객이 스스로 문제를 해결 할 잠재력을 가지고 있다는 것을 경험합니다. 고객과 함께 존재함에 보람을 느끼며 코치로서의 사명감을 가지고 계속 성장하기 위해 노력하고 있습니다.

### C 코칭을 통해 깨닫게 된 것은?

- 관점전환: 입체적인 다각도의 질문이 객관적으로 문제 해결을 도출함
- 질문의 힘: 긍정 질문은 긍정적인 미래로 연결됨
- 존재가치: here & now에 집중하면서 대상에 대한 중립적 수용이 깊어짐
- 실행력: 원하는 미래를 위해 지금의 실행력이 가장 중요함

### plus 앞으로의 비전은?

- 레-코칭의 영역을 넓혀 국내외 플랫폼 사업 확장 및 전문코치 조직 구성
- 코칭 실용서 및 어른 동화책 출간
- 영국에서 개최되는 LEL(런던-에든버러-런던) 1,500km 국제자전거대회 참가 완주

## Coach's Powerful Coaching Question
## 레-코칭 대표코치 오윤주의 파워풀 코칭퀘스천

1 자전거의 핸들은 자전거가 앞으로 나아갈 방향성을 잡아주고 앞바퀴와 뒷바퀴는 앞으로 달려가는 기능을 수행합니다. 당신의 삶은 어떤 가치에 방향성을 두고 있나요? 당신의 가치를 이루는 데 기능하는 가장 큰 강점은 무엇인가요?

2 "행복한가 그렇지 못한가는 결국 나 자신에게 달려있다."(아리스토텔레스) 당신이 행복을 느끼는 순간은 언제인가요?

3 미래를 만드는 것은 현재의 지금 이 순간들입니다. 당신이 원하는 미래를 떠올렸을 때 지금 당장 할 일은 무엇인가요?

009

# 내 안의 잠재력을 발견하고 더불어 함께 성장하는 마가리트 코치 김숙정

크런치타임 대표
한국코치협회 KPC/ ICF PCC
법무부 보호관찰위원

최상화 · 책임 · 절친 · 정리 · 개별화

"위기를 위대한 기회로! 나를 제한하는 걸림돌을 디딤돌로! 도전하며 사람의 탁월성을 발견하고 지지하며 더불어 성장하는 마가리트 코치 김숙정입니다."

**마가리트** 마음의 소리를 듣고 가능을 더 큰 가능성으로 자신을 믿고 다시 행동하는 코치

마! 마음이 먼저입니다
가! 가능성의 존재
리! 리액션Re-action의 존재
트! 트러스트Trust yourself

**코칭이란** 내 안의 잠재력을 발견하고, 위기를 위대한 기회로 만들어가며 가능을 더 큰 가능성으로 만들어가는 과정입니다. 그리고 스스로 제한하는 것들을 걷어내며 자신감있는 삶을 살 수 있는 리더십 스킬입니다.

## 코치로서의 전문성

### 1 강의

풍부한 사례 기반의 조직 내 소통과 성과, 리더십, 소통 강의, 보호관찰 대상자들을 위한 상담 코칭 수강명령

### 2 코칭

내 안의 잠재력을 더 큰 가능성을 발견하고 성장할 수 있는 임파워링코칭, 리더십코칭, 커리어 개발을 위한 커리어코칭, 그룹코칭

### 3 교육 & 컨설팅

교육 프로그램 개발 및 기획 전문가, 프로젝트 진행하며 최고의 성과를 이끌어내는 교육 전문가

**프로그램 개발 및 저서**

- 서울시 '청년 인생 설계 프로그램' 공동 개발(2022)
- 장수돌침대 CS 매뉴얼(코칭 기반) 개발(2022)

**수상**

- 법무부 장관 표창(2022)
- 국방부 군인성교육 최고 강사상(2023)

내 안의 잠재력을 발견하고 더불어 함께 성장하는 마가리트코치 김숙정의

## ABC 코칭대화모델

### A 코치가 되어 본인 삶에서 무엇이 달라졌나요?

인생의 어느 시기 심리적으로 무너지는 일상을 살게 되었습니다. 그 과정에서 자존감이 무너지고 삶의 방향을 잃고 깜깜한 터널 속에 있을 때 코칭 공부를 하게 되었습니다. 코칭을 통해 존재하고 있으며 이 존재는 다른 사람을 존재하게 하는 이유이기도 합니다. 코칭은 꺼져가는 삶의 여정, 터널보다 더 암울한 깜깜한 굴속에서 빛을 찾아 일상을 살아가게 해주는 힘이 되었습니다. 마음을 들여다보며 울고 있는 내면의 아이를 발견하고 알아차림을 해주는 과정에서 내 안에 잠재력과 가능성을 발견하게 해주는 것이 바로 코칭이었습니다. '당신이 빛날 결정적 순간'을 함께 하는 크런치타임을 통해 더 많은 분과 함께하겠습니다. 이제는 개인의 성장을 넘어 타인의 성장을 도우며 더 큰 비전을 향해 나아가겠습니다.

### B 코치로서 달성한 비전은?

- 전문코치로의 성장: 한국코치협회 Korea Professional Coach(KPC), 국제코칭연맹ICF Professional Certificate Coach(PCC), Lego Serious Play F/T, ECC 코칭 F/T
- 그룹코칭 PM, 전문 코치를 위한 코칭, 대학생 그룹코칭, 비즈니스코칭
- 커리어 비전 달성: 전문 코치, 전문 강사, 보호관찰 상담 심리
- 석사 학위 및 박사과정 중
- 평생교육사, 사회복지사, 직업상담사, 심리상담, 안전교육 자격 취득
- 기초의원 비례대표 출마, 공익코칭 프로그램 진행

### C 코칭을 통해 깨닫게 된 것은?

- 언어의 변화: 긍정적인 사고, 긍정적인 행동, 긍정적 삶의 변화
- 위기는 위대한 기회: 삶의 역경은 경력이 됨, 기회를 통해 도전의 삶
- 내면의 잠재력 발견: 스스로를 제한하고 있는 것을 과감하게 걷어냄
- 생각을 행동으로: 과감하게 실행하는 존재, 실패에서 발견하는 자원

### plus 앞으로의 비전은?

- 1,004명의 자신감과 자존감 높은 전문가 육성
- 더불어 함께 성장
- 정치인 코치

## Coach's Powerful Coaching Question
## 마가리트코치 김숙정의 파워풀 코칭퀘스천

1 지금까지 살아오면서 나를 나아가게 하는 힘은 무엇인가요? 그 힘을 통해 어떤 기회와 가능성을 발견했나요? 다시 그 순간으로 간다면 무엇을 더 시도해보고 싶은가요?

2 살아가면서 위기의 순간들을 마주하게 됩니다. 그 위기의 순간 새로운 가능성을 만들어주는 것이 있다면 그것은 무엇인가요?

3 많은 도전과 성공을 이루어내는 당신만의 가치는 무엇인가요? 가장 큰 실패의 순간 당신을 견디고 버티게 해주는 힘은 무엇인가요? 그 힘을 통해 당신이 진정으로 이루고자 하는 것은 무엇인가요? 우리는 누군가가 만들어준 길을 따라가기도 하고 새로운 길을 만들어가기도 합니다. 새로운 길을 개척하는 당신에게 가장 중요한 것이 있다면 무엇인가요?

010

# 마중물 코칭샘
# 배명숙

마중물코칭심리연구소 소장
(사)한국코치협회 전문코치KPC
티처빌원격연수원 '미래지도사' 자격과정 공동 강사
(사)한국적성찾기 국민실천본부 전문강사

성장 질문 · 자기 발견 · 가치 인식 · 자아 실현 · 사회 기여

*"자기 발견과 가치 인식을 통하여 변화와 성장을 돕는 마중물의 역할을 하는 배명숙 코치입니다."*

**코칭이란** 코칭은 질문을 통하여 고객이 스스로 자신의 강점을 발견할 수 있도록 돕고 사회구성원으로서의 역량을 갖추어 자아실현과 함께 사회에 기여할 수 있도록 지지하는 과정입니다.

## 코치로서의 전문성

1. 한국코치협회 전문코치KPC(2012~)
2. 한국교류분석 상담학회 상담사, TAPT 부모교육 강사(2013~)
3. 강동송파교육지원청, 학교폭력대책심의위원(2020~2023)
4. NCS직업교육지도사(NCS인재연구소, 2016)
5. 전문상담교사(교육인적자원부 장관, 2003)
6. 교육학 석사(광운대 교육대학원, 2003)
7. 초등학교 교장 자격(교육부장관, 2016)
8. 교직경력 30년(대한민국 홍조근정포장, 국무총리)

**프로그램 개발 및 저서**

- 〈RAINBOW 질문카드 & 자기발견카드〉 개발(인싸이트, 2021)
- 〈코칭기법으로 함께 행복한 교실 만들기〉(교원연수교재, 2024, CCPI)
- 《자녀의 성장을 돕는 코칭 스킬》(학부모연수교재, 2021, CCPI)
- 《미래에게 묻고 삶으로 답하다》(공저, 동화세상에듀코, 2020)
- 《현장 실전코칭: 라이프, 비즈니스, 커리어 코칭 사례》(공저, 동화세상에듀코, 2021)
- 《오늘이 미래다》(공저, 동화세상에듀코, 2020)

마중물 코칭샘 배명숙의

## ABC 코칭대화모델

### A 코치가 되어 본인 삶에서 무엇이 달라졌나요?

교사로 재직하면서 여러 가지 연수를 받아오던 중 '코칭 클리닉' 과정을 만났습니다. 어떻게 하면 더 잘 가르칠 수 있을까, 더 나은 학생으로 기를 수 있을까 고민하던 중에 코칭은 새로운 눈을 뜨게 만들었습니다. '지시'하지 않고 '질문'을, '질책'하지 않고 '질문'을, 좋은 질문은 학생들을 변화시켰습니다. 좋은 질문은 학생들 스스로 성장하도록 도왔습니다. 자녀를 키우는 데도 큰 힘이 되었습니다. 교직사회에서 더 나은 관리자 역할을 할 수 있었습니다. 자신이, 가족이, 학생이 더 사랑스럽고 더 행복해졌습니다.

### B 코치로서 달성한 비전은?

교직에 있을 때에는 교사연구회, 서울연수원, 서울시교육청, 직무연수, 자율연수, 학부모연수를 통해 코칭 문화를 보급하고자 노력해왔습니다. 퇴직한 이후에는 '마중물코칭문화연구소'를 운영하면서는 코칭 관련 도서 집필과 코칭도구인 질문 카드와 자기발견 카드를 개발해 보급하고 있습니다. 2022년도에는 한국코치협회 공익코칭에서 이 질문 카드를 활용하여 코칭문화 확산에 이바지하고 있습니다. 또한 티처빌 원격연수원의 '미래지도사' 과정 공동강사와 교원 자율연수 '코칭기법으로 함께 만들어가는 행복한 교실' 강의로 행복을 선택하는 기법을 나누고 있습니다.

### C 코칭을 통해 깨닫게 된 것은?

첫째는 학생 한 명 한 명이 귀한 존재라는 것을 깨닫게 되었습니다. 그리고 이 세상에 가치 있는 일은 많지만 그중 하나는 다른 사람의 성장을 돕는 일이라고 생각되었습니다. 다른 사람의 성장을 돕는 방법에도 멘토링, 컨설팅, 트레이닝, 티칭, 코칭 등 많지만 그중에서도 코칭은 정말 탁월한 방법이라고 생각합니다.  왜냐하면 코치의 좋은 질문을 통해 스스로 자신의 강점을 발견하고 스스로 목표를 설정하고, 스스로 계획을 세우며 실천할 수 있도록 돕기 때문입니다. 이렇게 가치 있는 일을 하고 있는 자신에게 감사를 합니다.  셀프코칭을 통해 내면의 자신의 욕구를 발견하고 그것을 이루고자 하는 비전을 갖고 실천하고 있습니다. 코칭은 저에게 있어서 큰 선물이며 자원임을 깨닫습니다. 많은 분들에게도 이 귀한 자원을 선물하고 싶습니다.

### plus 앞으로의 비전은?

- 진로코칭에 필요한 '진로워크북'을 출판하고 싶습니다.
- 청소년 지도에 어려움을 겪고 계신 분이 있으면 함께 그 어려움을 해결해보고 싶습니다.

## Coach's Powerful Coaching Question
## 마중물 코칭샘 배명숙의 파워풀 코칭퀘스천

1. 그동안 시간과 열정을 바쳐서 몰입해왔던 것이 있다면, 그것은 어떤 것입니까? 그것은 자신의 삶에 어떤 영향을 주었습니까? 앞으로의 계획은 무엇입니까?

2. 인생의 로드맵에서 볼 때 당신은 지금 어디쯤 와있습니까? 그런 당신에게 줄 수 있는 최고의 선물은 무엇입니까?

3. 당신의 삶을 스토리로 적어보거나 책으로 발간한다면, 제목은 어떻게 쓰고 싶습니까? 지금까지의 삶에서 가장 잘했다고 생각되는 선택은 무엇입니까? 후세에 남기고 싶은 정신적 유산은 무엇입니까?

011

# 맑은물 코치 심현숙

한국학습코칭전문가협회 학습코치
아주대 글로벌경영학과 라이프 코칭
글로벌 독서모임 '닥책모' 고문코치

열정 · 성실 · 감사 · 용기 · 정리

"지금, 이 순간의 자신의 빛나는 모습을 발견하게 하고, 고객의 미래 모습을 긍정적 변화와 성장으로 돕는 맑은물 코치 심현숙입니다."

**코칭이란** 사랑과 믿음으로 온전하고 완전한 자신의 존재 모습을 발견하고 빛의 존재로서 살 수 있게 돕는 대화입니다.

## 코치로서의 전문성

### 1 독서 모임 리더

알아차림, 영성독서 리더 활동으로 영성의 개발과 마음챙김의 명상을 독서에 도입하여 성찰을 돕는 데 탁월합니다.

### 2 상담

얼굴 경영, 타로 상담으로 개인의 삶을 관찰할 수 있는 대화로 삶을 돌아보고 미래를 설계할 수 있게 도움을 줍니다.

### 3 디지털 툴 활용

디지털 툴 활용에 능력이 있으며, 새로운 디지털 툴을 유연하게 받아들일 수 있습니다.

**미디어 및 교육 활동**

- 〈엄마도 여자다〉 팟캐스트, 유튜브 운영(2017~2019)
- 〈시니어 인지강화 프로그램〉 보드게임 활용 인지강화 교육(2018~2023)

맑은물 코치 심현숙의
## ABC 코칭대화모델

### A 코치가 되어 본인 삶에서 무엇이 달라졌나요?

목표를 향해, 개인의 성과를 향해 앞만 보고 경주마처럼 달리던 삶에서 함께 연결되어 어우러지는 삶이 중요하다고 깨달았습니다. 온전하고 완전한 사랑의 존재인 나를 인식하고, 빛을 내는 존재라는 시각이 생겼습니다. 나를 온전한 존재로 바라보니 다른 존재들에게도 사랑이 생기고 다른 존재들의 긍정적 성장을 돕는 것이 기쁨이 되었습니다.

### B 코치로서 달성한 비전은?

- 교육의 현장에서 일방적 티칭에서 코칭적 대화로 메타인지를 키울 수 있게 교육을 하고 있습니다.
- 한국코치협회 인증코치KPC 자격 취득
- 모임 활동에서 코치의 강점을 발휘하여 연결과 성장을 돕는 습관이 생겼습니다.
- 시니어 교육에서 시니어의 삶을 존경하고 강점을 발견을 도와 미래를 꿈꿀 수 있게 합니다.
- 셀프 코칭으로 매일 성찰하고 질문하는 삶을 살고 있습니다. (배경자아, 관찰자아의 눈이 생겼습니다.)

### C 코칭을 통해 깨닫게 된 것은?

- 긍정의 의식 전환: 두 번의 화살로 나를 아프게 하지 않고 사랑하는 삶을 선택합니다.
- 관찰자아의 성장: 나를 바라보는 나를 인식하고 지금, 이 순간에 머무르게 합니다.
- 배움의 순간 인식: 고통과 시련의 순간을 배움의 순간으로 받아들이게 되었습니다.
- 경청과 공감의 삶: 타인의 이야기를 경청하고 깊이 공감할 수 있게 되었습니다.
- 개개인의 위대함을 인식: 각자의 고유함을 인정하고 상황을 수용하는 마음 그릇이 커지고 있습니다.

### plus 앞으로의 비전은?

- 코치 할머니로 청소년, 청년 세대가 자신의 빛을 발견하고, 빛의 모습으로 세상으로 걸어 나갈 수 있게 도움을 주고 싶습니다.
- 늘어난 평균 수명으로 은퇴 후에도 경제 활동을 해야 할 실버 세대를 코칭하여 살아온 삶을 리뷰하고 미래의 삶을 성장의 포인트로 설계할 수 있게 도우려 합니다.

## Coach's Powerful Coaching Question
## 맑은물 코치 심현숙의 파워풀 코칭퀘스천

1. 우리가 하고 있는 일은 그 길을 걸었던 사람과 현재 그 길을 걷고 있는 사람과 연결되어 있습니다. 연결감을 느낄 때는 언제인가요? 연결감은 당신에게 어떤 의미인가요?

2. "우리가 어떤 일을 하든 세상에는 우리 안의 힘과 창조성을 길어 올려주는 마중물과 같은 이들이 존재한다."(류시화, 《신이 쉼표를 넣은 곳에 마침표를 찍지 말라》) 당신 안의 힘과 창조성을 길어 올려주는 마중물은 무엇인가요?

3. 가장 진실한 자기 자신이 될 수 있는 곳이 퀘렌시아Querencia라고 합니다. 당신의 퀘렌시아는 무엇인가요?

012

## 행복이 솟아나게 돕는 옹달샘 같은 미녀강점코치 서순금

전 리더십코칭센터 이사
전 신한대학교, 폴리텍대학 외래교수
(사)한국코치협회 코치인증 심사위원
현 산업정책연구원 연구교수

전략 • 강점 • 푸드아트테라피 • 스트레스 디톡스 • 명상

"고객이 원하는 곳을 함께 집중하여 고객의 생각을 넘어 성과와 성장을 돕는 미녀강점코치 서순금입니다."

"나와 가족이 행복해졌고 저를 만나는 분들이 행복해졌습니다."

**코칭이란** 고객과 존재 대 존재로 만나 사람들의 보이는 능력과 보이지 않는 잠재력, 성장 가능성을 발견하고 촉진하여 그들이 원하는 것을 달성하도록 해주는 대화 방법입니다.

## 코치로서의 전문성

### 1 리더십

경영학(리더십) 전공자로서 리더십 프로그램 개발 및 강의. 특히, 리더들의 소통, 조직 문화에 특화됨

### 2 코칭

한국코치협회 인증코치이며 코치인증 심사위원으로 전문코치 실력 향상에 탁월함

### 3 공감과 소통

공감, 소통 전문가 과정을 공동 개발하고 훈련시키는 전문가

### 4 푸드아트테라피스트

컬러, 수비학, 타롯, 도형, 한글을 녹여 낸 푸드아트테라피 코칭으로 말로 표현하지 못하는 내면의 마음을 알게 하고 누구에게도 말하지 않은 것을 스스로 하게 해 변화를 이끌어내는 데 탁월함

### 5 스트레스 디톡스

우리의 건강, 사랑 그리고 성장과 성취로 향하는 우리의 길에 마인드와 몸이 낳는 심각한 문제들을 해결하기 위한 인도 고대 명상을 통해 몸, 마음과 가장 중요한 뇌의 디톡스를 해줌

**프로그램 개발 및 저서**

- 《불편한 시간여행》(전자책, 유페이퍼, 2022)
- 〈코칭리더십이 조직구성원의 혁신행동에 미치는 영향: 긍정피드백과 창의적 자기효능감의 다중 매개효과를 중심으로〉(《코칭연구》 13(2), 2020)
- 〈Impact of Organizational Member's Positive Feedback on their Job Satisfaction: The Mediating Role of Intrinsic Motivation and the Moderating Role of LMX〉(《한국콘텐츠학회지》 20(10), 2020)
- 〈코칭리더십과 긍정피드백이 조직구성원의 혁신행동에 미치는 영향: 창의적 자기효능감, 내적 동기부여의 매개효과와 LMX의 조절효과를 중심으로〉(서울과학종합대학원 박사학위논문, 2021)

행복이 솟아나게 돕는 옹달샘 같은 미녀강점코치 서순금의

## ABC 코칭대화모델

### A 코치가 되어 본인 삶에서 무엇이 달라졌나요?

나와 가족이 행복해졌고, 주위 사람들이 행복해졌습니다. 나와 사람에 대한 이해도가 높아졌으며 내가 가지고 있는 재능에 대한 이해와 그 재능을 발휘할 수 있게 돕는 사람이 되었습니다. 영적, 정신적, 신체적으로 건강하게 살아가고 있고, 개인과 조직에 기여하고 있습니다. 나이에 구애받지 않고 꿈을 만들어가고 다른 사람들의 꿈을 만들고 이룰 수 있게 돕고 있습니다.

### B 코치로서 달성한 비전은?

- 내가 꿈꾼 것들을 다 이루고 있음
- 전문코치로 성장, 코치가 되고자 하는 분들 돕고 있음
- 한국코치협회 인증코치KPC 자격 취득
- 한국코치협회 코치인증 심사위원
- 박사학위 및 평생교육사 자격 취득
- 푸드아트테라피코칭 프로그램 개발(코칭, 강의)
- 기업, 대학 강의, 코칭
- 전자책 발행, 독서 모임, 글쓰기 모임 운영
- 사회공헌코칭, 기부로 공헌
- 공감, 소통리더십 프로그램 공동개발
- 스트레스 디톡스 전문가

### C 코칭을 통해 깨닫게 된 것은?

- 의식확대: '누구의 잘못도 아니다' 삶을 경험하는 것입니다.
- 포지셔닝: 각각의 상황에서 '자신이 취한 지점만 있다'라는 것을 알고 인식합니다.
- 온전한 수용: 상황에 따라 타협하지 않고 온전히 수용하려고 노력합니다.
- 영적인 것과 세속적인 것의 균형: 영적인 것과 세속적인 것을 추구합니다.
- 꾸준한 공부: 인간의 삶에 대한 호기심을 가지고 꾸준히 공부합니다.

### plus 앞으로의 비전은?

- 공직자들 대상 코칭서비스 제공, 에세이 책 쓰기, 50명 작가 배출
- 스트레스 디톡스, 코칭, 푸드아트테라피코칭 1,000명

Coach's Powerful Coaching Question

## 미녀강점코치 서순금의 파워풀 코칭퀘스천

1 일상을 바삐 보내다 어느 순간 맥이 풀리고 아무 것도 하기 싫어질 때 필요한 것이 공감입니다. 혹자는 심리적 CPR이라고도 합니다. 누군가 공감의 말 한마디가 다시 한번 힘을 내어 삶을 살아가게 합니다. 당신에게 다시 한 번 힘을 내게 하는 것 그리고 심리적 CPR은 무엇인가요?

2 직장이나 가정에서 '수용'은 정말 중요하지만, 우리는 온전히 수용하지 못하고 타협하게 됩니다. 타협을 하고 수용했다고 오해하기도 합니다. 당신이 온전히 수용받았다고 느껴질 때는 언제인가요? 온전히 수용받았을 때 무엇이 가능해졌나요? 또는 온전히 수용한 적은 언제인가요?

3 사람들의 마음과 의식에는 여러 가지 능력들이 있습니다. 당신은 현재 상황에서 어떤 능력, 마음, 의식을 사용하겠습니까? 어떤 것을 사용하면 당신과 파트너가 좋은 결과를 만들어낼 수 있을까요? 무엇을 사용하면 함께 성장할 수 있을까요?

013

## 발견코치 오정근

국민대학교 겸임교수(문화학 박사)
하우코칭 파트너코치
버크만코리아 연구개발원장

학습 · 스토리텔링 · 철학적 사유

"'코칭은 앎을 다루는 철학적 대화'이므로 더 알아보고 가능성을 발견하는 것에 의미를 두는 발견코치 오정근입니다."

**코칭이란** 본립도생本立道生 - '본이 서야 길이 난다.' 코칭에서 고객이 주체성을 지닐 때 실행력이 살아납니다, 존재를 알아줄 때 감정이 살아납니다, 본질을 알면 길 찾기가 쉽습니다 등의 의미로 사용 가능합니다. 따라서 코치는 본(본질, 본성)을 세우는 일에 집중할 필요가 있습니다.

## 코치로서의 전문성

### 1 코칭자격

- 한국코치협회 인증코치KPC
- 국제코치연맹 인증코치PCC

### 2 강의활동

- 국민대 교양학부와 대학원에서 강의
- 한국코치협회에서 자격유지성장과정 강의(코치의 철학과 코칭의 원리)

### 3 연구논문

- 〈고전 속에 담긴 코칭의 원리: 『대학』과 『중용』을 중심으로〉
- 〈스피노자 에티카의 인식론에 입각한 코칭의 인식확충에 대한 연구〉
- 〈퇴계의 성학십도를 활용한 생각공부〉

**프로그램 개발 및 저서**

- KCA, ICF 인증 프로그램 개발 및 강의: 하우코치사관학교의 〈커리어코칭〉, 〈코칭철학과 조직심리〉
- 버크만 고급과정 개발 및 강의: 〈버크만 수퍼비전과정〉, 〈버크만 디브리퍼전문가과정〉
- 《오정근의 커리어코칭》(거북이북스(북소울), 2022) *한국코치협회 2022년 올해의 코칭도서 최우수상
- 《떨리는 강사 설레는 강사》(공저, 학지사, 2014)

## 발견코치 오정근의
## ABC 코칭대화모델

### A 코치가 되어 본인 삶에서 무엇이 달라졌나요?

- 코칭은 타인의 성장을 돕는 귀중한 직업입니다. 대학 강의에서도 학생 중심의 코칭 방식을 채택해 학생들의 반응도 좋아 '베스트 티처상'도 받게 되었어요.
- 문제 해결 시 답보다는 좋은 질문을 찾는 접근법을 선호합니다. 이런 접근은 제 직관과 통찰력을 키우며, 긍정적인 태도와 함께 미래로 나아가는 데 도움을 줍니다.

### B 코치로서 달성한 비전은?

- 초기에 전문 코치, 교수, 저자 등을 커리어 비전으로 설정했습니다. 이제 박사이자 겸임교수로 철학을 코칭에 연결하고 있으며, 한국코치협회에서 2022년 최우수도서상과 2023년 올해의 코치상을 수상했어요.
- '사람은 연결을 통해 성장한다'는 믿음에 따라, 이룬 모든 성과에 대해 주변 분들께 감사한 마음입니다.
- 13년 동안 코칭 봉사단체(해피포럼)에서 활동하며 세상을 조금이라도 더 좋게 만드는 데 기여하고 지금도 같은 비전을 가진 코치님들과 활동하고 있습니다.

### C 코칭을 통해 깨닫게 된 것은?

- 코치는 코칭 참가자가 자기존재(성품, 강점, 열망 등), 가능성 그리고 기회를 발견하도록 돕는 사람입니다. 따라서 나는 보이지 않는 것을 찾아내고, 말하지 않은 것도 들을 줄 알아야 합니다.

### plus 앞으로의 비전은?

- 작가 겸 커뮤니티 활동가: 삶의 전환을 이룬 스토리텔링 글을 쓰면서 지성과 영성을 키워나가기
- K-코칭 연구자: 코칭과 고전을 좋아하시는 분들과 함께 코칭과 인문학을 연계한 스터디모임 활동을 하면서 K-코칭 방법론을 개발하고 보급

## Coach's Powerful Coaching Question
## 발견코치 오정근의 파워풀 코칭퀘스천

1. 프랑스의 철학자 데카르트는 몸이 허약해 누워 있을 때가 많았다고 합니다. 어느 날 천장 파리의 움직임을 보다가 파리의 이동을 설명해내는 X축, Y축 좌표를 고안해냅니다. 당신의 지금 위치를 좌표에 숫자로 표시한다면 어디에 머물고 있나요? 당신에게 X축은 무엇이고 Y축은 무엇인가요? (추구하는 것을 X축, Y축으로 정해도 좋겠습니다.)

2. 3~5년 후에 어느 지점까지 이동하면 만족스러울까요? 그렇게 된 결정적인 핵심요인은 무엇일까요?

3. 한 달 안에 어느 지점까지 이동하고 싶으신가요? 그곳으로 움직이고 싶은 좋은 이유는 무엇인가요? 그렇게 되기 위해 무엇부터 시작하면 좋을까요?

014

# 변화 극대화 코치 강성윤

더넥스트컴퍼니 전문 코치
(사)한국코치협회 코치대회 사무국
(제13회 코치대회 운영)
(주)CJ CGV 영업지원팀/교육팀 근무

신뢰 · 변화 · 도전

*"삶의 중간지대를 지나는 고객들에게 자신의 능력을 극대화 할 수 있도록 돕는 변화 극대화 코치 강성윤입니다."*

**코칭이란** 비즈니스나 삶에 있어 기존의 모습에서 벗어나 새로운 모습으로 변화하고 싶은 사람들에게 변화를 행동으로 옮길 수 있는 자극을 촉진하는 일입니다.

## 코치로서의 전문성

### 1 리더십

(주)CJCGV에서 중간관리자로 파트장 역할 경험으로, 리더십 코칭, 코칭 기반 리더십 강의 및 워크숍 진행에 탁월함

### 2 코칭

일대일 코칭을 통해 개인의 변화와 조직의 변화를 이끌어내는 전문가

### 3 강의

코칭 철학을 적용한 리더십과 셀프리더십 강의 전문가

**프로그램 개발 및 저서**

- 《문제해결을 바라보는 나의 변화》(비센샤프트, 2021)
- 《성과독서》(씽크스마트, 2022)

변화 극대화 코치 강성윤의

## ABC 코칭대화모델

### A 코치가 되어 본인 삶에서 무엇이 달라졌나요?

코칭을 통해 달라진 것은 목적 없이 주어진 일에만 몰두하던 모습에서 삶에 있어 중요한 것을 먼저 생각하는 모습으로의 변화입니다. 코칭을 접하게 되면서 접한 "당신의 행복의 기준과 성공의 기준은 무엇인가요?"라는 질문에서 그동안의 삶이 나의 기준을 제대로 마련하지 않고 남들의 기준에 따라 살고 있었음을 깨닫게 되었습니다. 각자의 기준에 맞춘 삶을 살도록 하는 부분에 있어 코칭이 큰 역할을 해줄 것이라는 믿음이 생기게 되었고, 이를 다른 사람들과의 코칭에서도 동일하게 마주하게 된 부분이 삶에 있어 가장 달라진 부분이라고 하겠습니다.

### B 코치로서 달성한 비전은?

- 커리어비전 달성: 전문코치로 성장
- 한국코치협회 인증코치KAC 자격  취득
- 코칭 기반 리더십 프로그램 다수 진행

### C 코칭을 통해 깨닫게 된 것은?

- 목적의식: 타인의 기준이 아닌 나만의 기준을 목적으로 선택하게 됨
- 도전: 잠재적으로 내가 원하는 모습으로 도전하는 시도를 하게 됨
- 성장: 어제와 다른 오늘, 오늘과 다른 내일을 위해 끊임없이 성장하게 됨

### plus 앞으로의 비전은?

- 조직의 여성 리더들을 위한 코칭 프로그램 개발 및 운영 30회(2028년까지)
- 중간 관리자를 위한 코칭 프로그램 개발 및 운영 30회(2028년까지)
- 5년 후(2028) 삶의 중간지대에 있는 100명 변화코칭

Coach's Powerful Coaching Question

## 변화 극대화 코치 강성윤의 파워풀 코칭퀘스천

1. 우주에서 지구를 본 경험이 있는 사람은 세상을 살아가는 관점이 달라진다고 합니다. 광활한 우주에서 세상의 사소한 일들의 덧없음을 느낄 수 있기 때문입니다. 당신에게 기존의 가지고 있던 관점에서 완전히 다른 관점으로 관점의 변화가 생긴 일이 있다면 어떤 일이었나요?

2. 비즈니스에서나 조직에서 내부 직원보다 외부 고객이나 외부 파트너가 더 우선시된다고 생각이 들면 내부 직원들은 조직에 대한 신뢰도가 떨어질 것입니다. 비즈니스 상황이나 조직에서 조직 구성원들의 신뢰감을 떨어지게 만드는 것은 무엇인가요?

3. (우리의 소망을 담는 코칭) 나는 타인의 기준에 의해 나의 삶을 살아가는 존재로 살아왔습니다. 앞으로 나는 나만의 기준을 세우고 타인과 비교하지 않는 삶을 위해 살아갈 것입니다. 그렇다면 당신은 어떤 기준을 가지고 앞으로 살아가고 싶은가요?

015

# 보이스코치
## 김상호(타마코치)

방송사 아나운서
스피치 코칭 및 강연 다수
미디어스쿨 운영 총괄
유튜브 '낭독산책' 운영
커뮤니티 '필사와 낭독' 운영
스피치 코칭 프로그램 'TheBetterSpeech' 개발

신 뢰 감 • 친 밀 감 • 유 연 함

"말습관을 고치는 보이스코치 타마 김상호입니다."

**코칭이란** '합의된 여행이다.' 코치이Coachee(고객)의 능력을 최대한 끌어올려 여정을 더욱 풍성하고 의미 있게 만들도록 코치와 협력하는 일련의 과정입니다.

## 코치로서의 전문성

1. 표면적 코칭 이슈 뒤의 이면적 이슈를 잘 캐치함
2. 코칭 프레즌스를 잘 유지함
3. 음성으로부터 고객의 성향을 빠르게 잘 파악함
4. 스피치 코칭의 이슈를 접근하면서 코칭기법을 통해 코치이가 가지고 있는 자신에 대한 '제한적인 믿음'의 원인을 스스로 알아차리도록 함

**프로그램 개발 및 저서**

스피치 코칭 프로그램 'The Better Speech' 개발. 30년 현장경험을 바탕으로 전문 강사들의 퍼블릭 스피치, 말하기 습관의 어려움을 해결하도록 돕고 있습니다.

보이스코치 타마 김상호의

## ABC 코칭대화모델

### A 코치가 되어 본인 삶에서 무엇이 달라졌나요?

자기성찰과 자기성장에 동기가 커졌습니다. 또한 타인에 대한 관심이 많아졌고, 코칭기법을 배우면서 업무나 관계에 확장해 적용하게 되었습니다. 관계, 업무방식, 기획 등 모든 면에서 코칭적 시각으로 세상을 바라보게 되었습니다.

### B 코치로서 달성한 비전은?

- 한국코치협회 인증코치KPC 자격 취득
- 경력과 연계해 스피치 코칭 개발 및 전문코치로 성장
- 사회공헌 코칭 참여

### C 코칭을 통해 깨닫게 된 것은?

자기성찰에서 타인이해, 성과관리, 성장, 마음챙김 등 코칭으로 접근할 수 있는 분야의 광대함을 깨달았습니다. 코칭이 생활에서 누구나 이용할 수 있는 보편적인 교양이 되었으면 좋겠습니다.

### plus 앞으로의 비전은?

- 코칭문화 확산을 위한 운동에 보탬
- 코칭으로 만들어 가는 세상
- 나와 남을 살리는 코칭

## Coach's Powerful Coaching Question
## 보이스코치 타마 김상호의 파워풀 코칭퀘스천

1. 당신의 삶이 온전히 성장하도록 떠받쳐 밀어주는 것은 무엇인가요? 조용히 관찰해보면 우리는 자기를 동기부여하는 선한 의도를 가지고 있는 무언가가 한 가지는 있습니다. 그것이 무엇이든 찾아 발견할 수 있다면 좋겠습니다.

2. 언제든 당신을 긍정하고 두 팔 벌려 지지해줄 사람은 누구인가요? 그런 사람 한 사람을 찾을 수 있다면 당신의 인생은 성공한 인생입니다.

3. 언제든 할 때마다 당신을 가슴 뛰게 하는 일은 무엇인가요? 그것이 우리의 소명이며 살아가게 하는 이유가 아닐까요?

016

# 고객의 꿈과 비전, 커리어를 책임지고 디자인하는 복*드림 코치 복혜정

복*드림Dream 코칭센터 대표
(사)한국코치협회 기획운영위원(2022-2023)
서초 여성 인력 개발센터 카운슬링 코치
엘씨엠컨설팅 부대표

성취 · 책임 · 개발 · 개별화 · 화합

"35년 외국계은행 여성임원의 성공 노하우로 고객의 커리어와 비전을 '성취'라는 복주머니에 차곡 담아드리는 복*드림 코치 복혜정입니다."

**코칭이란** 코칭이란 자기 성찰과 함께 미래의 삶을 디자인하는 과정입니다.

## 코치로서의 전문성

### 1 리더십, 소통

제이피모간체이스JP Morgan Chase 은행, 뉴욕멜론BNY Mellon 은행 35년 경력 여성 임원 출신으로 체계적인 글로벌 조직문화 경험과 사람들과의 소통강점 코치

### 2 코칭

여성리더십 코칭, 커리어코칭, 외국기업코칭, 재무코칭, 영어코칭
한국코치협회 기획운영위원으로 코치협회 중장기 계획 수립에 참여

### 3 퍼실리테이션

강점코칭, VMCC(드러내기 경영), 스마트코칭, 레고시리어스

**제19회 대한민국코칭컨페스티벌 슬로건 4행시 당선(2022. 10. 20)**

- 코: 코칭컨페스티벌은
- 열: 열린 마음에, 열정을 담아
- 새: 새 희망을 꿈꾸며
- 미: 미지의 세계를 찾아 나서는 여행길이다

**고려사이버대 코칭 전공**

- 고려사이버대학교 인재 개발학부 코칭전공 및 코칭동아리CUK 회장

**신문기사 게재**

- "N잡러 시대… 더 나은 미래를 위한 디딤돌", 미래 인재 키우는 '고려사이버대' 재학생 인터뷰, 스포츠동아, 2023. 7. 12.

고객의 꿈과 비전, 커리어를 책임지고 디자인하는 복*드림 코치 복혜정의
## ABC 코칭대화모델

### A 코치가 되어 본인 삶에서 무엇이 달라졌나요?

35년간 외국은행에서 성실하게 열심히 잘 살아왔다고 생각하며 퇴직 후 편히 쉬면서 살아야지 했지만 코치가 된 후 다양한 삶의 사람들을 만나며 그분들의 미래와 함께하고 있다는 것을 깨닫게 되니 앞으로 내가 할 일은 아직 많다는 것을 알게 되었습니다. 100세 시대에 코치로의 출발은 최고로 잘한 인생 2막의 선택이 되었고 새로운 삶을 만들어가는 원동력이 되고 있습니다.

지금까지 나를 위한 일 중심의 고성과자로 살았다면 지금은 개인이나 조직이 행복하게, 해야 할 일을, 하고 싶어 하고, 할 수 있도록 드러내기 경영 VM의 방법론을 보급하여 행복한 사람, 행복기업이 늘어나도록 코칭을 하고 있고 여성 임원으로서의 경험과 노하우를 살려 강점코칭, 드러내기 경영코칭, 멘탈코칭 등에 힘쓰고 있습니다.

### B 코치로서 달성한 비전은?

- 복*드림Dream 코칭센터 대표: 기업임원, 팀장, 대학생, 중장년, 경단여성 등 코칭
- 한국코치협회 인증코치KPC: 멘토코칭
- 미 갤럽 강점 인증 코치: 강점코칭 및 워크숍
- 에니어그램 코칭 강사, 부모교육상담사 1급, 심리상담사 1급
- 스마트코칭/ 레고시리어스 플레이 퍼실리테이터
- VMCCVisual Management Consulting Coaching 퍼실리테이터

### C 코칭을 통해 깨닫게 된 것은?

- 자아 성찰: 내가 먼저 성찰하게 되고 인정, 공감, 칭찬의 위대한 힘을 알게 됨
- 평생학습: 코치의 사명은 평생 학습자가 되어 지속적인 성장을 해야 함. 성실, 배움, 책임의 원칙이 행복하고 여유로운 인생 2막을 가져올 것이라는 확신이 듦

### plus 앞으로의 비전은?

- 스타트업, 중소기업, 외국기업에 비즈니스코칭, 드러내기 경영 행복코칭
- 청년, 여성리더, 중장년 커리어 전문코치로 성장
- PCC, KSC 코치 자격 취득

## Coach's Powerful Coaching Question
## 복*드림 코치 복혜정의 파워풀 코칭퀘스천

1 '나'라는 존재에 대해 얼마나 생각하면서 살아왔는지 알고 싶어요. 내 마음속에 있는 나의 존재 모습을 한번 그려보세요. 그동안 열심히 살아온 자신의 존재를 색깔로 표현한다면 무슨 색일까요? 그 이유는 무엇일까요? 나와 가장 가까운 사람에게 나는 어떤 존재가 되고 싶은지 그 색깔과 그 이유는 어떻게 표현해주시겠어요?

2 우리에게 기회는 항상 찾아옵니다. 기회가 오면 용기를 가지고 선택을 해야 하고, 그 선택 후에는 도전을 해야 하고, 그 도전은 변화와 성장을 이루어냅니다. 그동안 내가 붙잡은 (또는 놓친) 기회는 어떤 것이 있을까요? 다가온 기회를 놓치지 않기 위해서 나는 무엇을 해야 할까요? 5년 후 이 일을 보았을 때 '참 잘했다'라고 여겨진다면 무엇을 잘했기 때문일까요?

3 (우리의 소망을 담는 코칭) 당신은 지금까지 최선을 다해 열심히 살아왔습니다. 삶 가운데 가장 기억에 남는 순간은 언제인가요? 그때의 기억으로 앞으로 당신이 이루고자 하는 비전은 무엇인가요? 그리고 그 비전을 누구와 함께 하고 이루고 싶은가요?

017

# 당신의 삶에 밝은 빛을 담아 드리고 싶은 빛을 담는 코치 조진영

빛을 담는 코칭 대표
빛을 담는 글쓰기코칭 대표
서울시, 경기지역 공공기관 북코칭 코치
대전시교육청 소속 위촉 코치

성장 · 열정 · 긍정 · 공감 · 진정성 · 빛 · 행복

*"당신의 삶에 밝은 빛을 담아 드리고 싶은 빛을 담는 코치 조진영입니다."*

**코칭이란** 코칭은 '밝은 빛 담기'입니다. 고객과 진정성 있는 '함께하기'로 문제해결을 넘어 성장을 위한 '밝은 빛 담기'가 이루어진다면 고객과 함께하며 하나가 될 수 있을 것입니다.

## 코치로서의 전문성

### 1 유연성
공무원, 대기업, 중소기업 출신으로 체계적인 조직 문화 경험에서 얻어낸 긍정적인 조직력과 추진력

### 2 다양성
초등~성인, 논술, 평생교육, 진학지도, 코칭 등 다양한 분야와 대상을 현장에서 다 아우를 수 있는 다양성과 현장력

### 3 창조성
오랜 글쓰기 경력과 코칭을 접목한 글쓰기코칭을 최초로 개발하고 책으로 발간해내는 추진력과 도전정신

**프로그램 개발 및 저서**
- 〈글쓰기코칭〉 프로그램: 20시간, 2023, 빛을 담는 글쓰기코칭
- 《잠시 쉼, 그러고 나니 다시 설렌다》(부크크, 2023)
- 공공기관 북코칭 발간 도서: 《가을햇살이 비치는 눈부신날에》(부크크, 2021), 《다시 꿈꾸는 시간》(부크크, 2021), 《그래서 우린 쓰기 시작했다》(부크크, 2021), 《하지 못했던 말》(부크크, 2022), 《물고기 발자국》(부크크, 2022), 《조금 막 살아도 괜찮아》(부크크, 2023) 외 다수
- KPC, 심리상담사, 글쓰기코칭, 평생교육사, 진로진학상담사, 논술지도사

당신의 삶에 밝은 빛을 담아 드리고 싶은 빛을 담는 코치 조진영의

## ABC 코칭대화모델

### A 코치가 되어 본인 삶에서 무엇이 달라졌나요?

코치는 제2의 인생입니다. 새로운 나를 발견함으로써, 삶의 새로운 전환점이 생겼습니다. 지금까지의 나를 버리는 작업 대신, 멋지게 긍정의 관점으로 전환시키고 그 위에 코치로서의 새로운 모습을 얹는 티핑포인트가 되는 놀라운 마법 같은 시간이 일어나고 있습니다. 시작도 그랬고 지금도 그 마법 같은 일은 계속 이어지고 있는 것 같습니다. 제게 새로운 세상이 열렸습니다. 새로운 세상이 제게 주는 신비로움은 항상 기쁨이고 행복입니다. 이제 문제에 부딪혀도 좌절하지 않습니다. 스스로 해결해나가고 이겨낼 수 있는 힘을 만들어냅니다. 그것은 새롭게 바라볼 수 있는 '눈'이 제게 생겼기 때문입니다. 그 관점의 전환 덕분에 주변의 소소한 일들을 새로운 시각으로 바라보고 새롭게 만들어낼 수 있었고, 이 행복을 주변에 나눠주고 싶은 마음뿐입니다.

### B 코치로서 달성한 비전은?

- 한국코치협회 인증코치KPC 자격 취득
- 글쓰기코칭 프로그램 개발: 코칭 & 글쓰기 & 책발간 '빛을 담는 글쓰기코칭'
- 사업자 등록 '빛을 담는 코칭'
- 국민대학교 경영대학원 리더십과 코칭학 전공

### C 코칭을 통해 깨닫게 된 것은?

- 삶의 전환점: 코칭을 알기 전과 알고 난 후 삶의 큰 전환점이 됩니다.
- 인생의 지표: 앞으로 어떻게 살고 싶은지에 대한 큰 인생의 지표가 생겼습니다.
- 관점 전환: 나의 부정의식마저도 관점 전환에 의해 긍정의식으로 활용하는 데 큰 역할을 하게 되었습니다.
- 열정과 성장: 마음에 하고자 하는 열정이 생기면서 그것이 곧 성장으로 이어져 성취감과 자존감까지 얻게 되었습니다.

### plus 앞으로의 비전은?

- 전문코치로서의 성장: 라이프 & 비즈니스 영역 확대하기
- KSC 도전: 코치다운 코치로 성장하고 거듭 성장하기
- 코칭센터 설립: 코칭 & 글쓰기코칭의 행복 나누기

## Coach's Powerful Coaching Question
## 빛을 담는 코치 조진영의 파워풀 코칭퀘스천

1 당신은 '상실감'을 겪어본 적이 있나요? 잠시 그때를 떠올려보세요. 상실감은 불편함이 아닙니다. 불편함은 덜어내는 작업이 필요하지만 상실감은 텅 비워 버려진 감정입니다. 이제 채워나가기만 하면 되는 감정입니다. 어떠세요? 당신의 마음속 상실감을 하나씩 차곡차곡 채워나간다면 무엇으로 채우고 싶으세요? 그것으로 하나하나 채워나가는 당신의 '상실감'은 무슨 색일까요?

2 '설렘'을 느껴본 적이 언제인가요? 설레었던 시간을 한번 떠올려보세요. 지금 당신을 가슴 뛰게 하는 설렘이 찾아왔다면 그것은 무엇일까요? 어떠한 일로 당신 가슴에 설렘을 만들어주고 싶으신가요?

3 오랫동안 가족들과 주변만 돌보느라, 정작 자신을 돌보지 못한 당신…. 당신이 오랫동안 잊고 있었지만, 오래도록 간직하고 싶었던 당신의 '결'은 무엇인가요? 지금 당신 가슴속에서 당신의 '결'을 꺼내 곱게 단장해보세요. 곱게 단장한 당신의 '결'은 어떤 빛깔을 낼까요?

018

## 사람의 성장을 촉진하는 향기코치 김미정

숭실대 경영학 박사, 숭실대 겸임교수
국민대 MBA 리더십과 코칭 전공 KCLC 멘토코치
SC제일은행 부장

개별화 · 책임 · 커뮤니케이션 · 미래지향 · 배움

*"저는 사람의 성장을 촉진하고, 사람 내면의 고유한 자기만의 사람 향기를 찾아주는 코치입니다."*

**코칭이란** 가장 신뢰받고 안전한 공간에서 코치와 고객 간의 상호 존중의 마음으로 함께 프레즌스presence를 유지하며, 고객의 변화와 성장을 꿈꾸고, 계획하고 구체화하는 대화입니다.

## 코치로서의 전문성

1. 박사학위 논문, 국내 학회 2곳의 소논문, 해외학회 1곳 소논문까지 모두 코칭리더십 관련 연구를 지속적으로 수행하며, 한국코치협회 20주년 코칭 우수논문으로 선정되어 학문적으로 코칭리더십의 유효성을 증명함
2. 회사에서는 코치형 리더로 5년 이상 근무, 조직 내 코칭문화 정착을 위해 12년간 비즈니스 코칭 현장경험이 풍부함
3. KPC, PCC, NLP 프렉티셔너, 강점코치, 슈퍼바이저로 코치를 양성하는 멘토코치로 활동 중

**프로그램 개발 및 저서**

- 《당신만을 위한 100개의 질문》(공저, 북코리아, 2021)
- 〈상사의 코칭리더십이 조직 구성원의 혁신행동에 미치는 영향에 관한 연구〉(숭실대학교 대학원 박사학위논문, 2023)
- 〈A Study on the Effect of Supervisor's Coaching Leadership on Positive Psychological Capital and Organizational Commitment of Organizational Members〉(Kim, M. J., & Park, J. W., *Journal of Korean Society for Quality Management*, 50(1), 2022, 91-104)

사람의 성장을 촉진하는 향기코치 김미정의
## ABC 코칭대화모델

### A 코치가 되어 본인 삶에서 무엇이 달라졌나요?

치열하게 세상을 바라보고 실력으로 인정받고 싶었던 의욕과 열의가 늘 가득했던 내가 코치가 된 이후에는 사람을 귀하게 여길 줄 알고, 코치도 고객도 함께 성장한다는 것이 너무 기쁘고 행복한 삶이 되었습니다.

### B 코치로서 달성한 비전은?

"나는 나를 믿는다!", "코치의 진정성이 고객에게 반드시 통한다!"입니다.

꿈꾸는 나를, 과정을 즐길 줄 아는 나를, 원하는 것은 오랜 시간이 걸려도 반드시 이룬다는 나를 믿습니다. 내가 나에게 주는 믿음이 세상에서 나를 지키고, 세울 수 있는 대체될 수 없는 유일한 나의 힘이라고 봅니다. 코치로서 내가 나를 믿는 신념은 고객에게 좋은 에너지를 전파합니다. 코치의 진정성은 고객에게 고스란히 전해집니다. 가장 안전하고 신뢰된 공간 안에서 코치는 고객의 변화와 성장을 진심으로 바라고 응원하는 파트너입니다. 그 마음은 고객의 코치에 대한 믿음과 고객 스스로가 하고 싶은 용기를 낼 수 있기 때문입니다.

### C 코칭을 통해 깨닫게 된 것은?

코칭은 때로는 나를 직면하게 하고, 나를 성장하게도 하며, 프레임 안에 갇혀 있는 나를 자유롭게 넘어서게 하는 용기를 줍니다. 나의 무의식을 의식적으로 깨닫게 해주고, 잠자고 있는 나의 감수성을 깨워주기도 합니다. 내가 나를 만나는 여정을 코칭을 통해 함께 했을 때 복잡했던 머릿속도 한 줄로 정렬되는 느낌이고, 원하는 것의 목표가 더욱더 선명하고 구체화됩니다. 구체화는 실행으로 이어지고, 그 실행은 결국 내가 원하는 세상을 만나게 해줍니다. '고객의 변화를 함께 꿈꾸는 것!', '그 목표를 이뤘을 때 함께 기뻐할 수 있는 것!'으로 코칭을 통해 세상을 바라보는 눈이 달라졌음을 느낍니다.

### plus 앞으로의 비전은?

코칭리더십을 연구하고 이론적·실무적으로도 세상에 도움이 되는 실무형 연구자로, 조직에서는 코치형 리더로, 코치로서 성장하고 싶은 분들에게는 슈퍼바이저로 저와 함께하는 분들의 성장을 촉진하는 향기코치가 되겠습니다.

## Coach's Powerful Coaching Question
## 향기코치 김미정의 파워풀 코칭퀘스천

1 어떤 상황에서도 흔들리지 않는 나만의 신념은 무엇인가요?

2 나 자신에게 힘을 주는 메시지는 무엇인가요?

3 이 상황에 대해 당신의 내면의 목소리는 뭐라고 말하고 있나요?

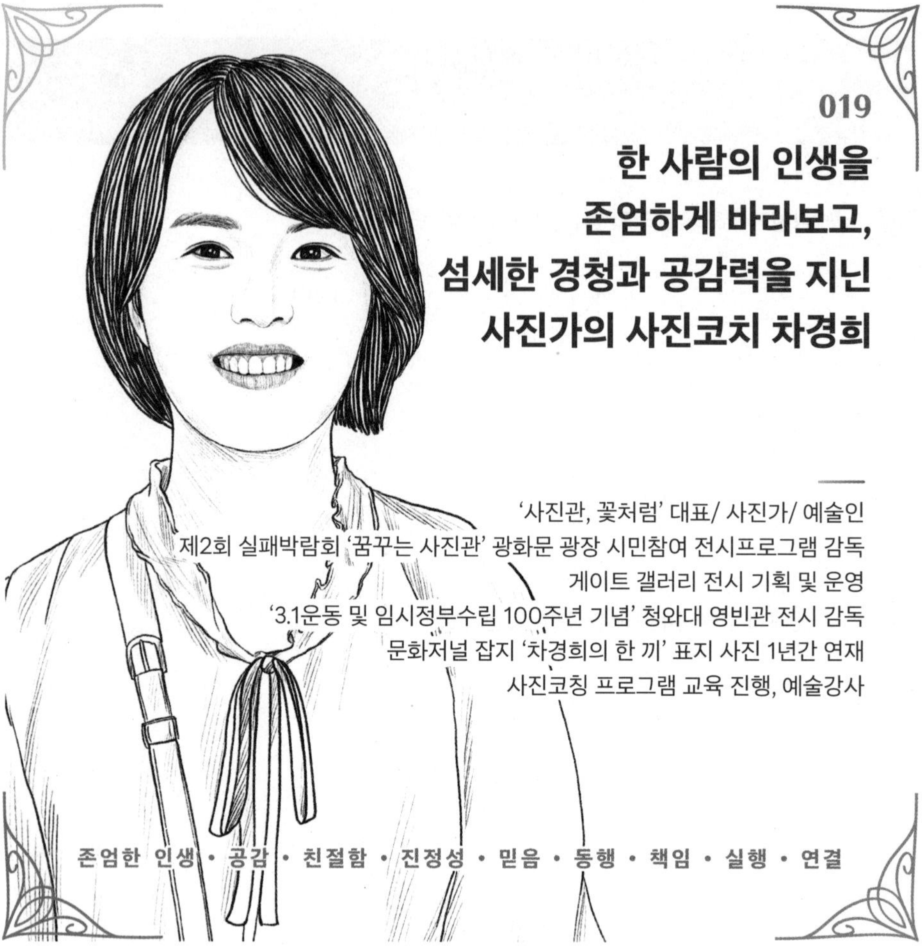

019

# 한 사람의 인생을 존엄하게 바라보고, 섬세한 경청과 공감력을 지닌 사진가의 사진코치 차경희

'사진관, 꽃처럼' 대표/ 사진가/ 예술인
제2회 실패박람회 '꿈꾸는 사진관' 광화문 광장 시민참여 전시프로그램 감독
게이트 갤러리 전시 기획 및 운영
'3.1운동 및 임시정부수립 100주년 기념' 청와대 영빈관 전시 감독
문화저널 잡지 '차경희의 한 끼' 표지 사진 1년간 연재
사진코칭 프로그램 교육 진행, 예술강사

**존엄한 인생 · 공감 · 친절함 · 진정성 · 믿음 · 동행 · 책임 · 실행 · 연결**

*"사진을 매개로, 우리가 살아온 모든 순간이 지극히 존엄한 인생임을 발견하고, 다가오는 삶을 더욱 풍요롭게 설계하는 과정을 지켜보며 동행하는 사진코치 차경희입니다."*

**코칭이란** 심리 상담이 처방전을 제공한다면, 코칭은 스스로 자가 면역력을 키워 고객이 원하는 목표를 향해 정진할 수 있도록 도와줍니다. 고객이 걸어가는 긴 마라톤 같은 삶의 여정에서 코치는 곁에서 삶의 나침반처럼 지켜보며 동행하는 믿음직한 동반자입니다.

## 코치로서의 전문성

### 1 리더십

동강국제사진제 본부 팀장 재직 시, 팀원 존중과 배려로 화목하고 신뢰할 수 있는 분위기를 조성해 업무 성과를 극대화하는 능력을 발휘했습니다.

### 2 코칭

사진가로서 창작 활동을 하며 다양한 삶의 풍경을 경험함으로써, 인간에 대한 깊은 이해와 함께 타고난 예민한 감수성을 바탕으로 경청과 공감 능력이 풍부합니다.

### 3 사진코칭 교육

2014년부터 '생의 존엄함'을 주제로 사진코칭 강의를 시작했습니다. 사진가가 발견한 사진의 강점과 코칭의 강점을 결합하여, 모든 사람이 자신에게 주어진 삶에서 긍정적 가치를 발견하고 존엄한 존재로 살아갈 수 있도록 다양한 사진코칭 프로그램을 개발해 운영하고 있습니다.

**프로그램 개발 및 저서**

- 〈사진코칭으로 쓰는 나의 인생 역사〉 24시간
- 〈포토에세이 코칭〉 8시간
- 《THE GROUND & FORESHORE》(작품집, 수민북, 2013)

**작품 관련 매체 소개**

- YTN 뉴스에서 '자연 속 무덤에서 본 삶과 죽음', 김중선 기자가 전시 소개
- YTN 사이언스 '문화 이끌림'에서 '터, 지속된 시간'을 최동현 배우가 진행하여 소개
- 매일경제, 경향신문, 민중의 소리, 국제신문, 동아일보 등 다수의 매체에서 '터, 지속된 시간, 생의 터 사이의 공간' 전시를 기사로 소개

경청과 공감이 섬세한 사진가의 사진코치 차경희의

## ABC 코칭대화모델

### A 코치가 되어 본인 삶에서 무엇이 달라졌나요?

코치가 된 후 제 삶에는 크게 두 가지 변화가 있었습니다. 첫째, 코칭을 알기 전에는 난관에 부딪혔을 때 외부에서 답을 찾으려 했지만, 이제는 코칭 질문을 스스로에게 적용해 인생의 주인으로 살아가고 있습니다. 이를 통해 '할 수 있다'와 '할 수 없다'는 모두 내 선택의 결과임을 깨닫고, 내가 꿈꾸는 삶을 향해 나아가는 데 있어 실행의 힘을 믿게 되었습니다. 무엇보다, 내가 만든 생각과 경험으로 형성된 가치관이 나의 인생을 이끌며, 스스로를 존엄한 존재로 여기며 긍정적인 마음가짐으로 삶에 임하는 것에 깊은 감사를 느끼게 되었습니다. 둘째, 사진 창작과 교육에서 코칭을 접한 이후, 두 분야의 장점을 결합해 교육 영역을 확장했습니다. 사진코칭을 받은 교육생들이 처음의 어려움을 극복하고 변화하는 모습을 보며, 그들이 느끼는 감사와 삶의 변화를 목격할 때마다 큰 기쁨과 자부심을 느낍니다.

### B 코치로서 달성한 비전은?

- 커리어비전 달성: 전문 사진코치 선구자로 성장
- 한국코치협회 인증코치KAC 자격 취득
- 사진코칭 프로그램 다수개발
- '사진관, 꽃처럼' 대표로 개인의 인생 역사를 한 권의 책과 영상 제작
- 중앙대학교 사진학 순수사진 석사학위 취득

### C 코칭을 통해 깨닫게 된 것은?

- 생각한 대로 미래가 펼쳐지고, 펼친 생각들이 쌓여 내 인생을 완성한다.
- 답을 주지 않고, 경청하고 공감하며 질문하고 지켜보는 것만으로도 큰 힘을 발휘한다.
- 서로 다름을 인정하고, 내 생각이 옳다는 관점에서 깨어나는 지속적인 자세가 필요하다.
- 자신을 신뢰하고 꾸준히 실천하면, 언젠가 목표는 현실이 된다.

### plus 앞으로의 비전은?

- 생활 속 사진코칭으로 전 국민이 존엄한 존재로 살아가는 세상 만들기
- '사진 코칭으로 쓰는 나의 인생 역사' 책 출간하기
- '포토에세이 코칭' 책 출간하기

## Coach's Powerful Coaching Question
## 사진코치 차경희의 파워풀 코칭퀘스천

1. 우리는 모두 존엄한 존재입니다. 사람은 스스로를 무능하다고 여길 때 한없이 나약해지고, 반대로 자신을 신뢰할 때 강한 힘을 발휘하여 무한한 꿈을 펼칠 수 있습니다. 사회적 성공 여부와 관계없이, 자신의 무한한 가능성을 믿고 계신가요? 역경 속에서도 스스로를 존엄한 존재로 여기면 평온한 마음으로 삶에 임할 수 있습니다. 일상에서 자신을 존중하며 친절한 관계를 유지하고 있는지 생각해보세요. 매일을 존엄하게 살아가기 위해 필요한 마음가짐은 무엇일까요?

2. 삶은 매 순간 선택의 연속이었습니다. 우리는 주어진 조건에서 저마다 자신에게 가장 좋은 것을 선택했고, 그 결과로 지금의 내가 만들어졌습니다. 그러므로 오늘날 우리의 얼굴은 지금까지 살아온 수십 년 동안의 날들이 겹쳐져 만들어진 저마다의 인생 풍경이기도 합니다. 테이블 위에 생애 주기별 초상화를 펼쳐놓고 지난날을 떠올려보세요. 당신은 시기별로 어떤 가치를 추구하며 살았나요? 그 가치들이 모여 어떤 정체성을 만들었나요?

3. (우리의 소망을 담는 코칭) 우리에게 주어진 시간은 유한합니다. 그 시간이 얼마나 남았는지 아무도 모릅니다. 태어나는 것에는 순서가 있지만, 떠나는 일에는 순서가 없습니다. 만약 어제 내가 세상을 떠났다면, 가장 후회할 것이 무엇일까요? 가장 아쉬운 세 가지를 얘기해볼까요?

## 020
# 삶 디자이너 코치 민지선

라이프 코치
프리랜서 강사(리더십, 거버넌스, 수퍼바이저 역량강화, 대화기법, 웰다잉·웰에이징 등)
전 사회복지전담공무원
(사회복지사 1급, 사회복지학 석사)

사랑 · 공감 · 성장 · 소명 · 창조성

*"조직과 개인의 삶에 변화와 성장, 성과의 가능성을 일깨워 세상과 연결하는, 삶 디자이너 코치 민지선입니다."*

**코칭이란** 코칭은 코치가 고객이 자신과 깊이 연결되어, 원래의 자신의 힘(가능성, 창의성, 고유성)을 발휘해 내가 진정 살고 싶은 삶을 창조할 수 있게 지지하고 함께 동행하는 모험의 여정입니다.

## 코치로서의 전문성

### 1 리더십

공직 현장에서 오랜 기간 리더십 강의와 후배들의 성장을 지원한 경험으로 맞춤형 코칭리더십 교육, 워크숍 과정 개발 및 운영에 강점

### 2 코칭 안내자

강의와 프로그램에 코칭 질문과 존재 체험을 연결, 일상 속 코칭 경험으로 미래 시대 코칭의 필요성에 대한 인식 확산에 기여

### 3 삶과 예술의 순환코칭

그림, 책, 카드 등을 접목, 경험으로 일어난 변화가 지속적 성장으로 연결되는 치유코칭 운영

**주요 코칭 분야**

- 복지사, 케어기버caregiver, 돌봄가족, 공직자 등 돌봄과 지역 발전에 헌신하는 사람들의 마음챙김과 자기인식, 몸-마음-영혼의 연결과 성장을 돕고, 지지

**프로그램 개발 및 저서**

- 나를 위한 창조성 워크숍 '아티스트 웨이'
  1. 일상의 루틴을 통한 '고유한 나의 창조성 깨우기'
  2. 중년 이후 새로운 시작을 위한 '제대로 자기 돌봄과 성찰'
  3. 변화와 성장을 위한 '내면의 소리 듣기
- 다양한 질문카드, 그림 등을 통한 '마음을 잇는 수다 파티'
  진정한 나를 깊이 있게 만나고, 소통과 공감으로 치유와 성장의 순간 나누기

삶 디자이너 코치 민지선의

## ABC 코칭대화모델

### A 코치가 되어 본인 삶에서 무엇이 달라졌나요?

코칭은 제게 역할이 아닌 존재가 '진정한 나'라는 것과, 누군가 나를 존재로 사랑하고 인정해주면, 더 빨리 있는 모습 그대로의 나를 받아들이고 사랑한다는 것, 타인에 대한 판단과 비교 없이 내가 살고 싶은 삶에 집중하게 된다는 것을 알게 하였습니다.

복지공무원으로 현직에서 일할 때, 저는 지방정부의 올바른 정책은 누군가의 삶에 기회를 준다는 것을 경험하며, 주민과 함께 지역을 디자인하는 일을 제 사명으로 받아, 행복하려고 선택한 직업이 죽을 만큼 힘들다는 후배들을 보면서도, 그들을 위로하고 지지하기보다는, 지금은 분발하고 버티며, 주민 곁에서 복지직의 직분에 헌신해야 하는 시기라고, 지역의 성장을 우선시하여 공동체의 힘으로 그들을 회복시키지 못했습니다.

사람앤사랑연구소의 '존재코칭'을 통한 존재 체험으로, 각 개인이 자신의 고유성을 발견하여 '나다운 삶'을 살도록 사랑과 존중으로 함께 동행하여, 그 '나 다움'이 '나와 너' '세상과 연결'되어 우애와 연대, 환대의 공동체 속에서 사랑의 빛을 밝힐 가능성을 극대화하는 코치로 새로운 소명을 발현하고 있습니다.

### B 코치로서 달성한 비전은?

- 인간의 고유역량을 발현하는 전문가로 성장하기 위한 수련
- 한국코치협회 인증코치KAC 자격 취득
- 웰다잉강사지도자 자격 취득

### C 코칭을 통해 깨닫게 된 것은?

- 머리로 배운 지식이 '앎-체험-삶'으로 이어질 때 진정한 변화와 성장이 일어남
- 무심히 한 말이 곧 나의 선언이라는 언어의 에너지와 파장을 인식
- 사람은 스스로 목표를 잡고, 답을 찾고, 행동하게 하는 힘을 내면에 품고 있는 존재

### plus 앞으로의 비전은?

- 다양한 도구를 융합한 전문 코칭 서비스와 성장 프로그램 개발 연구
- 돌봄을 위해 헌신하는 케어기버의 마음 챙김, 자기인식, 성장을 돕고 지원
- 사회복지와 공직 현장에 '존재코칭' 전파, '존재코치' 양성
- 사회공헌코칭

## Coach's Powerful Coaching Question
## 삶 디자이너 코치 민지선의 파워풀 코칭퀘스천

1 책상을 정리하다 오래된 엄마의 편지를 발견했습니다. 낯익은 엄마의 손글씨가 육성으로 말을 건네는 느낌이 듭니다.

"엄마는 네가 승진하게 해달라고 기도하지는 않아. 그 자리에 가장 적합한 사람이 가게 해주시라 기도하지. 대신 우리 딸은 마음이 약하고 겁이 많으니 담대함을 주시라 청하고 있다."

그날, 이 편지를 받고 행복하고 자랑스러웠습니다. 이런 글을 주시는 엄마라니! 당신 삶에 영향을 미친, 부모님이 남겨주신 가장 위대한 유산은 무엇인가요?

2 우와, 34도의 무더운 오늘, 운동을 마치고 집으로 가는 버스를 타려는데 가방 안에 지갑도 핸드폰도 없네요. 아침에 동생 차를 얻어 타고 바삐 오며, 챙긴다는 걸 깜박했나 봅니다. 뙤약볕에 30분 거리를 걸어오니 온몸은 땀 범벅에 얼굴은 완전히 달아오릅니다. 이때 길가 꽃집에서 저를 부르시네요.

"꽃시장에서 가장 좋아하는 꽃을 운 좋게 싸게 샀어요. 행운을 나누고 싶어서 오늘 지나가는 한 분께 꽃 선물을 하기로 했습니다. 받아주신다면 감사해요."

오늘, 당신의 눈길이 머무는 한 사람은 어떤 사람일까요?

3 "선배는 퇴직 이후의 삶이 기대되는 첫 번째 사람입니다." 이 말을 남긴 후배를 후회하게 하고 싶지 않아서, 나중에 우연히 만났을 때, "나 그 말 때문에 열심히 살았다" 말하고 싶어서, 익명의 후배가 남긴 이 문장 하나가 저를 새로운 인생으로 이끌었습니다. 당신의 가슴을 뜨겁게 진동시킨, 그 한마디는 무엇인가요?

021

## 개인의 의미 있는 삶을 촉진시켜주는 샘터 강점코치 오수남

코칭경영원 전문코치
플로리쉬코칭센터 전문코치
아이지엘코칭그룹 파트너코치
코칭프렌즈 사회공헌코치
미래준비 정회원

친 절 · 인 내 · 적 응 · 책 임 · 체 계

*"강점을 기반으로 내적 동기를 강화해줌으로써 개인의 성장과 변화에 생기를 불어넣어 주는 샘터 강점코치 오수남입니다."*

**코칭이란** 개인이 스스로 성장하고 변화하기 위해 내적 및 외적 자원을 효율적으로 활용할 수 있도록 지원해주는 전문적 협력과정입니다.

## 코치로서의 전문성

### 1 다양한 국내외 경험 기반 코칭

한국은행에서 경제전문가로, 아시아개발은행ADB(국제기구) 및 서울국제개발협력단에서의 선진 국제 경험과 최신 국내외 정보를 활용, 국내 유수기업, 금융기관, 공공기관에서의 코칭 경험

### 2 코치 자격

한국코치협회 인증 KPC, 미국 갤럽 인증 강점 코치, 코칭심리사

### 3 코칭에 심리상담을 접목

상담심리사로서 심리분석까지 활용하여 심층적인 코칭을 할 수 있는 코치

**프로그램 개발 및 저서**

- 교육학 석사(코칭심리 전공), 경제학 석·박사
- 《오늘이 미래다》(공저, 동화세상에듀코, 2020)

개인의 의미 있는 삶을 촉진시켜 주는 샘터 강점코치 오수남의

## ABC 코칭대화모델

### A 코치가 되어 본인 삶에서 무엇이 달라졌나요?

- 코칭철학(인간은 온전하고, 충분한 자원을 가지고 있고, 창의적이다)을 통해 인간의 존엄성과 끊임없는 성장 가능성을 인지하게 되었음
- 코칭을 하면서 누구나 더 성장하고 싶어하고, 또 성장할 수 있음을 확인하게 되었음
- 코치 역량 배양을 위해 끊임없이 자신을 성찰하고, 학습하고, 실행에 옮기는 노력을 하게 됨
- 그 결과 이웃과의 동반 성장과 의미 있는 삶을 위해 노력하게 되고,  삶에서 더 커진 충만감과 행복감을 느끼며 살게 되었음

### B 코치로서 달성한 비전은?

- 평생학습 및 심화학습: 코칭 입문에서 시작하여, 코칭심리학 및 상담심리학을 포함한 다양한 심리 이론 및 실무를 학습하고, 학습의 폭과 깊이를 지속적으로 유지하는 삶
- 자아실현: 학습, 네트워킹, 의미 추구, 성취 경험 등을 통한 충만감을 느끼는 행복한 삶
- 자기초월: 코칭을 매개로 하여 이웃과 동반 성장하는 의미 있는 삶

### C 코칭을 통해 깨닫게 된 것은?

- 사회환원의 즐거움: 고객이 원하는 성장과 변화에 기여하는 즐거움을 깨닫게 됨
- 학습의 즐거움: 코칭과 연계된 분야가 심리학은 물론 인문학, 사회학, 경영학 등 광범위하기 때문에 새로운 분야를 학습하고 지혜의 영역을 확장해나가는 즐거움을 깨닫게 됨
- 네트워킹의 즐거움: 고객과의 동반 성장과 다양한 코치들과의 공동 학습을 통해 확장되어 가는 네트워크에 수반된 즐거움을 깨닫게 됨
- 일상 생활의 중요성: 성장과 행복은 목표라기보다는 일상 생활에서 추구하는 의미가 축적되어감에 따라 실현되는 결과물임을 깨닫게 됨
- 자기 알아차림: 삶의 의미를 발견하고 즐겁고 효율적으로 나아가기 위한 출발점은 자신의 강점, 기질, 성격 등의 알아차림임을 깨닫게 됨

### plus 앞으로의 비전은?

- 은퇴 생활 및 삶의 리셋을 위한 전문적인 코칭서비스 제공
- 심리적 미해결과제를 보유하고 있는 고객에 대한 코칭서비스 제공

## Coach's Powerful Coaching Question
## 샘터 강점코치 오수남의 파워풀 코칭퀘스천

1 우리의 강점을 활용하면 높은 행복감을 느끼고 탁월한 성과를 창출할 수 있습니다. 그런데 강점은 노력과 개발이라는 투자를 필요로 합니다. 당신의 강점은 무엇이며, 강점을 키우기 위해 당신은 어떤 투자를 해나가고 있습니까?

2 우리가 성장하고 변화하기 위해, 그리고 이웃의 성장과 변화를 돕는 데 있어서의 성공 요소로 신뢰, 감성, 이성(아리스토텔레스의 설득의 3요소)을 생각해볼 수 있습니다. 당신은 각각에 대하여 어느 정도의 역량을 갖추고 있나요? 그리고 얼마나 효율적으로 활용하고 있나요?

3 인간은 자기초월성을 가지고 있어 자신을 넘어서 누군가에게 다가가고 싶어하고, 그리고 의미 있는 어떤 것을 향해 나아가고자 합니다. 당신이 다가가고자 하는 사람은 누구이며, 추구하고 있는 의미는 무엇입니까?

022

## 긍정적인 변화와 성장을 함께하는 성장 파트너 하베르 코치 왕효분

숭실대학교 금융경제학과 겸임교수
고려사이버대학교 인재개발학부 외래교수
토머스레너드코칭교육원 부원장

연 결 성 · 개 별 화 · 배 움 · 절 친 · 책 임

"고객의 존재에 빛을 비추어 고객이 스스로 자신의 변화와 성장의 여정을 걷도록 돕는 하베르(짝꿍) 코치 왕효분입니다."

**코칭이란** 코칭은 자신 안에 이미 존재하는 가능성과 잠재력을 발견하고 끌어내어, 원하는 미래의 긍정 그림에 도달하도록 돕는 수평적 파트너십입니다.

## 코치로서의 전문성

### 1 코칭

발견과 통찰을 불러일으키는 코칭 전문가, 전문코치 양성 및 KCA 인증코치 심사위원

### 2 하브루타

(주)에듀빈 평생교육원 하브루타 지도사 과정 개발 및 강의 담당 교수로 하브루타 전문가

### 3 교육

교육 현장에 코칭을 스미게 하는 가교 역할을 하고 있으며, 교육과 강의에 코칭을 융합하는 교육 코칭 전문가

**프로그램 개발 및 저서**

- 〈중학생의 수학교과에 관한 인식유형 연구〉(*Global Creative Leader: Education & Learning*, 10(2), 2020: 193-217)
- 〈코칭서비스품질과 코칭만족, 자기효능감, 코칭충성도 간의 관계 연구〉(《글로벌경영학회지》 18(5), 2021: 39-62)
- 〈Analysis of the Relative Importance of Coaching Service Quality〉(Data Science and Digital Transformation in the Fourth Industrial Revolution, 25-38)
- 〈코칭서비스품질이 코칭충성도에 미치는 영향에 관한 연구: 코칭서비스품질의 척도개발을 중심으로〉(숭실대학교 박사학위논문, 2021)
- 유아하브루타 지도사 자격과정 개발 (주)에듀빈

## 긍정적인 변화와 성장을 함께하는 성장 파트너 하베르 코치 왕효분의
# ABC 코칭대화모델

### A 코치가 되어 본인 삶에서 무엇이 달라졌나요?

관점의 전환과 가치 실현: 사람들에게 긍정적인 영향을 주어 그들의 변화와 성장을 돕는 것이 제 삶의 중요한 가치입니다. 특히 청소년이 제 열정의 대상입니다. 코치가 되기 이전에는 청소년들의 부족한 부분을 발견하고 채워주기 위해 고군분투했다면, 코치가 된 이후에는 그들의 잠재력을 먼저 발견하고 인정하는 것으로 자연스럽게 관점이 전환되었습니다. 이러한 변화는 상대방이 스스로 생각할 공간을 만들어주고, 그들이 자발적으로 자신이 원하는 미래로 나아가도록 돕게 되었습니다. 이를 통해 제 삶의 가치를 즐겁게 실현할 수 있게 되었습니다.

### B 코치로서 달성한 비전은?

- 코칭심리 전공 경영학 박사 취득
- 코칭 관련 연구 및 개발
- 교사 및 학원장, 강사 분들에게 코칭 교육으로 코칭 문화 확산
- 시·도 교육청 교육 관련 사업에 강사 및 코치로 활동
- 대학 겸임교수로 임용
- 코치자격인증 프로그램 FT로 인증 코치 양성

### C 코칭을 통해 깨닫게 된 것은?

- 모든 사람은 있는 그대로 온전하다(충분하다).
- 나의 패러다임을 내려놓고 고객의 패러다임 안에서 고객을 만날 때 진정한 공감과 이해로 고객과 함께할 수 있다.
- 100명의 고객에겐 100개의 코칭 접근이 있다.
- 코칭은 고객은 물론 코치도 성장시킨다.
- 코치는 삶에서도 코치다워야 한다.

### plus 앞으로의 비전은?

- 공교육과 사교육 현장에 코칭으로 스며들어 학생들의 잠재력 깨우기
- 100명의 장애인 코치 양성 지원하기
- 교육코칭 프로그램 개발 및 시행(교육코칭 공동체 육성)
- 교육 현장의 리더 100명을 코치로 양성

## Coach's Powerful Coaching Question
## 하베르 코치 왕효분의 파워풀 코칭퀘스천

1 삶에서 중요하게 생각하는 가치는 인생의 길을 잃지 않게 해주며 어려운 일을 만났을 때 우산과 같은 역할을 해줍니다.

삶에서 가장 중요하게 생각하는 가치는 무엇인가요?
그 가치는 나를 어디로 데리고 가고 있나요? 나의 일상(하루)에 그 가치가 담겨 있나요?

2 에너지는 강점을 나타내기도 합니다. 그리고 그 강점이 자신의 가치와 연결되어 공동체에 긍정적인 영향을 미칠수록 더 만족스럽고 행복한 삶을 영위할 가능성이 커집니다.

당신은 무엇을 할 때 가장 가장 신나고 활력을 느끼나요?
그 일을 하는 것은 나의 가치와 어떻게 연결되나요? 그 일을 하는 것은 나 외에 누군가에게 좋은 영향을 줄 수 있다면 누구에게 어떤 영향을 주고 싶나요?

3 자신의 고유함을 인식하고 발휘하는 것은 진정한 자기다움을 실현하는 것입니다.

다른 사람들은 나를 어떤 사람이라고 주로 말하나요?
나는 어떤 내 모습이 가장 나답다고 생각하나요?
나는 어떤 사람으로 나이 들어가고 싶나요?
(또는 내 묘비에 어떤 글귀가 새겨지길 바라나요?)

023

# 고객의 안전한 변화와 성장을 돕는 대한민국 1호 세이프 코치 최성남

코칭연구소 지음(부설 안전코칭연구소) 대표
한국코칭학회 상임이사
커리어코치협회 상임이사
경희사이버대학교 재난안전학부 겸임교수
대한산업안전협회 전문교수
한국건설기술사회 전문교수
대한산업보건협회 전문교수

발상 · 미래지향 · 전략 · 배움 · 지적사고

*"안전한 변화와 성장을 원하는 고객의 미션과 비전, 실행력 강화를 위해 존재 중심의 코칭을 하는 대한민국 1호 세이프 코치 최성남입니다."*

**코칭이란**

최성남 코치의 코칭은 코칭 철학을 기반으로 고객의 존재에 집중합니다.

- 제1철학: 모든 고객에게는 무한한 가능성이 있다.
- 제2철학: 그 고객에게 필요한 해당은 모두 그 고객 내부에 있다.
- 제3철학: 해답을 찾기 위해서는 코치가 필요하다.

## 코치로서의 전문성

### 1 학문적 경험

다양한 학문적 배경(코칭학 박사, 경영학 석사MBA, 안전공학 학사)으로 이론적 배경과 현실의 융합을 이루는 탁월함

### 2 코칭

약 25년의 현업 경험(위기관리, 안전환경보건, 경영전략, HRD, 구매, 감사, 전담안전관리자, 회계, 총무 등)과 타로코칭, 강점코칭, 커리어코칭, 리더십코칭, NLP 코칭 등 다양한 코칭 툴Tool과 고객 맞춤형 코칭이 가능한 코칭 전문가

### 3 강의

코치자격과정, 코칭리더십, 안전코칭, 안전관련 전문강의, 안전문화, 안전리더십, 강사역량 강화 과정, 프레젠테이션 역량 강화 등 다양한 영역의 강의 역량과 경험을 겸비한 전문 강사

**프로그램 개발 및 저서**

- 《나는 내 멋대로 살기로 했다》(마인드북스, 2019)
- 《한국형 커리어코칭을 말한다》(북코리아, 2020)
- 《한국형 리더십코칭을 말한다》(북코리아, 2023)
- 《안전코칭지도사 SPC/SSC 자격과정 프로그램 개발》(대한산업안전협회, 2019)
- 〈중간관리자의 코칭역량 척도 개발〉(《코칭연구》 13(4), 2020)
- 〈기업 중간관리자의 코칭역량과 일터환경특성이 직무성과에 미치는 영향: 조직몰입의 매개효과〉(남서울대학교 박사학위논문, 2022)
- 〈재생에너지 초기 사업안정 기반을 위한 선발 이점 확보 방안 연구: 진입장벽 구축 중심으로〉(성균관대학교 석사학위논문, 2016)

고객의 안전한 변화와 성장을 돕는 대한민국 1호 세이프 코치 최성남의

## ABC 코칭대화모델

### A 코치가 되어 본인 삶에서 무엇이 달라졌나요?

제 삶은 코칭을 알기 전과 후로 나뉜다고 말씀드릴 수 있습니다. 코칭을 처음 접하게 된 계기는 상사와의 갈등으로 힘들어 하던 때, 코치이신 대학원 선배님의 권유였습니다. 코치자격과정에 참여하는 동안, 선배님께 코칭을 받으며 상사와 갈등의 원인이 상사가 아닌 저 자신에게 있었다는 성찰을 할 수 있었습니다. 코칭 공부를 시작한 후로는 상사에 대한 비판이나 원망보다 저의 변화에 초점을 맞추게 되었습니다. 이렇게 제 삶의 관점이 바뀌어 삶의 태도까지 바뀌게 되었습니다. 제 삶의 태도가 바뀌고, 상사와의 관계, 회사 내에서의 성과 등 큰 변화와 성장, 성취를 이룰 수 있었습니다. 즉, 저에게 코칭은 삶의 전환점이며, 제 삶의 중심입니다.

### B 코치로서 달성한 비전은?

- 대한민국 1호 세이프 코치로 자리매김
- 한국코치협회 인증코치KPC, GALLUP 강점코치, 코칭전문강사 등 자격 취득
- 안전코칭지도사 자격 과정 개발(대한산업안전협회)
- SMART 코칭 프로그램으로 코치 양성
- 코칭학 박사, 경영학 석사MBA, 안전공학 학사 등 다양한 분야의 학문적 연구
- 저서 3권, 논문 5편, 칼럼리스트 활동으로 세상의 안전한 변화와 성장에 기여
- 코치(라이프, 비즈니스, 안전 등)와 교수, 컨설턴트로 성장

### C 코칭을 통해 깨닫게 된 것은?

- 인지와 인식 확장: 이슈의 원인과 변화와 성장의 기반을 자신에게서 찾게 됨
- 다양한 관점의 발견과 전환: 현상 인식과 변화와 성장의 방법을 다양한 관점에서 발견하고 고정관점에서 벗어나 새로운 관점을 발굴함
- 존재 중심의 안전한 변화와 성장: 존재의 이유와 가치 중심의 코칭
- 코칭은 옳다: 코치다운 삶Coachable은 삶은 감사와 행복으로 충만하게 함

### plus 앞으로의 비전은?

- 안전코치 자격과정, 전문코치 자격과정 개발(KCA 인증 또는 행정안전부 인증, 2024)
- 코칭연구소 지음 주관 자격과정 수료자 매년 100명 이상 배출
- Ten Bookers 되기: 저서 10권 출간(현재 3권, 60세까지 매년 1권 출간)

## Coach's Powerful Coaching Question
## 대한민국 1호 세이프 코치 최성남의 파워풀 코칭퀘스천

1 "목표를 이룬 사람들은 질문처럼 행동하지 않고, 질문의 답처럼 행동합니다."

원하는 것을 이루기 위해 도움이 되는 질문은 무엇인가요?
질문의 답처럼 행동하기 위해 당신이 가져야 하는 태도는 무엇인가요?

2 "작게 시작하세요. 작은 성공은 새로운 영역을 만드는 씨앗입니다."

당신이 이루고 싶은 올해의 목표는 무엇인가요?
목표 달성을 위해 필요한 작은 성공 세 가지는 무엇인가요?
작은 성공들이 이루어지면 당신에게 일어나는 변화는 무엇인가요?
작은 성공 세 가지 중 가장 먼저 이루고 싶은 것은 무엇인가요?

3 "매일 반복하는 것이 당신을 말해줍니다."

지금까지 1년 동안 매일 반복해온 것은 무엇인가요?
매일 반복한 결과는 무엇인가요?
앞으로 새롭게 매일 반복하고 싶은 것 한 가지는 무엇인가요?
새로운 한 가지 실행을 1년 동안 매일 반복한다면, 어떤 변화가 예상되나요?

024

## 숨숨코치 신정순_esther

심리치유 & 코칭연구소
숨숨 더 라이트하우스 대표
OCC(오정근의 커리어코칭 클럽) 멤버 코치
머니프레임(한국재무심리센터) 코치

긍정 · 끈기 · 열정 · 호기심 · 공감과 소통

"코치와 고객이 만나서 함께 '숨' 쉬는 공감으로 소통하는 숨숨코치 신정순입니다."

**코칭이란** 코칭은 코치와 고객이 함께 호흡하며, 들숨과 날숨으로 소통하고 상호작용하는 '더불어 숨 쉬는 과정'입니다. 몸의 호흡은 물론, 마음의 호흡과 영적인 '숨'이 어우러져 고객 내면의 무한한 잠재력과 성장 가능성을 스스로 발견할 수 있도록 돕고, '숨 쉬는 과정'을 통해 사람을 살리는 것이 코칭입니다.

## 코치로서의 전문성

1. 40년간의 국책은행 근무 경력을 바탕으로 다져진 공감과 소통전문가
2. 오정근의 커리어 코칭 클럽OCC 멤버로서의 커리어 코칭 전문가
3. 한국재무심리협센터 〈머니 프레임 코치〉 전문가

**프로그램 개발 및 저서**

- 《에스더의 꿈꾸는 등대》(시집, 문학바탕, 2016)
- 《에스더의 힐링등대》(시집, 문학바탕, 2020)

숨숨코치 신정순_esther의

## ABC 코칭대화모델

### A 코치가 되어 본인 삶에서 무엇이 달라졌나요?

코칭을 통해 달라진 것은, 국책은행에서 40여 년 넘게 재직하면서 몸에 배어버린 조직과 개인에 대한 편협한 고정관념과 선입견의 틀에 갇혀 있던 생각을 바꾸게 되었다는 점입니다. “사람이 가장 중요한 존재다!!!”, “누구도 상처받을 수 없고, 상처를 줘서도 안 된다!!!”, “누구나 자기 자신의 내면에 무한한 잠재력을 품고 있다!!!”라는 생각으로의 변화입니다. 앞으로 다가올 인생 후반전은 ‘고객의 무한한 잠재력을 바탕으로 고객 스스로 내면에서 자기 자신의 해답을 찾아나갈 수 있도록 돕는 코치’가 되고자 하는 삶의 목표를 가지게 되었습니다.

### B 코치로서 달성한 비전은?

- 한국코치협회 인증코치KPC 자격 취득
- 한국재무심리센터 머니프레임 코치 자격 취득
- 한국코치협회 제1회 코칭 북페어 서포터즈 참여

### C 코칭을 통해 깨닫게 된 것은?

- 공감과 소통으로 사람을 살리는 코칭
- 고객의 무한한 잠재력을 발견하는 일
- 부정을 긍정으로 바꾸는 관점의 전환
- 과거, 현재, 미래를 연결하는 정체성 통합
- 긍정 마인드로 더 나은 삶을 사는 지혜

### plus 앞으로의 비전은?

- 인생 후반전은 ‘사람을 숨 쉬게 하는 코치’로 살아가기
- 삶과 돈에 대한 균형을 잡아주는 ‘머니코치’로 성장하기
- 심리치유와 코칭을 접목한 ‘심리치유 & 코칭연구소’ 설립하기

## Coach's Powerful Coaching Question
## 숨숨코치 신정순_esther의 파워풀 코칭퀘스천

1. 일과 삶의 균형을 강조하는 워라밸이 중요한 화두입니다. 일과 삶의 균형이란 무엇이라고 생각하세요?

2. 흔히들, 인생의 절정기를 '리즈 시절'이라고 하죠. 인생에서 가장 최고의 절정기는 언제라고 생각하시나요?

3. 타임머신을 타고 과거로 되돌아갈 수 있는 기회가 생겼습니다. 만약, 10년 전으로 되돌아갈 수 있다면 무엇을 하고 싶으신가요?

025

## 때 맞춰 내리는 단비 코치
## 시우時雨 유승아

봉사하는 코치들의 모임 해피포럼 청년이사
청소년 자살 예방 토크콘서트 패널
학교 밖/가정 밖 청소년 진로 코치

세심함 · 든든함 · 함께함

*"고객의 소망과 가치 실현을 위해 함께 하는 시우 유승아 코치입니다. 시우時雨란 '때 맞춰 내리는 비'라는 뜻을 가지고 있어요. 지금 여기 여러분께 꼭 필요했던 만남이 되길 소망하는 마음으로 코칭에 임하고 있습니다."*

**코칭이란** 코칭이란 '소망과 가치 실현을 위한 연대'를 맺는 것이라고 생각해요. '이해하고 사랑하며 사는 삶', '가족의 행복과 안정'과 같은 고객의 소망과 가치는 코칭의 핵심 주제가 되어요. 코칭에선 소망을 정리해보는 것에서 멈추지 않고, 어떻게 실현해나갈 수 있을지까지 생각해볼 거예요. 코치는 그 모든 과정에 고객과 연대의 파트너십을 갖고 함께할 것이랍니다!

## 코치로서의 전문성

### 1 사용자경험UX 디자인 전공

인간의 인지와 행동, 환경과의 상호작용에 대해 학습했습니다. 고객의 경험과 마음에 대한 이해를 바탕으로 고객의 입장에서 서비스를 기획하고 제공하려 노력합니다.

### 2 목표 달성이 쉬운 행동 설계

반복되는 실패 경험에 대해 내면의 동기와 의지에만 집중하는 것이 아닌 외부의 요인과 장애물까지 탐색합니다. 보다 쉽고 편안한 액션플랜action plan을 수립하는 과정을 고객과 함께합니다.

### 3 목표 달성을 돕는 환경 설정

현재의 상황과 환경에 대해 구체화하여 고객의 힘으로 통제 혹은 재조직이 가능한 부분에 대해 탐색합니다. 습관 형성 등의 이슈에는 환경의 변화가 가장 큰 힘으로 작용하기도 합니다.

때 맞춰 내리는 단비 코치 시우 유승아의
## ABC 코칭대화모델

**A 코칭을 진행하며 어떤 고민을 해왔나요?**

코치가 되고 나서 처음에는 '표현'에만 집중했어요. 매끄럽게 이어지는 질문, 간결하고 명확한 열린 질문, 코치의 주관이 실리지 않는 중립 표현 같은 것들. 그런데 표현에만 신경을 쓰다 보니 고객과 함께하지 못하고 있는 자신을 발견했어요.

그래서 코치로서 '존재'하는 것이란 무엇일까에 대해 고민하기 시작했어요. 코치가 고객이 무엇을 원하는지 듣고 싶어 하는 진심을 가지고 있으면, 표현은 조금 더듬더듬해도 고객분들은 그 머뭇거림까지 진심의 일부라고 받아들이시는 것 같아요.

코치가 코치로서 진심을 가지고 고객을 만난다면, 그 진심 자체가 고객분들에게 더 많은 생각과 시도를 해보시게 이끄는 마중물이 되는 것 같습니다. 물론 코칭다운 표현을 준수하면서요!

**B 코치가 되어 본인 삶에서 무엇이 달라졌나요?**

사람과 세상을 바라보는 눈이 달라졌음을 느껴요. 본래 저는 날카롭게 분석하는 성향을 타고난 사람이었어요. 그래서 저도 모르게 모순이나 문제 같은 것들에 먼저 시선이 향했죠.

하지만 코칭을 하다 보니 일상에서도 '사람들이 기대하는 우리 사회는 어떤 모습일까?' 같은 생각을 해보게 되었어요. 이전까지는 문제와 현상만 바라봤다면 현재는 '모든 갈등이 우리가 더 좋은 세상을 기대한다는 증거이구나'라는 것까지 볼 수 있게 되었어요.

**C 코칭을 받아보고 싶은 모든 분에게 한마디 전한다면?**

코칭은 당신의 삶이 당신이 원하는 삶과 가까워지도록 도울 거예요. 당신에겐 어떤 소망이 있나요? 저는 당신의 소망이 실현되길 소망해요! 그러니 우리는 서로에게 또 하나의 꿈과 힘이 될 거예요.

**plus 앞으로의 비전은?**

- 코칭 안에서도 밖에서도 고민하고 연대하는 코치

## Coach's Powerful Coaching Question
## 단비 코치 시우 유승아의 파워풀 코칭퀘스천

1 때로는 자신이 원하는 것이 무엇인지 생각하는 게 너무 어렵고 힘들게 느껴질 때가 있어요. 그럴 때는 반대로 정말 원치 않는 것을 생각해보세요! 여러분이 죽~어도 원치 않는 삶은 어떤 모습인가요?

2 하지만 원치 않는 것만 생각한다면 앞으로 나아가기 어려울 수 있겠죠! 그렇다면 원치 않는 것들을 통해 내가 원하는 것들은 무엇일지 생각해볼까요? 여러분이 원하고 꿈꾸는 삶은 어떤 모습인가요?

3 이렇게 원하는 것과 원치 않는 것을 함께 생각하다 보면, 더욱 쉽고 명확하게 미래를 설계하고 방향을 선택해볼 수 있답니다! 원하는 것들과 원치 않는 것들로부터 알 수 있는, 당신은 무엇을 중요시하는 사람인가요?

# II

## 전문코치 2부

# 코칭다움을 배우다

## 026
# 아트코치 이정화

(사)한국코치협회 인증프로그램 교육기관,
KAC자격 인증기관 '이정화 아트코칭' 대표
연세대 코칭아카데미 전문코치 자격과정 아트코칭 강사
(사)한국코치협회 전문코치 역량강화 프로그램 강사
BOA Service Manager

**"만약 당신이 어떤 것을 단순하게 설명할 수 없다면, 당신은 그것을 충분히 이해하지 못한 것이다." - 알베르트 아인슈타인**

*"Art Coaching – 그림으로 배우는 코칭, 코칭 역사 이래 최초로 코칭이론을 아트로 풀다!"*

**코칭이란**

코칭은 머리에서 가슴으로 데려다줍니다.
코칭은 우산을 씌워주는 것이 아니라 비를 같이 맞는 것입니다.

## 코치로서의 전문성

### 1 "나만의 대화모델 만들기" 전문 가이드

"나만의 브랜드☆" 탄생

### 2 도형심리코칭 전문 가이드

초급/중급/고급 과정 운영, 도형을 코칭에 접목

### 3 미술심리 코칭 전문 가이드

HTP/KFD/DAS/KFFD를 코칭에 접목

**프로그램 개발 및 저서**

- 마음카드(Heart Card): 희노애구애오욕, 칠정 접목
- 도형코칭: 도형이론을 이미지화해서 매뉴얼로 만듦
- 심우도: 코치가 걸어가야 하는 길과 꼭 닮은 여정. '심우도와 나' 이미지화
- 《Art Coaching: 그림으로 배우는 코칭》(한글판, 세원문화사, 2016)
- 《Art Coaching: Learning Coaching through Pictures》(영어판, 한국코칭수퍼비전아카데미, 2019) *2019 (사)한국코치협회 제1회 코칭우수도서상 장려상 수상
- 《청소년 셀프코칭 꼬야 다이어리: 제1탄 습관편》(공저, 한국코칭수퍼비전아카데미, 2021)

아트코치 이정화의
# Art Coaching - 그림으로 배우는 코칭

## A 아트코칭이 뭐예요?

- 코칭에 아트를 접목한 것입니다. 음악, 미술, 연극, 댄스, 시 등 여러 가지 아트 유형 중에서 미술을 활용하고 있습니다.
- 아트는 은유입니다. 은유는 말이나 활자보다 많은 의미를 지니고 있는 우뇌의 언어입니다. 은유를 활용하면 이해가 쉽고 한결 재미있습니다.
- 할 일(좌뇌)에 + 놀이(우뇌)를 끌어들이는 것입니다. 그러면 할 일들이 재미있어지면서 우뇌가 터지기 시작합니다. 계속 올라옵니다. 한번 솟구친 우뇌의 아이디어는 그칠 줄 모르는 마르지 않는 샘과 같습니다. 이제부터 퍼올리시기만 하면 됩니다. 그때부터 마법이 일어납니다. 사고력(좌뇌)과 창의력(우뇌)의 만남은 당신의 삶을 통째로 바꾸어 놓을 것입니다.

## B 《Art Coaching: 그림으로 배우는 코칭》 2021년 코칭우수도서상 수상

- 이 책은 이미지에 대한 공감과 상상력을 불러일으키기 위해 많은 설명을 넣지 않았습니다. 이미지만으로 코칭이론을 쉽게 이해하도록 돕기 위해 만든 책입니다.
- 코칭 이론의 두 양대 산맥인 '코칭 대화 모델'과 '코칭 대화 스킬'을 이미지로 소개합니다. 글+그림을 한눈에 보면 좌우뇌가 통합되면서 문자로 습득된 좌뇌적 지식이 우뇌의 이미지와 통합됩니다. 이렇게 좌뇌에 기반한 언어기능과 우뇌의 이미지화 기능이 결합하여 이야기가 만들어지면(엮이면) 지식을 이해하고 기억하는 데 훨씬 효과적입니다. 이미지를 보는 순간 좌뇌에 저장되었던 이론들이 줄줄이 따라 올라옵니다. 이것을 동시적 사고라고 합니다. 이 시너지 효과가 바로 이 책을 만든 목적입니다.
- 은유는 예술의 언어입니다. 이 책은 은유를 활용한 코칭 이론 해설집입니다. 이 책을 통한 실습을 통해서 모든 분들의 우뇌가 터지는 멋진 경험을 할 수 있게 되기를 기원합니다.

## C 코칭을 통해 깨닫게 된 것은? 나에게는 나만의 고유한 장점이 있다!

- "나보다 노래를 잘하는 사람은 많다. 그러나 나처럼 하는 사람은 없다!" - 맨발의 디바 이은미
- "우뇌가 열려서 블루오션을 만나시고 나만의 브랜드를 만드십시오!" - 아트코치 이정화

## plus 앞으로의 비전은?

- 〈Art Coaching-그림으로 배우는 코칭〉 프로그램 ICF/중국 진출

## Coach's Powerful Coaching Question
## 아트코치 이정화의 파워풀 코칭퀘스천

1. 모든 것이 100% 보장된다면, 무엇을 해보고 싶습니까?

2. 지금 하지 않아서 1년 뒤면 분명히 후회하게 될 일이 있다면 무엇인가요?

3. 당신은 지금 그대로 완전한 분이십니다. 자신에 대한 칭찬의 말을 10개 이상 적어보세요!

027

## 바라봄 코치
## 김재림

코칭심리치유연구소 소장
(Korea Supervisor Coach)
(사)한국코치협회 KPC코치인증 심사위원
(사)한국코치협회 인증위원회 코치인증국장(2023)

사 랑 · 화 합 · 지 적 사 고 · 공 정 성 · 책 임

*"불안을 너머 자기중심의 힘을 기르도록 도와드립니다."*

**코칭이란** 고객의 내면 성찰을 통해 자신만의 고유함과 탁월함을 발휘해 나가는 고객과 코치의 창조 과정입니다.

## 코치로서의 전문성

### 1 코칭

- 코칭 전문코치로 성장하게끔 코치 육성
- 〈In:HEART코칭리더십:리더의 마음챙김: 인하트〉
- 〈SMART Coaching: 코칭경영원〉
- 어서와 코치는 처음이지(한성지 코치와 김재림 코치의 그룹코치더코치)

### 2 강의

- 강점으로 성과를 내는 코칭리더십, 코치양성과정, 탁월함을 이끄는 교사리더십
- 커뮤니케이션: 리더의 대화법, 좋은 성격의 비밀, 버크만으로 보는 소통리더십
- 치유글쓰기: 일상의 발견 글쓰기, 글쓰니까 보이더라 내가, 시로 쓰는 내 인생

### 3 차별화

- 물음표: 참자가가 겪는 어려움에 대한 공감을 이끌어내며 문제의식을 던집니다.
- 느낌표: 참가자가 서로 자문자답하며 스스로 답을 찾게끔 촉진합니다.
- 마침표: 현장에서 어떻게 실천할 것인지 실질적인 실행안을 함께 도출합니다.

**프로그램 개발 및 저서**

- 《나의 마음을 비추는 시간: 당신에게 보내는 초대 편지》(부크크, 2024) 기획
- 〈치유글쓰기: 월간편지〉 프로그램 기획(2023)
- 〈글쓰니까 보이더라 내가〉 프로그램 기획(2022)
- 《당신을 위해: 나를 덮어주는 말》(시집, 전자책, e퍼플, 2022)
- (사)한국코치협회 네이버칼럼 〈달리기와 코칭〉 연재(2020)
- 한국상담대학원대학교 상담심리학 전공 재학

바라봄 코치 김재림의
## ABC 코칭대화모델

### A 코치가 되어 본인 삶에서 무엇이 달라졌나요?

- 코칭을 만나고 우리 마음 한구석에 있는 안전지대를 떠나 '수동태'가 아닌 '능동태'로 살아갑니다.
- 코칭을 통해 상황이나 환경을 핑계 대지 않고 스스로 책임지는 '주도적'인 삶을 살아갑니다. 앞으로의 삶을 어떻게 살고 싶은지 코칭을 통해 선택하고, 그 선택에 고객과 함께 마음을 다하려고 노력합니다.
- 특히, '누구나 선한 영향력을 끼치고 싶어한다'라는 욕구와 인정을 알게 되면서 각자 자신만의 탁월함으로 성장할 수 있도록 코칭 프로그램과 코칭을 진행합니다.

### B 코치로서 달성한 비전은?

- 코칭 입문 10년차, 2023년 12월 KSCKorea Supervisor Coach 취득
- 200명의 코치 육성: 코칭교육과 코칭으로 연 20명 내외 코치 육성
- '월간편지: 자기돌봄의 편지' 프로그램에서 기획자로 《나의 마음을 비추는 시간》 책 출간 (2024)

### C 코칭을 통해 깨닫게 된 것은?

- 공감: 사람들은 연결될 때 앞으로 나아갈 힘을 얻는다.
- 인정: 사람들은 원하는 것은 '성과'라고 말하고 '인정'을 원한다.
- 배움: 사람들은 질문이 멈춘 곳에서 삶의 진리를 배운다.

### plus 앞으로의 비전은?

- 코치 육성 1,000명
- 초심자를 위한 코칭 입문서 발간
- 《나를 알아가는 셀프코칭》 출간

## Coach's Powerful Coaching Question
## 바라봄 코치 김재림의 파워풀 코칭퀘스천

1. 코치로서 잘 가고 있기 위해, 무엇을 해야 하나요?

2. 해야 할 일을 해낸다면 무엇이 달라지나요?

3. 우리는 자신만의 목적지를 향해 갑니다. 목적지로 가는 버스에 우연히 괴물이 탔습니다. 괴물의 정체는 우리의 고통입니다. 어떤 식으로든 괴물을 쫓아내거나 우리가 버스에서 벗어날 수 없습니다. 어떻게 괴물에게 압도되지 않고, 가고자 하는 목적지까지 자신만의 방식으로 갈 수 있을까요?

028

## 아하코치 한혜정

커리어코치협회 부회장
미주 장신대 코칭학 겸임교수
한국융합코칭학회 부회장
(사)한국코치협회 프로코치 KPC
한국액션러닝협회 퍼실리테이터 ALFT

긍정 · 연결 · 공감 · 신뢰 · 창의

“사람의 영혼을 깨우고 함께 성장하며 발맞추어 길을 열어나가는 아하코치 한혜정입니다.”

**코칭이란** 세상의 사명자들을 깨우는 경청과 질문으로 가려진 그림자를 빛으로 변화시켜 나가는 과정입니다.

## 코치로서의 전문성

### 1 코치

한국코치협회 프로코치로 400시간, ICF PCC과정 수료

### 2 기획자

프로그램 개발 및 운영을 하며 군포상상수리산 마을 부부코칭과 시니어 코칭 과정, 동남보건대학교 여성리더십아카데미, 생애전환교육 프로그램 개발 및 운영

### 3 퍼실리테이터

한국액션러닝협회 파트너 퍼실리테이터로 워크숍 및 회의 진행자(화성시 온마을 만들기, 문화재 보수팀 서울·익산)

**프로그램 개발 및 저서**

- 마음 탄력성 코칭과정 프로그램 개발(2023)
- 동남보건대학교 여성리더십아카데미 프로그램 개발 및 운영(2022)
- 경남·강원·충남 일자리재단 '경력단절여성예방전문가 양성' 프로그램 대표강사 (2022~2023)
- 《유망직업 미래지도》(공저, 일상과이상, 2018)
- 《한국형 커리어코칭을 말한다》(북코리아, 2020)
- 《한국형 정서코칭을 말한다》(북코리아, 2022)
- 《한국형 리더십코칭을 말한다》(북코리아, 2023)
- 《킹덤코칭스쿨》(북코리아, 2023)
- 《버디코칭스쿨》(북코리아, 2023)

아하코치 한혜정의
## ABC 코칭대화모델

### A 코치가 되어 본인 삶에서 무엇이 달라졌나요?

코치로서 일상에서 만나는 사람들에게 희망을 주고 소망을 깨우는 성장의 시간이 되었습니다. 코칭이 성장의 릴레이로 윈윈하는 기쁨의 삶을 살고 있습니다.

### B 코치로서 달성한 비전은?

자신을 발견하고 스스로 헤쳐 나가는 모습에서 또 다른 리더십을 깨우는 시간이 되었고 확장, 통찰의 여정을 함께 하는 것 같습니다.

- GCLA글로벌코칭리더십협회 상임 및 수석코치
- 한국융합코칭학회 부회장
- 커리어코치협회 부회장
- 미주 장신대 코칭학과 겸임교수
- (사)한국코치협회 프로코치 KPC
- 한국액션러닝협회 퍼실리테이터 ALFT

### C 코칭을 통해 깨닫게 된 것은?

목적 있는 프로세스로 서로에게 긍정적 마인드로 소통하고 진솔하게 나눌 때 한 사람의 소중함을 발견하게 됩니다.

### plus 앞으로의 비전은?

열방으로 나가는 선교사들을 깨우고, 현지의 리더들을 세우고, 영적 리더십으로 세워지는 다음 세대를 세우고, 열방을 깨우는 선교사들에게 코칭으로 섬기는 일에 동참합니다.

Coach's Powerful Coaching Question

## 아하코치 한혜정의 파워풀 코칭퀘스천

1. 하나님의 뜻을 묻는 사람으로 매일 친밀한 교제 가운데 서 있습니다. 오늘은 다시 돌아오지 않는데 그 소중한 한 사람을 만나기 위해 무엇을 하셨나요?

2. 하나님의 뜻을 행하는 사람이 되시기 바랍니다. 하나님이 당신을 사랑하십니다. 무엇을 찾기보다 좌우에 붙여준 사람들에게 한마디를 하신다면 어떻게 이야기하고 싶은가요?

3. 이 세상에 온 목적이 무엇일까요? 당신이 다른 존재를 만나는 것은 당신에게 어떤 의미인가요? 세상에서 잘 사는 것이 무엇이라고 생각하나요?

029

# 고객의 1/10보 앞에서 동행하는 알마 코치 권영선

한국커리어*학습코칭연구소 선임연구원
알아차림코칭센터 KAC실기심사위원

진 정 성 • 연 결 • 소 통 • 신 뢰 • 균 형

*"소통하며 사람에 대한 이해를 넓히는 ALMA(영양을 주는 사람) 코치 권영선입니다."*

**코칭이란** 코칭은 어떤 니즈Needs가 충족되길 원하는 고객이 자신의 의도를 정확히 알아차리고 자신이 가진 역량을 찾아 스스로에게 어울리는 삶을 영위해나갈 수 있도록 돕는 일련의 전문적인 코치 활동입니다.

## 코치로서의 전문성

### 1 중재자Mediator

2013년부터 가정, 이웃, 조직 내 갈등 조정

### 2 소통전문가

내면 및 외부 상황에 휘둘리지 않고 다른 사람들과 연결하는 데 도움이 되는 비폭력대화법을 10년 째 안내하고 있음

### 3 코칭

진로코칭, 관계코칭, 라이프코칭, 리더십코칭, 부부코칭, 자녀양육코칭

**프로그램 개발 및 저서**

- IMMENSE 코칭 모델 개발
- Welcome! 3 Day Hump! 개발
- 《협력을 이끌어내는 의사소통: 스포츠지도자와 선수간 비폭력대화 가이드라인(이해와 활용)》(공저, 한국NVC센터, 2022)
- 〈학생축구선수들의 자아존중감이 운동스트레스 및 학습몰입에 미치는 영향〉(숭실대학교 교육학 석사학위논문, 2018) *커리어·학습코칭 전공

고객의 1/10보 앞에서 동행하는 알마 코치 권영선의

## IMMENSE 코칭대화모델

**1 AIM 요즘 목표로 삼고 있는 것은 무엇입니까?**

60대를 맞이할 준비를 잘하고 있는지 점검하고 싶습니다.

**2 METHOD 목표를 달성하기 위해 현재 하고 있거나 계획하고 있는 것은 무엇입니까?**

- 역량 강화하기: 코칭 및 심리학 공부 꾸준히 하기(대학원 진학)
- 경제적으로 안정되도록: 강의 주제 확장하기
- 다른 사람의 삶에 기여하기: 공익코칭, 갈등조정
- 새로운 사람들과 만나기: 대학원, 코칭프렌즈, 코치협회 사업위원회 활동
- 운동 꾸준히 하기: 아쿠아로빅

**3 NEED 60대를 잘 준비하고 있는지 확인하고 싶은 이유는 무엇입니까? 또, 어떤 60대를 보내고 싶습니까?**

- 내가 잘하고 있다는 것이 확인되거나, 수정·보완할 기회를 가지면서 안심하고 싶습니다.
- 생활이 안정되고 건강하게 보람 있는 60대를 보내고 싶습니다.

**자신이 충족하고자 하는 욕구를 보니 지금 마음이 어떤가요?**

- 마음이 명료해지고 정리가 되어 편안합니다.

**4 SELECT 목표를 달성하기 위해 지금하고 있는 것에 변화가 필요하다면 어떤 것일까요? 또, 여러 가지가 있다면 우선적으로 할 수 있는 것은 무엇일까요?**

- 경제적으로 안정되도록 ① 현재의 자산과 부채 정리해보기
② 자녀들에게 해줄 것과 그렇지 않은 것 논의하기

**2번과 4번 중에서 목표를 달성하기 위해 우선적으로 할 것은 무엇입니까?**

- 주 2회 아쿠아로빅을 꾸준히 하고, 현재의 경제 상황을 정리해보기

## Coach's Powerful Coaching Question
## 알마코치 권영선의 파워풀 코칭퀘스천

1 중학생 딸아이는 '인간관계'를 주제로 그린 그림에서 '젠가 게임'을 하고 있는 자신을 그렸습니다. 아이의 말인즉 '인간관계란 젠가 게임에서 어떤 나무토막을 빼느냐에 따라 젠가가 무너지기도 유지되기도 하는 것과 같아요'라고 합니다. 여러분이 '인간관계'를 주제로 그림을 그린다면 무엇을 그리고 싶으신가요?

2 그가 하는 말이나 행동은 어떤 형태로든 나에게 영향을 미칩니다. 그래서 나는 기쁘기도 아쉽기도 합니다. 그는 내 환경의 한 요소이기 때문입니다. 그것은 나도 그의 환경적 요소 중에 하나임을 알게 합니다. 이 말에 동의하시나요? 그렇다면 어떤 경험이 떠오르시나요? 그 일이 자신에게 주는 메시지는 무엇인가요?

3 생기生氣가 필요할 때, 나 자신에게 감사하는 시간을 가져보면 어떨까요? 평소 내가 잘하고 있는 것은 무엇인가요? 자신이 생각하기에 중요한 것 5가지와 사소한 것 5가지를 나열해 보세요. 모두 적고 나니 어떠신가요?

030

# 에버코치 윤수영

코칭한국 대표
미주 장신대 교수
에버코칭연구소 대표
(사)한국코치협회 부산지부 부지부장

연결성 · 화합 · 긍정 · 책임 · 집중

*"whoever 누구든지, whatever 무엇이든지 코칭으로 만나는 코치이coachee(고객)들을 빛나게 해주는 에버코치 윤수영입니다."*

**코칭이란** 코칭은 누구든지whoever 인식의 변화를 통한 행동의 변화를 일으킬 수 있도록 하며行, 존재의 의미를 알아차리고智, 지속가능한 성장을 돕도록 하는人 코치와 코치이coachee(고객) 간의 창의적인 연결과정입니다.

## 코치로서의 전문성

### 1 리더십

대학에서 글로벌코칭리더십 강의를 통해 차세대 코칭리더를 키워가며, 자기개발 및 의사소통 리더십 강의에 탁월함

### 2 크리스천코칭

GCLA(글로벌코칭리더십협회) 수석코치 및 코치인증 심사위원으로 코칭훈련 및 역량강화 전문가

### 3 히브루타 독서코칭

독서(그림책, 인문학, 자기개발서 등)를 코칭적 질문을 통한 독서토론 전문가

**프로그램 개발 및 저서**

- 《알록달록 색칠성경 1》(도서출판 CTM, 2015)
- 《알록달록 색칠성경 2》(도서출판 CTM, 2016)
- 《크리스천 청소년을 위한 죽음이해교육》(도서출판 CTM, 2017)
- 《버디코칭 워크북》(부크크, 2021)
- 《킹덤코칭스쿨》(북코리아, 2022)
- 《버디코칭스쿨》(북코리아, 2023)
- 《코칭선교사》(북코리아, 2023)
- 〈진로교육에서의 커리어코칭 활용방안에 관한 연구〉(고신대학교 교육학 박사학위논문, 2015)

에버코치 윤수영의

## ABC 코칭대화모델

### A 코치가 되어 본인 삶에서 무엇이 달라졌나요?

ego가 가득했던 제가 코칭을 접하면서 사람에 대한 호기심에 생겨났습니다. doing이 아니라 being에 대해 집중 조명하면서 인식의 변화가 일어났다는 것이 가장 큰 변화입니다. 삶은 혼자 살아가는 것이 아니라 사람과 사람이 더불어 함께 상호작용하며 살아가는 존재이고, 개인의 행복도 중요하지만 사회공헌을 통한 행복이 더 큰 가치가 있다는 깨달음이 실천적 삶으로 나아가게 하였습니다.

이러한 성장 가운데 whoever 누구든지, whatever 무엇이든지 코칭으로 피코치들을 빛나게 해주고 그들에게 든든한 디딤돌이 되어주기 위해 역량을 강화시키면서 에버코치라는 부캐가 생겨났습니다. 사회공헌과 선교사들을 위한 크리스천코칭, 공익코칭 등으로 코칭선교사 양성 및 코칭선교사로 활동하며, 코칭재단설립으로 코칭장학생들을 후원하면서 지속가능한 코치다움, 코칭다움으로 삶의 질이 더 풍성해졌습니다.

### B 코치로서 달성한 비전은?

- 커리어비전 달성: 전문코치로 성장 및 코칭학과 교수
- 한국코치협회 인증코치KPC 자격 취득 / ICF(국제코칭연맹) PCC 과정 수료
- GCLA(글로벌코칭리더십협회) 수석코치 및 코치인증 심사위원 자격
- 버디코칭, 코칭선교사 프로그램을 통하여 많은 전문코치 및 코칭선교사 양성
- 코칭관련 도서 출판: 《킹덤코칭》, 《버디코칭》, 《코칭선교사》 등
- 사회공헌코칭으로 기여: 공익코칭 및 코칭장학재단 설립

### C 코칭을 통해 깨닫게 된 것은?

- 인식의 변화: 인간의 무한가능성을 인정하며, egoless의 자세를 추구하게 됨
- 삶의 균형: doing에 집중하던 삶이 being을 생각하면서 삶의 균형을 유지하게 됨
- 지속가능성: 걸림돌이 아닌 디딤돌로, 실천적 삶을 통해 성숙한 삶을 추구하게 됨

### plus 앞으로의 비전은?

- 코칭장학재단 설립: 코칭장학생 100명 달성
- 사단법인 설립: 코칭선교사 육성
- 비전 2030: 코칭 친구 1만 명 만들기

## Coach's Powerful Coaching Question
## 에버코치 윤수영의 파워풀 코칭퀘스천

1 나 자신을 알아가는 여행을 한다는 것은 정말 행복한 여행인 것 같습니다. 가볍게 훌쩍 떠나는 여행에서 깊은 나를 만나기도 합니다. 삶의 여행에서 당신을 특별하게 만든 것이 있다면 그것은 무엇인가요?

2 세상엔 수많은 질문들이 있습니다. 살면서 많은 질문들을 받아보셨을 것입니다. 특히 코치로써 질문에 대해 많이 고민하기도 합니다. 오늘은 고객이 아닌 당신에게 질문을 해보는 건 어떨까요? 나에게 묻고 싶은 가장 중요한 질문은 무엇인가요?

3 인생은 하루하루 삶의 여정이며, 우리는 그렇게 하루하루의 삶을 살아가고 있습니다. 미래는 현재 우리가 무엇을 하는가에 달려있다고 합니다. 하루하루의 여정 가운데 변화와 성장의 삶을 살아가며 우리의 미래를 만들고 있습니다. 이러한 삶의 여정을 통해 인생의 마지막을 생각해본다면, 지금 붙잡고 있는 꿈이 그 마지막과 어떤 연결이 있을까요?

031

# 찬란한 삶의 연결을 돕는 퍼실리테이터 코치 박주연

인생코치 APP 등록 코치
국제인증 NLP트레이너 및
NLP부모교육 프로그램 운영
국제인증전문 퍼실리테이터 및
한국 퍼실리테이터 협회 인증 퍼실리테이터
현 커넥티드 대표로 활동
(교육 리더십, 자존감 회복, 마음챙김 등
지자체 및 관련 교육기관 강의 다수)

**집단 코칭 · 연결을 통한 성장 · 가능성과 빛을 끌어내기 · 마음 챙김**

*"모든 사람에게는 자신만의 빛이 있습니다. 자기 연결, 가족 연결, 조직과의 연결성을 회복하고 빛과 같은 잠재성을 끌어내는 성장을 연결로 돕는 퍼실리테이터 코치 커넥티드 대표 박주연입니다."*

**코칭이란** 코칭은 새로운 연결 감각을 키울 수 있도록 돕는 일입니다. 자신 안에 이미 있는 자원 그리고 자신의 외부에 이미 존재했으나 볼 수 없었던 기회와 가능성을 발견하도록 돕고, 이미 온전한 자신을 발견하도록 도와 이를 통한 삶의 실질적 변화를 추구합니다.

## 코치로서의 전문성

### 1 국제적 수준의 조직개발을 돕는 코칭

유네스코 아태국제이해교육원을 비롯 국제기구 근무 및 국제적으로 다양한 청년 활동을 경험한 바 있습니다. 지속해서 국제적 수준의 서비스를 제공하고 학습하며 성장한 것을 나누고 있습니다. 현재 IAF국제인증 퍼실리테이터 및 국제인증 애자일Agile 프로그램, IDEO의 디자인 씽킹Design Thinking, MIT 시스템 사고System thinking를 학습하고 조직과 집단을 돕는 집단 코칭을 제공하며 전문성을 강화하고 있습니다.

### 2 교육기관의 전문적 성장을 돕는 코칭

교육부, 학교 및 마을 교육공동체에서 근무한 경험을 바탕으로 공교육 및 공동체 중심 조직 코칭에 현장과 함께 합니다. 집단 코칭과 집단 학습뿐 아니라 일대일 코칭에서도 다양한 퍼실리테이션 기법을 활용하여 적절한 시각화와 사고 프로세스를 제공하여 고객이 원하는 결과를 얻도록 돕습니다. 특히 교육의 질을 높이고 싶은 학교 조직문화 개발에 필요한 회의역량 강화 및 학습공동체 기반수업 역량 강화를 돕는 전문 코칭 프로그램에 탁월성을 보유하고 있습니다.

### 3 관계를 연결하는 코칭

신경언어프로그래밍 국제인증 전문 트레이너 및 Family Link 프로그램 트레이너로서 관계를 돕는 심리와 언어에 전문성을 가지고 있습니다. 삶의 커다란 영역인 가족관계 향상, 자녀 양육 등 다양한 돌봄의 현장에서 연결감을 만들어내는 기술에 대한 실질적인 코칭을 지원합니다.

**프로그램 개발 및 저서**

- 마음챙김 프로그램 〈내가 나를 어떻게 도울수 있을까?〉(커넥티드, 2020~2022)
- 《오늘부터 퍼실리테이터》(공저, 플랜비디자인, 2023)
- 《소외된 90%를 위한 디자인》(공역, 에딧더월드·한밭대학교 적정기술연구소, 2010)

## 찬란한 삶의 연결을 돕는 퍼실리테이터 코치 박주연의
## ABC 코칭대화모델

### A 코치가 되어 본인 삶에서 무엇이 달라졌나요?

나와 내 주변의 사람들의 최선의 모습을 보는 눈을 갖고자 노력하는 것이 코치라고 생각합니다. '누구에게나 그럴만한 이유가 있다', '누구나 삶에서 더 나은 모습을 바란다', 그리고 동시에 '모두에게는 고유한 속도와 모습이 있다'라는 의도적 생각을 훈련합니다. 사람에 대한 신뢰의 양을 키워가는 일이 코칭이라고 생각합니다. 타인에 대한 신뢰는 자신에 대한 신뢰감도 커지게 합니다. 고객을 돕고자 하는 의도로 내가 나를 더 좋아하게 되는 감사한 삶을 누리고 있습니다.

### B 코치로서 달성한 비전은?

코치가 되고 나서 자신의 책을 출판하는 꿈을 가졌습니다. 앎을 삶으로 가지고 오고 꾸준한 습관으로 원하는 목표를 향해가는 것을 코칭의 힘으로 얻어갈 수 있었습니다. 2023년 공저자로서 책을 출판하면서 코칭으로 익힌 습관 만들기와 목표설정의 힘을 믿을 수 있었습니다. 코칭을 처음 시작할 때 내 나름의 인생 계획 속에서 정한 직업적 안정성을 설정하기 위한 금액이 있었고, 1년 정도 집중하여 그 금액에 도달한 것을 보고, 명료하게 내가 원하는 바를 정하고 계획을 세워 노력하는 힘을 만드는 코칭의 힘을 믿고 있습니다.

### C 코칭을 통해 깨닫게 된 것은?

무력하고 혼란스러운 상황에서 고객이 자신의 선택지를 발견하도록 돕는 순간 코칭은 생명을 살리는 일이라는 것을 깨닫게 됩니다. 막힌 물이 흐르듯, 시들했던 눈빛이 달라지며, 목소리가 힘을 얻고 몸 안에서 힘이 흐르는 것을 보곤 합니다. 이러한 순간을 옆에서 지켜보는 것은 물을 머금은 식물의 파릇함을 바라보듯 제 삶에도 에너지를 줍니다. 건강한 상태에서 사람들은 기꺼이 주변도 풍요롭게 바꾸고자 하는 의도를 내는 것을 보고는 합니다. 우리의 진정한 건강함은 상호 연결되어 있다는 것을 매번 발견합니다.

### plus 앞으로의 비전은?

- 100개의 삶의 변화를 돕는 프로그램을 만들어 1,000명의 생명의 에너지를 확장시키기
- 10권의 삶을 가꾸고 연결감을 만들어내는 책 쓰기
- 매해 1년 내 삶을 풍요롭게 하는 목표를 업그레이드해 셀프코칭으로 원하는 성과 만들어내기

## Coach's Powerful Coaching Question
## 퍼실리테이터 코치 박주연의 파워풀 코칭퀘스천

1 내 삶에서 찬찬히 머물면서 순간을 음미하도록 돕는 것들은 무엇인가요?

2 밤에 잠자리에 들 때 "오늘도 정말 잘 살았어"라고 나에게 뿌듯함을 주는 충만한 하루를 살았다면 내가 놓치지 않고 꼭 했을 일은 무엇인가요?

3 아무것도 노력할 필요 없이 지금 내 안에 이미 모든 가능성과 자원이 있고, 언제든 나는 그것을 꺼내어 쓸 수 있다고 완벽하게 믿는다면 내 삶에서 무엇이 달라질까요?

032

# 삶의 여정을 격려하고 동행하는 위드유With You 코치 김경화

에듀코칭포럼 대표
C&G 여성리더십연구소 대표
한국사회적코칭협회 아카데미 원장

공 감 · 존 중 · 진 정 성 · 긍 정 · 책 임 감

*"고객이 자신의 존재Being 가치를 인식하고 행동Doing 변화를 일으켜 자기 삶의 새로운 이야기를 쓸 수 있도록 격려하고 동행하는, 위드유With You 코치 김경화입니다."*

**코칭이란** 코칭은 자기 안의 원석을 발견하고, 그것을 꺼내어 아름다운 보석으로 만들어가는 과정입니다. 그 과정에 동행하면서 현재 모습에서 원하는 모습으로의 변화, 성장을 돕고 지지하는 파트너, 코치가 함께 합니다.

## 코치로서의 전문성

### 1 여성 리더십과 커리어코칭

기자, 편집장으로 활동하며 다수의 성공한 리더를 심층 인터뷰한 경험과 각종 리더십 강의 경력 등을 더해 현장 중심의 리더십 코칭을 하고 있습니다. 특히 여성 CEO, 여성 임원, 전문직 여성 등 여성 리더를 위한 비즈니스, 라이프, 커리어 코칭에 주력합니다. KPC, CPC, NLP Practitioner.

### 2 생애설계, 전환기 커리어 관리

퇴직설계 프로그램 FT로서 시니어의 성공적인 인생 N모작을 위한 생애설계 코칭과 경력단절 여성의 전환기 커리어 관리를 위한 리스타트 코칭을 하고 있습니다.

### 3 자기계발 글쓰기, 출판 코칭

에디터, 칼럼니스트의 경력과 코칭을 접목한 글쓰기 및 책 쓰기, 출판 코칭을 하고 있습니다.

**프로그램 개발 및 저서**

- 아들러심리학을 기반으로 한 〈공감코칭〉 프로그램 공동 개발
- 《현장 실전코칭: 라이프, 비즈니스, 커리어 코칭 사례》(공저, 동화세상에듀코, 2021)
- 《오늘이 미래다》(코칭에세이, 공저, 동화세상에듀코, 2020)
- 《미래에게 묻고 삶이 답하다》(공저, 동화세상에듀코, 2020)
- 《평생 명강사: 삶과 생각과 행동이 일치하고자 하는 사람들》(공저, 한국평생교육원, 2016)
- 《코칭의 역사》(공역, 코쿱북스, 2015)

삶의 여정을 격려하고 동행하는 위드유 코치 김경화의

## ABC 코칭대화모델

### A 코치가 되어 본인 삶에서 무엇이 달라졌나요?

30년간 기자, 편집장으로 일해오며 일 중심으로 살면서, 외연은 성공한 듯했으나 채워지지 않는 결핍감, 치열한 경쟁으로 인한 피로감이 있었습니다. 이때 코칭을 알게 되어 '나는 누구인가, 내가 정말 원하는 것은 무엇인가?'란 질문을 스스로에게 하게 되었고, 그 답을 찾아가는 과정에서 일과 삶에 대한 관점, 사물을 보는 시각에서의 관점 전환이 일어났습니다. 전문코치가 되고 그간의 모든 경력과 통찰을 자원으로 활용하게 되면서 자존감이 회복되고 자아효능감이 높아졌으며, 코치로서의 내 정체성이 확립되었습니다. 전문코치로 활동한 지 어느새 10년, 그동안의 변화와 성장에 감사하며, 앞으로의 10년을 다시 새롭게 시작합니다.

### B 코치로서 달성한 비전은?

- 커리어 비전 달성-비즈니스코칭, 라이프코칭, 생애설계코칭 전문코치로 성장
- (사)한국코치협회 인증코치KPC 및 자격인증기관 코치인증심사위원
- (사)한국코치협회 협회지 《Coaching》 편집장 역임, 취재 및 홍보 활동
- 한국사회적코칭협회 아카데미원장으로서 역량강화 특강 진행 및 사회공헌코칭
- 개인과 사회의 변화와 회복을 위한 〈공감코칭〉 프로그램 공동 개발
- 은퇴 세대, 경력단절 세대의 인생N모작을 위한 생애설계 코칭과 강의
- 코칭 서적 번역 및 집필, 온오프 언론매체에 다수의 고정 칼럼 게재

### C 코칭을 통해 깨닫게 된 것은?

- 관점 전환: 문제보다 존재를 먼저 생각하고, 방향과 과정 중시
- 공감 능력: 자신을 비우고, 있는 그대로의 상대방을 수용하며, 상호간의 변화와 성장을 추구
- 균형과 조화: 일과 삶의 균형, 갈등과 스트레스 관리능력, 회복탄력성 증가로 삶의 질 향상

### plus 앞으로의 비전은?

- 승진, 이직, 복직, 퇴직, 창업 등 커리어의 전환기를 맞은 여성을 위한 맞춤형 리스타트 코칭 프로그램 설계 및 코칭 서비스 제공
- 5060 세대의 활기찬 인생 후반을 위한 '시니어 생애설계 코칭' 서비스 제공

## Coach's Powerful Coaching Question
## 위드유 코치 김경화의 파워풀 코칭퀘스천

1 어린 시절 한없이 커 보이던 학교 운동장을 어른이 되어서 가보았을 때 너무 작아서 놀란 적이 있습니다. 운동장은 그대로인데 내가 그만큼 커진 까닭이겠지요. 지금 내 앞의 문제도 시간이 흐른 뒤에 보면 전혀 다르게 느껴질 수 있습니다. 30년 후의 내가 지금의 나에게 말을 건넨다면, 어떤 말을 해주시겠습니까?

2 우리는 많은 일과 책임을 동시에 수행해냅니다. 그러다 보면 삶의 균형이 깨져 정작 중요한 것을 놓치는 경우도 생기죠. 만약 외부의 방해나 반대, 아무런 제약이 없다면 당신은 무엇을 하고 싶으신가요?

3 자존감을 높이는 첫 단추는 자기 인식이며, 이는 자신을 얼마나 잘 알고 있는지에 대한 것입니다. 내가 생각하는 나를 대표하는 핵심 단어 세 가지를 떠올린다면 무엇인가요?

033

# 치유와 성장을 함께하며 마음에 위안을 주는 We:안 코치 최인복

(사)한국코치협회 KPC 전문코치
We:안 코칭심리 대표
국민대학교 리더십과코칭 석사
코칭프렌즈 사회공헌코치
주짓수하는 코치
임상심리사

공감 • 편안 • 위안 • 치유 • 성장

*"편안하게 위안이 필요한 고객을 치유하고 성장할 수 있도록 돕는 We:안 코치 최인복입니다."*

**코칭이란** 열린 질문과 온전히 들어주기를 통해 고객의 변화와 성장을 돕고 자신만의 별을 찾게 하는 과정입니다.

## 코치로서의 전문성

1. SNS를 통한 라이프코칭
2. 주짓수를 수련을 통해 몸과 마음을 단단하게 하는 코치
3. 감정노동자를 위한 코칭힐링
4. 일대일 코칭, 소그룹코칭 전문가

**프로그램 개발 및 저서**

– 《직장 다니며 100일 만에 라이프코치 되는 법》(전자책, 크몽, 2020)

– 《코칭이 내 삶에 스며들 때》(공저, 렛츠북, 2024)

치유와 성장을 함께하며 마음에 위안을 주는 We:안 코치 최인복의

## ABC 코칭대화모델

### A 코치가 되어 본인 삶에서 무엇이 달라졌나요?

코칭을 통해 달라진 것은 사람을 제 프레임 내에서만 바라보고, 규정짓곤 하는 오류를 내려놓고 그냥 있는 그대로의 사람으로 바라보게 되었습니다. 나아가 상처받은 사람들에게 위안과 치유를 돕는 코치가 되고 싶다는 소망을 품게 되었고, 그 과정을 하나씩 준비해가게 되었습니다.

### B 코치로서 달성한 비전은?

- 한국코치협회 인증코치KAC 자격
- 한국코치협회 전문인증코치KPC 자격
- 라이프코치로 활동
- 리더십과 코칭 분야 석사과정

### C 코칭을 통해 깨닫게 된 것은?

- 사람은 누구나 스스로 성장할 수 있는 힘이 있다는 사실을 깨닫게 됨
- 나 자신이 성장하고 성찰하기 위해 배움을 놓치지 않고 꾸준히 하는 힘이 생김

### plus 앞으로의 비전은?

- 1인 홈스튜디오를 오픈하여 일대일 또는 소수그룹 전문코칭 서비스 제공
- 감정노동자를 위한 코칭힐링 프로그램 오픈
- 전 세계 전·현직 경찰을 위한 온라인 영어 전문코칭힐링 서비스 제공

## Coach's Powerful Coaching Question
## We:안 코치 최인복의 파워풀 코칭퀘스천

1 누구나 일상에서 늘 함께 있지만 그래서 발견하지 못하는 소소한 기쁨들이 있습니다. 당신이 발견할 수 있는 작지만, 미소를 짓게 하는 선물은 무엇인가요?

2 우리는 여러 가지 형태로 나의 일을 하고 있습니다. 그 일은 보람을 주기도 하고 현실적으로 살아가는 데 도움을 줍니다. 그 과정에 때로는 혹은 자주 강한 저항에 부딪치고 의도치 않게 마음의 스크래치를 만들게 됩니다. 그럼에도 불구하고 내가 하고 있는 이 일을 꼭 지키고 해나가고 싶다면 당신에게 힘을 줄 수 있는 한마디는 무엇인가요?

3 나는 그 존재 자체로 사랑받아야 하는 사람입니다. 그 어떤 행동이나 생각을 하기 때문에 하는 조건적인 사랑이 아닙니다. 무조건적으로 사랑해야 할 당신에게 스스로 사랑한다고, 사랑하고 있다고 느끼게 하기 위해 나에게 해줄 수 있는 것은 무엇인가요?

034

# 개인의 강점 극대화로 관점 전환을 돕는 자기주도 전문코치 김태균

에포케코칭컴퍼니 대표코치
(사)한국코치협회 전문코치KPC

자기주도 · 성장 · 공감 · 책임

*"변화와 성장을 원하는 고객에게 코칭으로 관점 전환을 통해 자기 주도적인 삶을 경험하도록 돕는 자기주도 전문코치 김태균입니다."*

**코칭이란** 코칭은 고객이 자신의 잠재적인 강점을 최대한 발휘하여 스스로의 삶을 자기주도적으로 살도록 응원과 지지로 충분히 돕는 것입니다(김태균, 자기주도 학습코치 자격과정, 2022).

## 코치로서의 전문성

### 1 코칭

〈자기주도 학습코치 자격과정〉을 개발 및 운영하여 고객의 강점을 개발하고 자기주도적인 삶을 살도록 훈련하는 전문 코치

### 2 교육자

코칭 철학을 바탕으로 자녀교육에 있어서 부모의 역할에 대해 지속적으로 고민하고 해결방안을 모색하는 교육전문가

**프로그램 개발 및 저서**

- 〈자기주도 학습코치 자격과정〉 20시간(ECC, 2022)
- 〈방과 후 코치 양성과정 프로그램〉 개발 참여 20시간(서대문구 시니어클럽, 2022)
- 《현명한 부모는 피드백이 다르다》(텍스트CUBE, 2023)
- 《정답과 오답 사이》(텍스트CUBE, 2021)
- 〈청소년의 자기주도 학습능력 강화를 위한 코칭모델 개발: FOLLOW 코칭모델〉(숭실대학교 교육학 석사학위논문, 2022) *커리어·학습코칭 전공
- 〈성인 대상 마인드셋 연구에 관한 통합적 문헌고찰〉(《한국성인교육학회》 25(4), 2022)
- 〈청소년의 자기주도 학습능력 강화를 위한 코칭모델 개발: FOLLOW 코칭모델〉(《한국커리어학습코칭연구》 5(1), 2022)
- 〈청소년의 자기주도 학습능력 강화를 위한 코칭 프로그램의 개발과 적용에 관한 실행연구〉(《미래청소년학회지》 20(3), 2023)
- 교육학 박사 수료(평생교육학 전공)

개인의 강점 극대화로 관점 전환을 돕는 자기주도 전문코치 김태균의

## ABC 코칭대화모델

### A 코치가 되어 본인 삶에서 무엇이 달라졌나요?

코칭을 통해 달라진 부분은 바로 관점의 전환을 경험한 것입니다. 관점의 전환을 경험하기 이전에는 상대방을 평가할 때 결과 중심으로 바라보고 평가했습니다. 나만의 선입견으로 판단하고 섣부르게 결론 내렸던 모습이 있었습니다. 하지만 관점의 전환을 경험한 이후에는 코칭을 통해 코치로서의 시각으로 상대방을 존재로 바라보기 시작했습니다. 이러한 놀라운 관점 전환의 변화는 코칭의 매력으로 많은 사람에게 알려주고 싶었습니다.

### B 코치로서 달성한 비전은?

- 자기주도 전문코치로 성장: 코치 자격과정 개발 및 운영
- 한국코치협회 인증코치KPC 자격 취득
- 《정답과 오답 사이》 출간으로 코칭 영역 확장, 올해의 코칭 도서 선정(2022)
- 《현명한 부모는 피드백이 다르다》 출간으로 부모코칭 역량을 향상, 2년 연속 올해의 코칭 도서 선정(2023)
- 코칭 프로그램 개발 참여 활동
- 미자립 청소년 진로코칭으로 사회공헌 기여
- 코칭 전공으로 석사학위 취득 및 평생교육학 전공으로 교육학 박사 수료

### C 코칭을 통해 깨닫게 된 것은?

- 관점전환: 선입견으로 판단하는 것을 멈추고 새로운 관점으로 바라보게 됨
- 삶의균형: 자기 주도적인 삶으로 비교하지도 않고 비교당하지도 않게 됨
- 지속 가능성: 유익한 것은 꾸준히 지속함으로 끊임없이 성장하게 됨

### plus 앞으로의 비전은?

- 교사를 위한 코칭모델 개발과 저서 출간으로 교육 현장의 변화와 성장을 도움
- 자기주도 전문코치를 양성해 교육 현장과 가정에서 삶의 변화를 주도하게 함

**Coach's Powerful Coaching Question**

## 자기주도 전문코치 김태균의 파워풀 코칭퀘스천

1 어떤 상황에서 무엇을 선택할 때 자기만의 분명한 기준이 있다면 보다 결정하기 쉬울 것입니다. 더불어 자기 주도적인 생각으로 삶을 사는 사람이라면 타인과 비교하는 것에서부터 자유로울 것입니다. 당신이 가지고 있는 자신만의 주도적인 삶의 기준은 무엇인가요?

2 지난 수년간 전 세계적인 팬데믹으로 다양한 상황 속에서 우리 모두가 힘든 시기를 겪어왔습니다. 이러한 힘든 시기를 슬기롭게 잘 이겨낸 자기 자신만의 강점을 생각해보세요. 그리고 앞으로 만날 수 있는 다른 새로운 위기에 대해서 당신의 강점을 어떻게 발휘하면 좋을지 생각해본다면 그것은 무엇인가요?

3 나는 그동안 주변에 가능한 한 여러 가지 방법으로 도움을 주는 존재로 살았습니다. 덕분에 여러 사람이 나를 도움이 되는 사람으로 기억하고 있습니다. 당신은 주변에 있는 사람들에게 어떤 사람으로 기억되기를 원하나요?

035

## 정신역동 전문코치 문효정

상담·코칭 연구소 '연세 앙가주망' 대표
서울과학종합대학원- aSSIST
글로벌 리더십코칭센터 파트너 코치
중소벤처기업 코칭컨설팅협회 전문교수
전 연세대학교 상담코칭지원센터
전문코치·전문상담사

*"고객이 심리적 해방감과 자유를 경험하며 코칭목표 달성할 수 있도록 돕는 정신역동 전문코치 문효정입니다."*

**코칭이란** 고객의 코칭 목표 달성뿐만 아니라 심리적 걸림돌로부터 해방되어 진정한 자신의 존재를 발견하고 온전한 자기Self가 되어감에 함께하는 전문적인 조력입니다.

## 코치로서의 전문성

1. 상담심리학 학사, 경영학석사, 상담코칭 박사과정을 밟으며 통합된 코칭 이론 정립. 정신역동 코칭을 한국적인 현실에 맞게 전문화함

2. 사회의 불평등과 격차 해소를 위해 미혼양육모 자립지원 코칭, 탈북여성 코칭전문가 양성 등 사회적 소수자를 위한 사회통합코칭의 영역 개척, 확장

3. 프랑스 인시아드 경영대학원 맨프레드 캐츠 드 브리즈 교수의 KDVI 연구소에서 개발한 글로벌 경영진 리더십 인벤토리 GELM 디브리핑 자격 보유. 글로벌 리더를 위한 KDVI의 이규제규티브 코칭 프로그램 강의 및 코칭

4. 상담 17년간 3,000시간, 코칭 11년간 2,000여 시간 투트랙two-track의 현장 임상 경험을 바탕으로 전문성을 발전시켜 코칭과 상담의 양 날개를 갖춤

5. 연구 중심 상담·코칭연구소 '연세 앙가주망'을 운영하며 정신분석코칭, 정신역동 코칭을 전문적으로 연구 개발함

6. 인간 개인의 변화와 성장을 넘어 사회적 문제에 책임감을 갖고 사회통합 코칭, 사회정의 옹호 코칭을 지향. 사회적 소수자를 위한 코칭 콘텐츠 개발 및 코칭

**프로그램 개발 및 저서**

- 국민은행 아웃바운드 사업단 그룹코칭 프로그램 개발
- 서울시 50+ 캠퍼스 상담센터 매뉴얼 상담·코칭 연구개발
- 《코칭의 역사》(공역, 코쿱북스, 2015)

정신역동 전문코치 문효정의

## ABC 코칭대화모델

### A 코치가 되어 본인 삶에서 무엇이 달라졌나요?

- 코칭을 하면서 고객의 긍정적인 정서를 주목하고 증폭시키는 작업을 통해 제 자신의 긍정적인 정서와 감사하는 마음 그리고 회복탄력성이 더욱 확장되었습니다.
- 과거의 경험에 의미를 부여하고 현재 내가 어디에 있는지 내 자신이 누구인지를 묻는, 존재를 일깨우는 질문을 스스로에게 자주 함으로써 견고하고 정돈된 내면과 삶을 살아가게 되었습니다.
- 고객의 변화를 통해 내 자신의 미래를 기대하게 되었으며 고객과의 코칭이 쌓일수록 코치로서 자긍심과 자존감이 쌓아졌을 뿐만 아니라 더욱 좋은 사람이 되고 싶은 마음이 생겼습니다.

### B 코치로서 달성한 비전은?

- 연세대학교 상담코칭학 박사과정을 마치고 본격적으로 정신분석기반 코칭, 정신역동기반 코칭을 연구하고 실천하기 위한 연구 중심 상담·코칭 연구소 '연세 앙가주망'의 문을 열었습니다.
- 해외 글로벌 코칭에 대한 관심을 갖고 2018년 프랑스의 정신분석가이자 코치인 맨프레드 캐츠 드 브리즈 인시아드 비즈니스 스쿨 교수의 철학과 방법론을 프랑스 파리에서 전수받았습니다. 세계적인 코치로부터 받은 영감과 이론을 확장시켜나가며 현재 대학원 소속 글로벌 리더십코칭센터에서 임원코칭 방법론인 5S 이규제규티브 코칭을 강의하고 코칭하고 있습니다.

### C 코칭을 통해 깨닫게 된 것은?

- 내가 이 땅에 존재하는 것은 태어난 김에 사는 것이 아니다. 이 땅에 존재하는 데는 존재의 이유가 있다.
- 안전한 기지가 되어주는, 긍정적이며 일관적인 한 사람만 곁에 있으면 인생은 아주 달라질 수 있다. 그 한 사람이 바로 코치다.
- 코칭은 인간 해방의 과정이고 진정으로 자신이 되어가는 과정이다.

### plus 앞으로의 비전은?

- 심리학 근거기반 코칭의 이론 연구와 방법론 전파
- 사회적 소수자와 약자를 위한 사회통합 코칭 콘텐츠 개발 및 실행

## Coach's Powerful Coaching Question
## 정신역동 전문코치 문효정의 파워풀 코칭퀘스천

1. 무엇이 (　　)을 해보겠다는 결심을 하도록 만들었습니까? (동기)

2. 한때는 꿈을 꾸었었는데 지금은 잊고 있는, 그 꿈은 어떤 꿈인가요? (잊어버린 꿈)

3. 밤사이 당신의 소원이 이루어졌다면 내일 아침 눈을 떴을 때 무엇을 보고 당신의 꿈이 이루어졌다는 것을 알 수 있겠습니까? (열망)

036

# 그림책과 코칭의 사랑을 전하는 주디 코치 이은선

국내 유일 전화그림책코칭
개인 맞춤 태교그림책코칭
(사)한국코치협회 KAC 인증코치

사 랑 · 믿 음 · 공 감 · 연 결 · 따 뜻 함

"행복한 삶을 원하는 고객에게 그림책과 코칭의 사랑을 전하는 주디 코치 이은선입니다. '주디'란, '주님이 디자인하다'라는 뜻으로 디자인Design – 신이 주신 계획, 나의 타고난 모습, 나의 천성. "신이 주신 계획에 가깝게 맞춰서 일을 하거나 임무를 수행할 때 운명을 느끼게 된다." – 〈코칭퀘스천〉 중에서 / 〈키다리 아저씨〉의 주디와 〈주토피아〉의 주인공 토끼 주디에서 영감을 받아 지은 이름입니다."

**코칭이란** 코칭을 하는 순간, 코칭 이후에도 삶의 에너지가 충전되기에 코칭은 내면 에너지 발전소입니다.

## 코치로서의 전문성

### 1 창의성

다양하고 새로운 시각으로 볼 줄 아는 관점이 탁월함

### 2 신뢰성

코칭 철학을 기반으로 코칭에 대한 & 고객에 대한 믿음이 강함

### 3 자기인식

알아차림이 뛰어나서 코치로서 필요한 자기인식을 갖춤

**프로그램 개발 및 저서**

- 초등 대상 전화그림책코칭 시작(2021)
- 성인 대상 전화그림책코칭 시작(2023)
- 개인 맞춤형 태교그림책코칭 시작(2023)
- 멘탈그림책코칭 시작(2023)

그림책과 코칭의 사랑을 전하는 주디 코치 이은선의

## ABC 코칭대화모델

### A 코치가 되어 본인 삶에서 무엇이 달라졌나요?

저의 에너지가 모두 방전된 상태에서 코칭을 만났습니다. '코칭은 내면 에너지 발전소'라는 정의처럼, 코칭으로 충전되어 밝고 신나고 긍정적인 에너지의 삶을 살게 되었습니다.

### B 코치로서 달성한 비전은?

- 한국코치협회 인증코치KAC 자격 취득
- 전화로 대화가 가능한 사람들에게 그림책을 통해 코칭을 전하는 데 기여
- 맞벌이, 한부모, 장애인 가족의 자녀에게 그림책코칭으로 행복한 삶을 사는 데 기여
- 해외전지훈련 국가대표 요트선수에게 멘탈코칭

### C 코칭을 통해 깨닫게 된 것은?

- 질문은 관심이며 사랑이라는 것을 느끼게 됨
- 코칭 대화를 통해 나 자신을 이해하고 사랑하게 됨
- 코칭을 통해 내 안에 답이 있고, 스스로 답을 찾을 때 동기부여가 되고 실행력이 생긴다는 것을 깨닫게 됨
- 코치가 동등한 입장에서 온전한 동행을 할 때 코치에 대한 신뢰가 생김을 알게 됨
- 경청과 공감과 질문은 기술이 아님을 깨닫게 됨

### plus 앞으로의 비전은?

- 다문화가정의 아이들에게 그림책코칭
- 시각장애인에게 전화그림책코칭
- 고등 임산부, 미혼모에게 태교그림책코칭
- 멘탈그림책코칭

## Coach's Powerful Coaching Question
## 주디 코치 이은선의 파워풀 코칭퀘스천

1. 내 이야기에 집중하며 호기심을 가지고 경청해주는 경험은 황홀하기까지 합니다. 내 이야기를 들어주는 단 한 명이 있다면 나누고 싶은 이야기는 무엇인가요?

2. 내가 만약 그림책 속 주인공이라면 가장 해보고 싶은 것은 무엇인가요? 또한 내가 그림책 속으로 들어갈 수 있다면 등장인물에게 하고 싶은 이야기는 무엇인가요?

3. "내 안에 답이 있다." 내 안의 답을 찾기 위해서는 내면의 소리에 귀 기울여야 합니다. 하지만 외부 소리에 민감하고 그 소리가 크다 보니 내 안의 소리는 들리지 않거나 무시하는 경우가 많습니다. 내면의 소리에 귀 기울이고 신뢰하기 위한 당신만의 방법은 무엇일까요?

037

# 독서 코칭을 통해 자신의 북극성을 찾도록 돕는 진하연 유현심

코리아에듀테인먼트 진북하브루타연구소 대표코치
(사)한국조직경영개발학회 감사
(사)미래준비 이사

겸 손 · 끈 기 · 진 실 함 · 배 려 · 한 결 같 음

"모든 사람이 보석이라는 관점으로 독서 코칭을 통해 잠자고 있는 보석을 발굴해 빛나도록 돕는 진하연 유현심입니다."

**코칭이란** 코칭은 모든 자원을 갖고 있는 고객이 자신의 가능성을 발견하고 무한한 잠재력을 끌어내도록 돕는 일입니다.

## 코치로서의 전문성

### 1 진정성

한국에 진성리더십을 전파하고 있는 (사)한국조직경영개발학회 감사로 모든 코칭 장면에 진정성을 최고의 가치로 두고 코칭을 하는 진성 코칭 전문가

### 2 독서 코칭

한국형 하브루타 독서토론 개발자이자 코칭 도구 개발자로 고객이 독서 코칭을 통해 자신의 북극성을 찾도록 돕는 독서 코칭 전문가

### 3 NLP

NLP 국제 Practitioner로 메타모델을 적용한 코칭으로 고객의 의식 확장에 도움을 주는 전문가

**프로그램 개발 및 저서**

- 〈하브루타 독서코칭 지도사 과정〉, 24시간, KET(직업능력개발원, 2014)
- 〈메타인지 진로학습코칭 지도사 과정〉, 32시간, KET(직업능력개발원, 2014)
- 〈하브루타 코칭〉 20시간, KET, 개발 중
- 《진북 하브루타 독서토론》(성안북스, 2021)
- 《유서깊은 문해력 수업》(성안북스, 2022)
- 《독서토론을 위한 10분 책읽기》(경향미디어, 2016)
- 《현장 실전코칭》(동화세상에듀코, 2021)
- 《청소년 부모 교사 실전코칭》(동화세상에듀코, 2022)

## 독서 코칭을 통해 자신의 북극성을 찾도록 돕는 진하연 유현심의 ABC 코칭대화모델

### A 코치가 되어 본인 삶에서 무엇이 달라졌나요?

코칭을 통해 달라진 점은 상대를 온전한 존재로 대하게 된 것입니다. 자녀를 양육하면서 존재 자체로 대하지 못하고 오직 성과에 매달린 적이 있었습니다. 그 과정에서 아이를 벼랑 끝까지 내몰았다가 코칭 대화 방법을 통해 모든 사람은 온전한 존재로 태어난다는 것을 깨달았습니다. 그 뒤 존중과 수용, 다양성 존중의 정신을 바탕으로 자녀와의 관계를 회복하고 교육법인 (주)코리아에듀테인먼트를 설립했고, 한국형 진북 하브루타 독서토론 프로그램을 개발하여 전국의 수많은 학부모, 교사, 학생을 만나고 있습니다. 그러던 중 한국코치협회 인증 프로그램 중 하나인 ART 코칭을 알게 되었고, 좀 더 깊게 코칭을 공부해 많은 사람의 변화와 성장에 기여하기 위해 매진하고 있습니다.

### B 코치로서 달성한 비전은?

- 커리어비전 달성: 한국코치협회 인증코치KAC 자격 취득, KPC 준비 중
- 16인의 전문 코치들과 《현장 실전코칭》, 8인의 전문 코치들과 《청소년·부모·교사 실전코칭》 책 출간
- ACPK 코치인증 프로그램 개발 중
- 진북 하브루타 독서 코칭, 메타인지 진로학습코칭 프로그램 개발
- 교육법인 (주)코리아에듀테인먼트 설립 및 운영
- 교육도구 메이커: 7키워드 무지개 독서토론 카드(2만 개 판매 돌파)외 10여 종

### C 코칭을 통해 깨닫게 된 것은?

- 자기 인식: 자신의 강점, 약점을 정확히 인식하고 사명, 비전, 가치를 확립하는 것이 중요함
- 자기 조절: 코치의 개입을 최소화하면서 고객이 자신의 자원을 끌어내도록 돕는 것이 중요함
- 판단 중지: 고객의 어떤 말이나 행동에도 나의 판단이 개입되지 않도록 수용하는 자세 유지
- 성장 발전: 나의 강점은 물론, 취약점을 드러내는 것은 큰 성장의 밑거름이 됨

### plus 앞으로의 비전은?

- 하브루타 코칭 프로그램 ACPK 인증 도전
- 전문 코칭 그룹과의 연계 – 기업 그룹/팀 코칭 진출
- 현재 1,000명의 코치 양성 완료 + 꾸준히 양성 및 함께 성장

Coach's Powerful Coaching Question

## 진하연 유현심의 파워풀 코칭퀘스천

1 세상은 혼자 살아갈 수 없습니다. 일상의 소소한 행복을 함께 나누고 기쁘거나 슬픈 일을 함께 의논할 상대가 있다는 건 우리 삶을 풍요롭게 만드는 가장 중요한 자원입니다. 당신이 슬픈 일은 물론 기쁜 일도 마음껏 나눌수 있는 대상은 누구(무엇)인가요?

2 기업은 이윤을 남겨야 한다고 얘기합니다. 하지만 기업 이윤이 우선시될 때 사회적으로 많은 폐해를 가져오는 것도 사실입니다. 기업의 이윤보다 우선시 되어야 할 가치가 있다면 무엇인가요?

3 간절히 소망하는 일은 이루어진다고 합니다. 회사를 설립하고 좋은 가치를 많은 사람들에게 전파하고자 노력해왔습니다. 그 결과 1,000명의 코치와 함께 성장하고 있습니다. 당신이 간절히 소망하는 것이 있다면 무엇인가요?

038

# 챌린지 파트너코치 이정민

(주)HR교육컨설팅 대표코치
(사)한국코치협회 코칭인증 심사위원
감성과학연구소 소장

성장 · 도전 · 책임감 · 체계화 · 협력구축

"조직(기업·공공기관)의 리더를 대상으로 자신의 삶을 스스로 주도하고, 자신의 강점을 충분히 발휘하도록 돕는 챌린지 파트너코치 이정민입니다."

**코칭이란** 코칭은 고객의 고유한 강점을 충분히 활용하여, 바라고 원하는 삶의 모습과 방향대로 주도적인 삶을 살 수 있도록 돕는 일입니다.

## 코치로서의 전문성

### 1 리더십

(주)KT에서 20여 년 근무한 경력이 있으며, 특히 직원들의 변화혁신을 위한 HRD/교육/컨설팅 분야에 많은 노하우를 가지고 있음

### 2 코칭

(사)한국코치협회 이사, 공익코칭위원장으로 활동하였으며, 전문코치 양성프로그램 개발 운영. 대기업 팀장·임원들을 대상으로 한 리더십 코칭, 취창업 준비생들을 위한 커리어 코칭의 전문가

### 3 강의과 퍼실리테이팅

1만 시간 이상의 강의경력과 퍼실리테이터 활동을 바탕으로 리더십, 커뮤니케이션, 조직문화 분야에 전문성을 가지고 있는 멀티플레이어

**프로그램 개발 및 저서**

- 《CS는 행동이다》(공저, 두남출판, 2009)
- 《Action 실전 세일즈! Paleo》(공저, 도서출판 서원, 2012)
- 《한국형 리더십을 코칭을 말한다》(공저, 북코리아, 2023)
- 〈여성조직에서 리더십 유형이 조직몰입과 직무만족에 미치는 영향에 관한 연구〉(배제대학교 석사학위논문, 2005)
- 〈세일즈 매니저 코칭이 감성지능과 조직유효성에 미치는 영향에 관한 연구〉(목원대학교 박사학위논문, 2016)

챌린지 파트너코치 이정민의

## ABC 코칭대화모델

### A 코치가 되어 본인 삶에서 무엇이 달라졌나요?

코칭을 만나고, 진정으로 원하고 바라는 삶이 무엇인지 생각하게 되었고, 삶에 대한 도전과 주도적 태도로 변화하였습니다. 이른 시기에 대기업을 퇴사하게 된 동기도 코칭의 힘이었고, 꿈꾸고 있던 제2의 삶을 현실로 만들어가는데, 코칭의 힘이 작용하고 있다고 생각합니다. 코치가 된 이후, 사람들의 행동에는 분명한 긍정의 의도가 있으며, 누구나 성장과 변화에 대한 바람이 있다는 믿음이 생겼으면, 사람을 바라보는 관점과 상황을 받아들이는 유연함이 더욱 커졌습니다.

### B 코치로서 달성한 비전은?

- 기업의 사내코치 출신으로 코칭전문가로 성장하기와 창업에의 도전과 성공
- 경영학 박사학위 취득 및 경영학과 겸임교수 취임
- KAIST 지식재산(IP)스토리텔링 위원회 교육이사 임명
- 중소벤처기업부 우수기업 장관표창(2021)
- (사)대전세종충남여성벤처협회 이사 임명
- (사)한국코치협회 지역출신 최연소 여성 이사
- (사)한국코치협회 KSC 슈퍼바이저 코치 자격 취득
- (사)한국코치협회 KSC 인증심사위원 자격 취득
- 전문코치 인증프로그램 개발: 코칭파운데이션(ACPK-0185)

### C 코칭을 통해 깨닫게 된 것은?

- 배움과 성장: 사람들은 누구나 성장과 변화에 대한 바램을 가지고 있음
- 긍정적 의도: 사람들의 모든 행동과 말에는 분명한 긍정의 의도가 있음
- 변화욕구: 지금보다 더 나은 삶을 위한 변화의 계기를 만나고 싶어 함
- 관점전환: 코칭을 통해 상황과 사람을 다양한 관점으로 볼 수 있는 유연함이 생김

### plus 앞으로의 비전은?

- 지역에서 성공적으로 자리매김하는 교육/코칭 전문회사로서의 성장
- 전문코치 육성 프로그램 참여자 1,000명 돌파하기
- 기업의 리더(팀장, 임원, 여성리더, 핵심인력) 대상, 일대일 코칭 Hour 1만 시간 달성
- 코칭과 융복합한 기업교육 프로그램 개발(2025년까지 3개의 프로그램 론칭)

## Coach's Powerful Coaching Question
## 챌린지 파트너코치 이정민의 파워풀 코칭퀘스천

1. 사람들은 누구나 안전함을 추구합니다. 있는 그대로, 하던 그대로, 있는 모습 이대로 살고 싶어하는 본성이 있습니다. 하지만 인생에서의 새로운 발견과 기쁨은 내가 있는 그곳 ! 안전지대를 벗어나는 것에서 출발합니다.

   당신의 안전지대는 어디인가요?
   안전지대를 벗어나기 위해 어떤 도전이 필요한가요?

2. 일과 삶에 충실히 살다 보면, 어느새 내가 누구인지, 어떤 사람이 되고 싶었는지, 어디로 가고 있는지 잊게 됩니다. 인생의 바다에서 끊임없이 밀려오는 파도를 무사히 넘어가려면 나만의 나침판이 필요할 수 있습니다.

   당신이 가지고 있는 나침판은 어디를 가르키고 있나요?
   당신은 어떤 사람이 되어 가고 있나요?

3. 세상의 사람들은 서로의 영향력을 주고받으며, 함께 살아가게 됩니다. 인생의 여정 속에서 서로의 에너지를 나누고, 닮거나 배우며, 서로의 삶에 영향을 미치지요.

   당신은 어떤 영향력을 미치고 있나요?
   당신으로 인해 삶이 달라진 사람이 있다면 누구인가요?
   무엇이 그것을 가능하게 했나요?

## 039

# 코칭운동가 최동하

퀀텀프로젝트 대표코치/CEO
단국대학교 경영대학원 협상코칭전공 주임교수
케어마인 상담코칭센터 연구소장

열정 · 사명 · 즐거움 · 에너지 · 연결

*"코칭으로 돕고 전하고 만들고 즐기며 사는 코칭운동가 최동하입니다."*

**코칭이란** 코칭은 고객의 잠재력을 존중하고 스스로 계발할 수 있도록 돕는 전문가의 활동이며, 사회 구성원 누구나 서로 도움을 줄 수 있는 인류가 발견한 가장 발전적인 소통법입니다.

## 코치로서의 전문성

### 1 비즈니스 코칭

기업과 조직의 임직원 일대일 코칭, 그룹코칭, 팀코칭, 코칭워크숍

### 2 라이프 코칭

상담코칭센터 연구소장: NLP멘탈코칭, 심리코칭, 커리어코칭 등

### 3 전문가 코칭

스포츠선수, 연예인, 의료인, 법조인, 정치인, 사업가 등

**프로그램 개발 및 저서**

- 코칭 프로그램개발 및 코칭양성과정: 기초/심화/역량 프로그램
- 《최신 코칭학개론》(공저, 신정, 2023)
- 《ICF 8가지 코칭핵심역량》(공저, 신정, 2021)
- 《현장 실전코칭: 라이프, 비즈니스, 커리어 코칭 사례》(공저, 동화세상에듀코, 2021)
- 《미래에게 묻고 삶으로 답하다》(공저, 동화세상에듀코, 2020)
- 《오늘이 미래다》(공저, 동화세상에듀코, 2020)
- 《코칭의 역사》(공역, 동화세상에듀코, 2021)
- 《VUCA 시대의 조직문화와 피어코칭》(공역, 한국코칭수퍼비전아카데미, 2020)
- 〈성학 코칭 리더십 연구〉(국민대학교 박사학위논문, 2019)

코칭운동가 최동하의
## ABC 코칭대화모델

### A 코치가 되어 본인 삶에서 무엇이 달라졌나요?

커뮤니케이션 전문가로서 개인 간 커뮤니케이션 분야로 관심이 확장되었다고 할 수 있다. 코칭은 내가 무엇을 제공하는 것이 아니라 고객 스스로 그에게 필요한 무엇을 발견하는 것을 돕는 일이다. 왜냐하면 코칭의 대전제는 인간은 스스로 모든 것을 해낼 수 있는 무한한 가능성의 존재라는 믿음이기 때문이다. 멋지지 않은가. 이제 코칭은 나의 평생 직업이 될 것이다. 아마 온전히 생각하고 말을 할 수 있을 때까지 코칭을 하게 될 것이다. 코칭 문화가 이 사회에 널리 퍼질 수 있도록 다양한 노력을 할 것이다. 코칭운동가로서 살 수 있어서 감사할 따름이다.

### B 코치로서 달성한 비전은?

코칭 문화를 통한 상호 존중 문화의 확충과 발전적 성장이 사회 전반에 걸쳐 나타나길 기대하면서 여러 가지 시도를 통해 그런 부분을 증명하고 싶었다. 비즈니스 코칭 전문회사를 만들어서 직접 코칭을 하면서 코칭의 효과를 목격하고 있고, 상담코칭센터, 스포츠멘탈코칭연구회, 대학원의 협상코칭전공, 코치합창단, 코칭뮤지컬 모임, 코칭 관련 인문학스터디 모임 등 코칭 관련 다양한 형태의 공동체를 이끌거나 경험하고 있다. 대부분 성공적이고 구성원 모두 만족하고 있다. 그것은 모든 조직이 코칭의 마인드를 유지하고 있기 때문이다. 앞으로 또 어떤 새로운 공동체를 만들거나 경험을 하게 될지 벌써부터 설레인다.

### C 코칭을 통해 깨닫게 된 것은?

코칭은 일단 남을 돕는 전문 활동이라고 하겠지만 실은 나를 돕는 행위이다. 코칭을 하다 보면 코치 자신의 성찰에 큰 도움이 되고 있음을 알게 된다. 또한 코칭을 받는다는 것은 코칭을 통해 자신을 발견하고 앞으로 달려나가는 것이지만 코칭을 알게 되는 의미도 크다. 코칭을 받은 많은 고객들이 코칭에 관심을 갖게 된다. 전문가의 입장이 아니더라도 코칭에 담겨 있는 따뜻한 인간관과 놀라운 가능성을 느끼기 때문이다. 코칭을 단순히 전문 서비스로 보지 않고 하나의 사회 운동으로 확장시키고 싶은 나의 마음이 커지는 이유이기도 하다.

### plus 앞으로의 비전은?

- 코칭의 대중화를 위한 지속적인 노력(교육, 강연, 저술, 조직운영 등)
- 코칭의 대중화를 촉진할 코칭 관련 플랫폼 구축(케어마인 상담코칭센터 추진)
- 코칭운동가 10,000명 육성

## Coach's Powerful Coaching Question
## 코칭운동가 최동하의 파워풀 코칭퀘스천

1. 코칭은 과거의 문제를 해결하는 심리상담과는 달리 향후 내가 가고 싶은 곳을 향해 도전적으로 달려가기 위한 파트너십입니다. 코치는 생각파트너로서 고객님의 무한한 가능성에 호기심을 갖고 탐험의 길을 함께합니다. 마음속 깊은 곳에 잠자고 있는, 생각만 해도 가슴이 뛰는 이루고 싶은 것이 있다면 그것은 무엇일까요?

2. 코칭은 이루고 싶은 것을 이룰 수 있게 하는 힘이 있습니다. 원하는 것을 이루었다고 상상하고 그 상태를 느껴보시기 바랍니다. 그때의 모습과 주변의 상황을 생생하게 떠올리시고 지금 그때와 장소에 있다고 생각하십시오. 그렇게 미래 시점에서 보면 지금은 과거가 됩니다. 성공적인 미래를 느끼면서 지금을 바라볼 때 자신이 무엇을 새롭게 했는지 살펴보십시오. 그것이 키포인트입니다. 그것이 고객님을 성공적인 미래로 이끌었던 것입니다. 자 이제 원하는 것을 이루기 위해 지금부터 무엇을 새롭게 해보시겠습니까?

3. 원하는 것을 이루기 위해 변화된 행동을 선택했음을 축하합니다. 이제부터는 그 결심을 확실하게 실천하는 일이 남았습니다. 때로는 늘 행동을 가로막는 마음속의 장애물이 나타나기도 하지만 그럼에도 불구하고 반드시 해낼 수 있는 능력이 이미 있습니다. 출발의 레버를 기꺼이 당길 수 있는 고객님만의 강점이 있다면 그것은 무엇입니까? 그리고 그 강점을 활용해서 성공적으로 실천할 자신에게 응원의 한마디를 한다면 뭐라고 하겠습니까?

040

# 편하고 밝은 코치 복덩이 천은희

한국버츄프로젝트 FT
서경대학교 우리동네 인생나눔멘토
직장 내 장애인 인식개선 강사

공감 · 이해 · 사랑 · 경험 · 긍정 · 인연

*"다양한 지식과 경험을 공유하며 고객을 만나서 공감과 이해로 경청을 잘해주는 복덩이 천은희 코치입니다. 고객에게 거울 역할로 긍정적 고유한 잠재력을 인식하게 하고 가능성을 확신하게 하며 자신감으로 목표설정과 자기발전의 삶을 실천하게 돕는 복덩이 천은희 코치입니다."*

**코칭이란** 변화된 삶을 추구하는 이에게 자신의 고유한 긍정적 잠재력(가능성, 창의성, 특별성)을 스스로 찾게 하고 자기를 인식하며 시도하게 하여 목표설정과 자기발전의 삶을 실천하게 하는 돕는 것입니다.

## 코치로서의 전문성

### 1 긍정적 마인드

한국버츄프로젝트 FT활동과 긍정적 삶의 목표지향으로 변화하며 발전하는 생활의 증인

### 2 늦깎이 공부의 달인

57세에 고등학교 검정고시, 59세에 방송통신대학 교육학과 입학, 졸업 시 평생교육사 2급 자격증 취득, 63세에 청소년교육과 편입, 졸업 시 청소년지도사 2급 자격증 취득, 이외 직장 내 장애인 인식개선 강사, 민간자격증 다량보유와 66세에 한국코치협회 KAC 코치, 현재 KPC 자격증 준비 중이며 계속 심리공부 중

### 3 공감적 이해

다양한 지식과 인생경험으로 우리 동네 서경대 인생나눔멘토 활동. 공감과 이해력으로 고객의 가능성, 창의성, 특별성을 알아내는 능력이 탁월함

### 4 멘토링

- 서경대학교 인생나눔교실 멘토로 70세~80세 어르신들과 멘토링(2020~2022)
- 서경대학교 우리동네 인생나눔교실 멘토로 장애인종합복지관, 장애인자립생활센터에서 장애인청소년 멘토링(2023)

**인생나눔멘토 유튜브 출연**

서경대학교 인생나눔멘토 유튜브(우멘소-우리 멘토를 소개합니다 = 천은희)에서는 계속 더불어 성장하는 변화의 삶의 중요성을 멘티들과 경험하며 편하고 밝은 복덩이 천은희 코치가 함께 했습니다.

편하고 밝은 코치 복덩이 천은희의
## ABC 코칭대화모델

### A 코치가 되어 본인 삶에서 무엇이 달라졌나요?

- 친정아버지(알코올중독~술 끊고 15년 새 삶)와 시어머니(중풍~치매 18년), 친정어머니(치매 ~10여 년) 세 분의 간병으로 내 삶이 부재 중이던 나를 찾고 새 삶을 살고 있습니다.
- 남편과 결혼 40년 만에 소통의 변화로 관계향상이 되었고 자녀와의 관계에도 긍정적인 영향을 미치게 되었습니다. 서로의 변화된 소통 방법으로 변화의 삶을 추구합니다.
- 다양한 사람을 이해와 공감하려는 공부를 계속하고 있습니다.
- 사물을 관찰하는 습관이 생겼고 다름을 인정하며 나를 사랑하고 나에게 선물도 하며 기쁨의 직업생활로 사회에 영향력 있는 삶으로 보람을 느낍니다.

### B 코치로서 달성한 비전은?

- 고객과의 코칭으로 고객들이 불안에서 벗어나 자신들의 내면의 힘을 믿고 새로운 도전적인 삶을 살아갑니다.
- 고민을 이야기하는 분이 많아졌고 나의 표정이 편하고 기쁘게 변화되어 젊어졌다는 표현을 자주 듣습니다.
- 은퇴할 나이에 활동이 왕성함을 부러워합니다.
- 젊은 코치들이 자신들의 멘토라고 할 때 기분이 좋습니다.

### C 코칭을 통해 깨닫게 된 것은?

코칭은 자신이 모르던 나를 발견하고 셀프코칭으로 치유도 하며 가족과의 관계개선뿐 아니라 지인과의 해결되지 않을 것 같았던 관계개선과 코치로서 고객의 가능성, 창의성, 특별성을 찾게 도움을 주어 스스로 변화의 삶을 살 수 있도록 돕는 일을 경험하면서 현시대에 서로의 행복을 찾는 필수적인 도구로 필요성을 느낍니다.

### plus 앞으로의 비전은?

- 나만의 가족코칭(고객) 공간 마련(자연을 느낄 수 있는 곳)
- 코치들과의 교류
- 책 쓰기(인생경험)

## Coach's Powerful Coaching Question
# 편하고 밝은 코치 복덩이 천은희의 파워풀 코칭퀘스천

1 사랑하는 사람과 행복한 생활은 참 아름답고 고귀합니다. 나를 사랑하는 사람과 내가 사랑하는 사람이 행복하려면 무엇이 필요한가요?

2 마음이 편하면 세상이 아름답습니다. 가족과 함께 생활하면서 서로의 마음을 편안하게 하는 방법은 무엇인가요?

3 고객님이 제일 잘하는 것은 무엇인가요?

041

# 피스메이커 코치 김혜영

한국코치협회 인증전문코치(KPC)
한국코치협회 크리스천 인증전문코치(KPCC)
코칭프렌즈 사회공헌코치
코칭퀘스천클래스 캡틴코치
독서지도사, 상담사, 푸드치료사, 심리분석사
한국코치협회 편집부 위원

공감 · 사랑 · 믿음 · 통찰 · 지혜

"고객이 원하는 본질적인 삶을 찾고 신나게 나아가도록 돕는 피스메이커 코치 김혜영입니다."

**코칭이란** 코칭은 고객과 동행하는 피스메이커로 내면의 평화와 빛나는 존재를 찾도록 돕는 것입니다.

## 코치로서의 전문성

1. 상담 석사와 박사 과정 중(인간 심리이해, 공감, 치유)
2. 한국코치협회 인증전문코치KPC
3. 한국코치협회 크리스천 인증전문코치KPCC

**프로그램 개발 및 저서**

- 셀프코칭을 통한 자아변화 석사 논문, 자아존중감 높이는 독서코칭
- 내면아이 치유를 통한 나를 만나기, 가족의 화목을 위한 방법들
- 《당신만을 위한 100개의 질문》(공저, 북코리아, 2021)

피스메이커 코치 김혜영의

## ABC 코칭대화모델

### A 코치가 되어 본인 삶에서 무엇이 달라졌나요?

코치답게 살기 위해서 매일 변화와 성장하려고 합니다. 더 깊이 경청하고 탁월한 질문을 통해서 사람들이랑 더욱 친밀한 관계를 만들어갑니다. 코치님들의 모습을 통해서 배우고 익히며 더 나은 모습으로 나아갑니다. 탁월한 코치가 되기 위해서 공부하고 실천하는 삶으로! 영성을 갖춘 코치가 되기 위해서 매일 말씀 공부와 기도를 합니다.

### B 코치로서 달성한 비전은?

고객들이 원하는 장기 목표를 세워서 삶이 변화되고 정체성이 새롭게 세워지고 자존감이 높아져서 만족스런 삶을 살아가도록 돕습니다. 사람에 대한 진실과 사랑으로 심리를 이해하고 존재의 깊은 곳을 터치하여 진실된 자신으로 살게 합니다.
미래의 자신이 원하는 것 이상을 얻도록 코칭 해 주는 탁월한 코치!

### C 코칭을 통해 깨닫게 된 것은?

- 코칭은 나부터 변화하고 성장하며 고객의 성장을 위해 잠재력을 찾아 격려한다.
- 코칭을 통해서 세상이 밝아지고 진정한 존재로서 기쁘게 살아가도록 한다.
- 크리스천 코칭을 통해서 선교의 꿈을 갖고 말씀과 기도록 진정한 크리스천 되기

### plus 앞으로의 비전은?

- 상담과 코칭의 양날개를 잘 사용하여 균형감각 지닌 코치 되기
- 사랑과 지혜, 통찰과 긍휼을 지닌 코치
- 고객이 신뢰하고 다시 찾는 코치, 평강과 기쁨을 나누는 평화의 코치

## Coach's Powerful Coaching Question
## 피스메이커 코치 김혜영의 파워풀 코칭퀘스천

1. 한 영혼이 소중하고 존귀합니다. 당신은 스스로를 어떤 사람이라고 생각하시나요? 앞으로 남은 삶은 어떻게 살고 싶으신가요?

2. 내면의 평강과 기쁨이 늘 잔잔하게 흐르는 삶을 살도록 합니다. 당신의 내면에 자주 드는 생각은 무엇인가요? 당신의 내면은 어떤 자연을 닮았는지요?

3. 인생에 가장 존경하고 따르는 사람을 가진 사람은 행복합니다. 당신이 존경하고 따르는 인물은 누구인가요? 어떤 점을 닮고 싶은가요?

042

## 한 영혼 살리는 존재코치 그레이스 박

인하트 대표코치
코칭경영원 전문코치
Ph.D. 감정과학전공

공감 · 개별화 · 개발 · 절친 · 책임

*"한 영혼이 살아나고, 나다움의 건강한 삶을 위해 연구하고 코칭하는 그레이스 코치입니다."*

**코칭이란** 코칭이란 코칭은 한 영혼을 살리는 존중의 언어입니다.

## 코치로서의 전문성

1. 탁월한 공감력과 온화한 수용력으로 한 사람의 마음 치유와 성장을 불러 일으키는 마음챙김 전문
2. 심리기반의 진단과 남다른 직관력으로 건강한 관계·소통을 해결하는 관계·소통리더십 전문
3. 개인의 탁월함과 업무 몰입도를 향상하는 갤럽 강점코칭 전문
4. 가정 회복을 돕는 '부부·부모자녀코칭, 한부모, 이혼 및 재혼 가정'의 소통전문코치

**프로그램 개발 및 저서**

- 〈리더의 마음챙김 In:HEART코칭리더십〉 20시간, ACPK01225(2022)
- 〈관계·소통리더십 TRUST코칭〉 20시간, ACPK01041(2015)
- 《부모의 언어, In:HEART대화법》(우리들교회 부모학교, 2016)
- 《하나님의 마음, In:HEART코칭》(크리스찬코칭, 2020)
- 〈'인하트 존재코칭'의 원리: 『성경』과 『中庸』을 바탕으로〉(국민대학교 박사학위논문, 2020)

한 영혼 살리는 그레이스 코치 박선나의

## ABC 코칭대화모델

### A 코치가 되어 본인 삶에서 무엇이 달라졌나요?

삶은 살아가는 것일까요? 살아내는 것일까요?

흔히 '삶을 살아간다.'라고 말하잖아요. 그런데 '삶을 살아내는 것'이더라고요. 살아가고 있다고 생각한 그 순간 벼랑 끝자락에 서 있던 저를 만났습니다. 너무나 지치고 힘들어서 일어날 힘조차 없었습니다. 더는 안 되겠다 싶었습니다. 삶을 돌아보니 살아가고 있었던 게 아니라, 하루하루 버티며 살아냈더라고요. 어쩌며 지금 이 글을 읽고 계신 누군가도 하루하루 버티며 살아가고 계시지는 않을까요? 저는 그 한 사람의 삶의 무게를 조금이나마 가볍게 해드리고 보다 나은 건강한 삶을 살아가도록 돕고자 코치가 되었습니다.

제 삶에서 가장 힘들었던 순간은 가난도, 사춘기 자녀의 방황도 아닌 제 이야기를 온전히 들어줄 그 한 사람이 없었다는 것입니다. 판단도, 조언도 하지 않고 온전히 들어 줄 그 한 사람! 다행히 힘들어하는 저를 주님께서 찾아와 주셨고 힘들고 지친 저의 마음을 위로해 주셨습니다.

저의 힘들고 처절했던 삶이 누군가의 영혼을 살린다면 얼마나 감사한 삶일까요? 저처럼 마음이 힘들고 지친 그 한 영혼의 마음이 회복되고, 건강한 삶을 살아갈 수 있도록 성장을 돕고, 내 앞에 있는 그 한 사람의 이야기를 온전히 머물며 마음 읽어주는 한 영혼 살리는 존재코치의 사명으로 살아가고자 합니다.

### B 코치로서 달성한 비전은?

- 한 영혼 살리는 In:HEART 대표코치 / KSC(슈퍼바이저코치)
- Ph.D. 감정과학전공 / 부부 전문코치
- 코칭경영원 전문코치
- 美.Gallup 인증 강점코치
- Auro-Soma 컬러테라피 프랙티셔너
- (사)한국코치협회 공로사 3회 수상 및 올해의 기독교코칭상 수상

### C 코칭을 통해 깨닫게 된 것은?

우리 모두는 사랑의 존재입니다. 내 앞이 있는 그 한 사람 역시 사랑의 존재임을 기억해야 합니다. 그래서 온전히 함께 머물며 존중의 언어로 대화를 하였을 때 한 영혼이 살아나고 회복된다는 것을 깨달았습니다.

## Coach's Powerful Coaching Question
## 그레이스 코치 박선나의 파워풀 코칭퀘스천

1. 나는 어떤 사람인가요? 생각날 때마다 적어봐요.

2. 내 삶 속에서 힘들고 실패의 경험에 배운 깨달음이 있다면 무엇인가요?
그게 내 삶에 어떤 것을 도와주고 있을까요?

3. 내가 하는 이 일이 내 삶, 가정(조직) 그리고 세상에 어떤 영향을 미치고 있을까요?

043

## 함성 코치 황현호

국제코치훈련원 원장
한국부부행복코칭센터 원장
전 국제코칭연맹 ICF 코리아챕터 회장

친절 · 전문성 · 성장 · 나눔 · 전달력

"전문코치들이 1인 기업가로 홀로서기 하도록 도와서 함께 성장하기를 원하는 함성코치 황현호입니다."

**코칭이란** 코칭은 고객에게 새로운 관계 경험을 제공하는 것입니다.

## 코치로서의 전문성

1. 코칭 핵심 역량 전문가
2. 전문코치들을 교육하고 훈련하는 트레이너
3. 예비부부들을 코칭으로 돕는 예비부부코칭 전문가

**프로그램 개발 및 저서**

- 〈Life Coaching Training Program〉 개발, ICF Level 2 인증 140시간(ICF, 2022)
- 〈TRAIN〉 전문코치훈련 교재, KCA 기초,심화 인증, 40시간(KCA, 2011)
- 〈TRAIN 기초〉 전문코치훈련 교재, KCA 기초 인증, 20시간(KCA, 2020)
- 〈TRAIN 심화〉 전문코치훈련 교재, KCA 심화 인증, 20시간(KCA, 2020)
- 〈TRAIN Advanced〉 전문코치훈련 교재, KCA 심화 인증, 20시간(KCA, 2023)
- 〈TRAIN 1 코칭의 기술〉 전문코치훈련 교재, KCA 기초 인증, 24시간(KCA, 2015)
- 〈가족코칭전문가〉 전문코치훈련 교재, KCA 역량 인증, 24시간(KCA, 2017)
- 《부부는 탁월함 때문에 싸운다》(예영 B&P, 2015)
- 《ICF 8가지 코칭핵심역량》(공저, 신정, 2021)
- 《최신 코칭학개론》(공저, 신정, 2023)
- 《코칭 심리 측정의 이해와 활용》(공역, 북허브, 2019)
- 《부부코칭 에니어그램》(공역, 스토리나인, 2017)
- 〈전문코치의 역량강화를 위한 핵심코칭역량에 대한 탐색적 연구〉(《코칭연구》 10(2), 2017)
- 〈예비부부를 위한 코칭전문가 양성프로그램 개발을 위한 탐색적 연구〉(《코칭연구》 12(1), 2019)

함성 코치 황현호의
## ABC 코칭대화모델

### A 코치가 되어 본인 삶에서 무엇이 달라졌나요?

나도 모르고 살아왔던 내 안의 잠재력을 꽃 피우면서 사는 것은 물론, 이를 통해 다른 사람들의 성장을 도우면서 살 수 있게 된 점입니다.

### B 코치로서 달성한 비전은?

- 5개 이상의 프로그램을 개발하여 국내 및 국제 코칭기관으로부터 인증
- 국제코칭연맹ICF의 최고 자격인 마스터코치 MCC를 취득
- 한국코치협회의 최고 자격인 수퍼바이저코치 KSC를 1기로 취득
- 국내에서 최초로 예비부부코칭을 시작하여 새로운 코칭분야를 개척
- 1,000여 명 이상의 전문코치 교육훈련을 진행
- 1권의 책을 저술하고, 2권의 책을 공동 저술, 2권의 책을 공동 번역
- 세계에서 가장 큰 코치들의 연합체인 국제코칭연맹 한국지부 회장을 역임
- 국제코칭연맹, 한국코치협회, 한국코칭학회의 주요직책을 수행

### C 코칭을 통해 깨닫게 된 것은?

사람들은 자신이 가진 잠재력과 가능성을 객관적으로 보기가 쉽지 않고, 알아도 받아들이지 못하며, 받아들여도 혼자서는 개발하고 발전시키기가 쉽지 않다는 것입니다. 하지만 코치가 고객과 함께 해주면 이 모든 것들이 가능해져서 자기다움으로 살 수 있게 된다는 것입니다.

### plus 앞으로의 비전은?

- 현재 운영 중인 '전문코치 훈련 아카데미'를 글로벌 수준의 코치훈련기관으로 자리매김하기
- 100명의 트레이너를 양성해 활동하도록 지원하기
- 국제코칭연맹 ICF의 마스터코치 교육훈련과정을 개발해 인증받기

## Coach's Powerful Coaching Question
## 함성 코치 황현호의 파워풀 코칭퀘스천

1 지금 이 순간 숨을 거둔다면 무엇을 가장 아쉬워 할까요?

2 생명을 다하고 죽은 이후, 세상에 남기고 싶은 당신의 유산은 무엇인가요?

3 위 대답을 위해 오늘부터 당장 실천하고 싶은 것은 무엇인가요?

044

## 행복은 나누고 사랑은 더하는 행복 코치 박용권

공감DNA충전소 대표
NLP한국협회협동조합 이사장
조직리더십코칭원 부원장
남서울대학교 코칭학과 겸임교수

행 복 · 사 랑 · 공 감 · 가 치 · 관 계

"상호 다름의 인식을 통해 또다른 성장, 변화 그리고 행복을 만드는 코치 박용권입니다."

**코칭이란** 코칭은 더 나은 삶, 더 나은 세상을 위해 고객과 코치가 더불어 함께 만들어 가는 과학이자 예술입니다.

## 코치로서의 전문성

### 1 리더십 및 소통

외국계 기업에서 30년 근무의 경험과 사내 강사의 경험을 바탕으로 기업과 비즈니스에 최적화된 리더십 및 소통에 대한 코칭 및 강의

### 2 상호 다름의 이해

NLP(신경-언어 프로그래밍)의 대전제인 '지도는 현지가 아니다.'를 100% 이해하고, 이를 코칭으로 연결하는 NLP 트레이너이자 코치

### 3 관계 형성

더불어 함께 행복하기 위해 더 큰 그림Big picture을 그리고, 이를 서로 연결하고 관계 맺기

**프로그램 개발 및 저서**

- 《코칭, 나를 살리다: 아픔에서 성숙으로》(생각나눔, 2020)
- 《알기 쉬운 NLP 코칭의 세계》(중앙북스, 2023)
- 디자인 등록: READ 성격유형 분석카드(30-1024712, 30-1215214) 2종
- 〈태권도 지도자의 코칭리더십이 선수의 자아존중감에 미치는 영향: 선수의 운동몰입과 스포츠자신감의 매개효과〉(남서울대학교 코칭학 박사학위논문, 2021)
- 〈태권도 선수들의 경쟁상태불안 감소를 위한 NLP코칭프로그램〉(《코칭연구》 13(6), 2020)
- 〈한국형 코칭리더십 척도(K-CBLS) 타당화 연구〉(《코칭연구》 16(3), 2023) 외 다수

행복은 나누고 사랑은 더하는 행복 코치 박용권의
## ABC 코칭대화모델

### A 코치가 되어 본인 삶에서 무엇이 달라졌나요?

코칭을 통해 달라진 점은 명확한 자기 인식입니다. 과거의 내가, 오늘의 내가 그리고 미래의 내가 누구이고 어디로 가고 있고, 또 왜 존재하는지 명확하게 알게 되었다는 점입니다. 명확한 자기 인식은 당연히 자기 성장을 위해 연구하고 노력하도록 동기를 제공했습니다. 마지막으로 자기 성장은 공동체의 일원으로서 고객의 성장을 돕는 도우미로서 사고의 확장에 영향을 미쳤습니다. '해야만 하는 조직의 일'에서 '하고 싶은 일을 하는 코치'로 살아가는 삶을 택한 것이 결코 잘못된 선택이 아니었음을 실감하게 되었습니다.

### B 코치로서 달성한 비전은?

- 전문코치로의 성장: 국제코칭연맹ICF PCC, 한국코치협회 KPC, 한국코칭학회 KCM, READ 성격유형분석 전문가, 비전에니어그램연구소 일반강사 자격 취득
- 사고 확장: NLP 트레이너 겸 코치로서 서로 다른 세계지도를 인식
- 코칭문화 확산: 한국코치협회 및 한국코칭학회 코치인증 심사위원
- 도전과 열정: 인코칭 파트너 코치 및 SuccessFinder Debriefer 자격 취득 등
- 학업을 위한 성장: 박사학위 취득 및 6편의 박사 학위 논문과 학술 논문 발표
- 나눔을 위한 출발: NLP한국협회협동조합 설립 및 이사장 취임, 말레이시아, 브루나이 등에서 진행된 태권도 지도자를 위한 NLP 특강을 통해 공동체적 의식 공유
- 창의적 도전: 성격유형 분석카드 디자인 등록(특허청, 2편) 및 제작

### C 코칭을 통해 깨닫게 된 것은?

- 자기 인식: To-be로 나아가기 위한 명확한 As-is를 인식한 것
- 자기 성장: 고객에게 더 나은 코칭을 제공하기 위한 지속적인 학습을 하는 것.
- 나눔과 헌신: 함께 할 때, 그것의 소중함과 가치가 발현된다는 신념하에 더불어 함께 가치를 공유하려고 노력하는 것

### plus 앞으로의 비전은?

- NLP(신경-언어 프로그래밍) 그리고 코칭의 가치 실현을 위해 노력하는 것
- 국내뿐만 아니라, 해외의 태권도인에게 NLP를 전파, 확산하는 것
- 코칭에 근거한 공유 가치를 더불어 함께Ubuntu 실현하는 것

## Coach's Powerful Coaching Question
## 행복 코치 박용권의 파워풀 코칭퀘스천

1 지금까지 살아오면서 잘한 일들이 수없이 많을 겁니다. 그걸 바탕으로 오늘 여기에 굳건히 존재하고 있을 거고요. 그래서 당신을 지탱해주는 그동안 많은 잘한 일들 중에서 가장 기억에 남는 잘한 일 세 가지는 무엇인가요?

2 잘한 일 세 가지가 당신의 삶에서 그토록 기억에 남게 한 동기나 계기가 있다면 무엇일까요? 잘한 일 세 가지를 각각 구체적으로 배경과 히스토리history를 설명해주세요.

3 앞으로 다가오는 삶에서 지금까지의 경험과 기억을 바탕으로 더욱 잘하고 싶은 것 세 가지는 무엇인가요? 그리고 그 이유는 무엇일까요? 그것은 당신의 정체성과 어떻게 연결되나요?

## 045

# 개인과 조직의 '변형'과 '실현'을 돕는 희소禧笑 홍성향

국내 'CiT코칭연구소', '한스코칭' &
해외 'Workplace Options', 'Better Up' 코치
(사)한국코치협회 인증위원회,
KAC/KPC/KSC 코치인증 심사위원(2014-현재)
Transformation Game(자기변형게임)
Facilitator by Innerlinks(USA)

존재감 · 진정성 · 창조성 · 실행력 · 최상화

*"개인과 조직의 '변형'과 '실현'을 돕는 홍성향 코치입니다."*

**코칭이란** 모든 사람은 자기 자신과 의식 · 무의식적으로 대화하며 살아갑니다. 코치는 그 자기 자신과의 대화에 함께 하는 전문가로, 그 사람이 진실로 원하는 삶을 살아가기 위한 '알아차림'과 '실행'의 여정을 함께 하는 파트너입니다.

## 코치로서의 전문성

### 1 코칭

2010년부터 코칭을 업으로 삼아 현장에서 전문코치로 활동하며 쌓아온 코칭력, - 제18회 대한민국코칭컨페스티벌 / KSC 시연(2021)

### 2 자기변형게임Transformation Game

2012년 미내사클럽에서 '딜러'가 되고, 2022년 영국 스코틀랜드 핀드혼에 직접 가서 2주 동안 교육받고 Innerlinks(USA) 인증받은 공인 'FT'

### 3 교육설계

코칭 관련 교육을 다수 기업들과 협업하여 개발했으며, 코칭수련공동체 '사이시옷'에서 진행되는 수련 프로그램을 설계하는 힘

**프로그램 개발 및 저서**

- 《패닉버튼》(Tammi Kirkness(불안관리 라이프코치), 글담출판사, 2022) 감수
- 《자문자답 나의 일 년: LIGHT VER.》(글담출판사, 2018-현재, 매년 연말 출판)
- 《자문자답 다이어리 100: V1》, 《자문자답 다이어리 100: V2》, 《자문자답 다이어리: 50가지 질문》, 《자문자답 다이어리: 3년의 기록》, 《자문자답 다이어리: 자존감》, 최근 굿노트 ver 출시 with 인디고디자인문구(Indigo)
- 《오늘 진짜 내 마음을 만났습니다》(글담출판사, 2017)
- 〈코칭철학의 심리학적 토대에 관한 연구: C. G. Jung의 분석심리학 중심으로〉(연세대학교 연합신학대학원 상담코칭학 문학석사(M.A.)학위논문, 2018) *2019년 제16회 대한민국코칭컨페스티벌/코칭학회 우수논문상 시상

개인과 조직의 '변형'과 '실현'을 돕는 희소 홍성향의

## ABC 코칭대화모델

### A 어떻게 코칭을 업으로 삼고, 꾸준히 일해올 수 있었나요?

사실 저는 '코칭'이 아닌 업을 생각해본 적이 없습니다. 코칭이 정말 좋습니다. 코칭은 제게 대가 없어도 할 수 있는 일, 순수한 기쁨을 주는 일입니다. 시간과 체력만 주어진다면 밤을 새서라도 스스로 공부하고 싶은 분야입니다. 누가 시켜서 하는 것이 아니라 내가 재밌어서 좋아서 한 일이었기에, 자연스럽게 업이 되었고, 일로 하는 것이 아니라, 좋아서 하는 일이었기에 그 성과도 좋을 수 있었습니다. 그래서 저는 저를 '덕업일치'한 코칭덕후라 농담으로 소개하기도 합니다.

### B 그렇게 전문코치로 살아온 13년 간 배운 것은 무엇인가요?

제가 이룬 성과, 커리어 중 주요한 것들 대부분이 '우연히' 일어난 것이란 점입니다. 어떤 비결도 없었다는 것입니다. 오히려 생각지도 못한 곳에서 손을 내밀어주시고, 기회를 전해주셨습니다. 결국 코치로 이루어온 커리어들은 새로운 문이 열릴 때마다 기꺼이 그 문을 잡고 들어갔던 것뿐이고, 그 문을 열어준 사람들은 정말 놀랍게도 우연히, 자연스럽게 알게 된 분들을 통해서라는 점입니다. 결국, 업에서 멋진 커리어들은 생각처럼 애써서 성취했다기보다, 그저 매일 매 순간 주어진 일에 최선을 다하고, 잘 살아가고 있다가 자연스럽게 주어진 행운들이었다는 거지요. 그저 순간마다 담담히 주어진 일을 할 수 있는 한 진심을 다해 일하다 보면 생각지도 못한 멋진 기회와 장면들이 열릴 수 있다는 멋진 가능성을 배웠습니다.

### C 누군가 코치를 업으로 삼고 싶다 한다면 뭐라고 조언해줄 것 같나요?

코치로서 업을 삼는 삶은 힘들거야 라는 것은 사실 모든 업에 해당하는 말이 됩니다. 바리스타 공부해서 카페 차리는 것과 같아요. 그 어떤 일이든 기술, 역량을 갖춘 후, 그것을 업으로 삼는 것이 쉽지만은 않습니다. 하지만, 저는 믿습니다. 코칭이 정말 좋은 사람들의 힘을요. 코칭이 너무 재밌고 좋은 사람은 그냥 잘하는 사람보다 언젠가 더 잘하게 되어 있습니다. 가만히 둬도 계속 스스로 공부하고 나아가고 성장하기 때문이죠. 그렇게 더 잘하게 되면, 그걸 알아본 주변 사람들이 기회를 줄 거에요. 그렇게 얻게 된 기회들을 최선을 다해 성과를 내다 보면 자연스럽게 이 일로 업을 삼고 생계도 이을 수 있고, 더 나아가 풍요로워진 코치로서 자신을 만날 수 있다고 믿습니다. 코칭을 업으로 삼아볼까 하는 당신께, 코치의 삶을 기꺼이 추천해 드려요.

### plus 앞으로의 비전은?

– 2024년 MCC 취득, Transformation Game Trainer Course 수료

## Coach's Powerful Coaching Question
## 희소 홍성향의 파워풀 코칭퀘스천

1 (내 삶의 방향성 찾기: 손가락을 코끝에 대고 잠시 따뜻한 숨이 오가는 것을 느껴보세요. 그리고 기억합니다. 이 숨이 오가는 것이 유한하다는 것을) 당신 코끝 호흡이 멈추는 그 날, 당신은 당신의 삶이 어떠했노라 이야기하고 싶나요?

2 (진실한 나의 열망 만나기) 만약 아무런 제약이 없다면, 당신은 어디에서 누구와 무엇을 하고 싶은 사람인가요?

3 (내가 원하는 삶을 살기 위한 행동: 위 두 가지 질문에 내가 쓴 답을 읽어보세요. 그리고 스스로에게 물어보세요.) 그래서 그런 삶을 살기 위해, 지금 나는 무엇을 행동으로 옮겨야 하나요?

## 046

# 동료들에게 힘을 주는 힘찬 코치 안순봉

성동노인종합복지관 관장
서대어시니어클럽 관장
서울카리타스자원봉사센터장

체계 · 긍정 · 개별화 · 미래지향 · 전략

"사회복지사의 정체성을 가지고, 동료 사회복지사들의 성장과 강점을 함께 찾아가고 코칭과 사회복지 수퍼비전을 접목시켜보고자 노력하는 힘찬 코치 안순봉입니다."

**코칭이란** 코칭은 고객이 코칭을 통하여 고객이 진정 원하는 바와 이르고자 하는 상황을 발견하고, 고객이 그리는 미래를 위해 지금 할 수 있는 것을 함께 찾아서 실천할 수 있도록 힘을 주는 작업입니다.

## 코치로서의 전문성

1. 사회복지 영역에서의 코치로서의 역할
2. 2013부터 직원들의 멘토와 사내 커리어코치 활동
3. 코칭클리닉 / C.E.P 코칭 교육 수료
   NVC 1, 2, 3단계 수료
   존엄수업

**프로그램 개발 및 저서**

– 《당신만을 위한 100개의 질문》(공저, 북코리아, 2021)

동료들에게 힘을 주는 힘찬 코치 안순봉의
## ABC 코칭대화모델

### A 코치가 되어 본인 삶에서 무엇이 달라졌나요?

사회복지기관의 부장으로 첫 임무를 수행할 때였습니다. 법인의 인사발령으로 복지관 부장으로 부임하였지만, 실무 경력이 미흡한 상태에서 리더십을 수행하는 데 어려움을 겪었습니다. 중간 관리자들로부터 신뢰를 받지 못하였고, 제가 주는 수퍼비전에도 자신이 없었습니다. 특히 몇몇 직원들과는 일과 무관하게 감정적으로 갈등이 생기기도 하였습니다. 이러한 상황을 극복하기 위하여 코칭을 배우게 되었습니다. 코칭을 배우고 직원들에게 주는 수퍼비전을 코칭 방식으로 시도하였습니다. 그러면서 깨닫게 된 것이 있었습니다. 제가 진심으로 동료 사회복지사들의 온전함과 가능성을 믿지 않고 있었으며, 수단으로 그들을 대했다는 자각이었습니다. 이후에는 동료들에게 코칭 철학을 기반으로 수퍼비전을 주고자 노력하였습니다. 함께 하는 동료 사회복지사들과 행복한 사회복지기관을 만드는 데 한 발 앞으로 나간 것 같습니다.

### B 코치로서 달성한 비전은?

- 한국코치협회 인증코치KAC 자격 취득
- 기관장으로서 코치육성과정 진행
- 노인일자리 사업 "방과후 시니어코치시니어코치" 과정 개발 추진
- 코칭프렌즈 사회공헌코칭에 기관장으로 참여
- 26인 코치님들과 《당신만을 위한 100개의 질문》 책 출간, 공저 참여

### C 코칭을 통해 깨닫게 된 것은?

- 글과 머리로는 고객, 클라이언트의 온전함을 인지하기 어렵다.
- 사회복지, 가톨릭 사회복지의 영성·가치와 코칭의 가치·철학이 유사하며, 실천방법론 측면에서 통섭을 통해 유용한 시너지를 가져올 수 있다.
- 사회복지영역의 수퍼비전의 방식을 코칭으로 전환하면 지역사회의 변화, 클라이언트의 궁극적인 변화를 이끌어내는 사회복지 동료들로 성장하는 것을 지원할 수 있다.

### plus 앞으로의 비전은?

- 동료 사회복지사들을 위한 전문코칭서비스 제공하기
- 사회복지기관에 수퍼비전 코칭모델
- 사회복지기관에 코칭문화를 확산시키기

Coach's Powerful Coaching Question
## 힘찬 코치 안순봉의 파워풀 코칭퀘스천

1 가장 소외된 이들을 위해 헌신하고, 그들의 행복한 삶을 위해서 당신을 성장시키고 있는 사회복지사들여, 충분히 그대들은 존중받을 만합니다. 그대들의 정체성을 인지하십시오. 그대들의 충만함으로 사회복지를 행하십시오.

당신이 사회복지사임을 자각하게 하는 것은 무엇인가요?
클라이언트에게 온전히 집중하고 있다는 것은 사회복지사에게 무엇을 의미합니까?
당신은 어떤 사회복지사로 기억되길 원하십니까?
사회복지사로서 충만함을 느끼게 하는 것은 무엇인가요?

2 '존중'과 '배려'라는 단어에 앞단에는 '상호'라는 말이 숨겨져 있습니다. 희생을 강요당하거나 당신에게만 친절과 존중을 요구하는 것에 이의를 제기하십시오. 전문가의 역량을 발휘하여 조직과 클라이언트와 지역사회에 인정을 받고 상호존중과 배려의 문화 속에서 일합시다.

자연인으로 당신은 무엇을 참아내고 있습니까?
삶의 균형을 위해 당신은 무엇을 해보겠습니까?
상처받은 동료를 위해 리더인 당신은 어떤 위로를 건네겠습니까?
그 위로는 당신에게 어떤 의미입니까?

3 지역사회의 어려움을 해결하고, 클라이언트를 임파워먼트하는 사회복지사들에게 재미있고, 창의적인 일터환경이 중요합니다. 규정과 루틴에 얽매이면 기존의 어려움과 문제상황을 어떻게 개선하겠습니까?

그림을 그려봅시다. 원하는 변화가 이루어졌을 때의 모습을, 그 느낌을?
변화를 시도하지 못하는 이유가 무엇입니까?

(단계를 없애거나, 과정을 추가하거나, 새로운 정의, 혹은 개념을 추가해보거나, 인력과 자원을 추가 혹은 교체해보거나 무엇이든 할 수 있다면?)
무엇을 새롭게 해보겠습니까?

047

# 내 안의 기쁨을 따라가는 One Mind 코치 정경화

한국 최초의 교사 출신 전문코치(2008, KPC)
한국코칭센터 〈교육자를 위한 교육코칭〉 강사
미국 한인신문 KOREAN LIFE 편집장

One Mind · Trust · Joy

"한 사람이 자신의 꿈을 안고 어디까지 갈 수 있는지 관찰하고 실험하는 One Mind 코치 정경화입니다."

**코칭이란** 고객이 혼자서는 가기 힘든 길, 혼자서는 해결하기 힘든 문제, 혼자서는 시도하기 어려운 목표를 향해 why, who, what, how, when, where 등을 함께 이야기하며 나침반과 지도를 만들어 영웅의 여정을 떠나도록 돕는 전문적 지원활동입니다.

## 코치로서의 전문성

### 1 교육코칭

2008년부터 코칭을 학교 현장에 도입하여 교사들을 위한 교육코칭, 수업코칭 프로그램을 개발하고, 학생들을 위한 학습코칭, 진로코칭, 습관코칭 프로그램과 워크북을 개발해 각 시·도 교육연수원에서 강의했으며, 또한 학부모들을 위한 부모코칭 프로그램도 만들어 학교 현장의 안팎에서 코칭 문화 확산에 디딤돌을 놓았습니다.

### 2 퍼실리테이션

교육이론에 코칭 철학과 NLP 스킬을 결합하여 지식을 온몸으로 배우고, 특히 중요한 내용은 귀에 쏙 들어와 피부와 세포에 새겨지도록 메시징, 액션러닝, 미니북 등의 다양한 기법과 도구를 활용해 재미있고, 의미 있고, 오래 기억되는 강의를 설계합니다.

### 3 글쓰기 및 교정

전직 국어교사이자 현직 신문사 편집장으로서 수십 년간의 교정·교열 경험을 통해 망작을 범작으로, 범작을 걸작으로 탈바꿈시키는 능력을 갖게 되었습니다.

**프로그램 개발 및 저서**

- 〈교육자를 위한 교육코칭〉 20시간(한국코칭센터, 2008)
- 〈잠재력을 깨우는 교육코칭〉 8시간(교육연수원, 2010)
- 〈교사들을 위한 수업코칭〉 60시간(코칭수업연구회, 2011)
- 〈습관코칭 전문가 과정〉 30시간(한국습관교육센터, 2015)
- 〈도형 코칭 초급자 과정〉 8시간(이정화 아트코칭, 2019)
- 《코칭수업 이야기》(공저, 휴머니스트, 2017)
- 《꼬야 다이어리: 제1탄 습관편》(공저, 한국코칭수퍼비전아카데미, 2021)
- 교육학 석사: Educational Leadership 전공(미국 Wingate University)

내 안의 기쁨을 따라가는 One Mind 코치 정경화의

## ABC 코칭대화모델

### A 코치가 되어 본인 삶에서 무엇이 달라졌나요?

- 새가슴증후군 극복: 많은 교사들이 거절, 질문, 이의제기를 잘하지 못합니다. 교사는 자고로 이해심이 많고, 모르는 것이 없으며, 협조적이어야 한다는 사회적 압력 때문입니다. 코칭 훈련 초기에는 이런 성향이 더 강화되었습니다. 그리고 몇 년 후에 깨달았습니다. 코치가 자기 세계를 깨고 나오지 못하면 그의 코칭도 그 한계에 갇히게 된다는 것을.
- One Mind: 코칭과 함께 많은 영성 훈련을 거치면서 '나'라는 존재의 경계가 점점 옅어지고 넓어지면서 세상의 모든 존재가 결국 하나의 에너지에서 분리된 다른 조각들이라는 사실을 깨닫게 되었습니다. 모두가 또 다른 나의 일부라는 사실을 받아들이게 되었습니다.

### B 코치로서 달성한 비전은?

- 코칭이 처음 한국에 도입되었을 때 '코칭이 가장 필요한 곳은 학교 현장이며, 교사들이 먼저 코치가 되어야 한다'는 서울대 문용린 교수님의 제안으로 한국코칭센터에서 〈교육자를 위한 교육코칭〉 프로그램을 함께 개발하고 강의했습니다.
- 교육연수원, 온라인연수원, 각급 학교에서 교육코칭, 수업코칭, 학습코칭, 진로코칭, 습관코칭 프로그램 등을 강의하며 학교 안팎의 코칭 문화 확산에 기여했습니다.
- 코칭수업연구회를 통해 교사들이 코칭의 철학과 코치로서의 존재감, 대화모델(수업의 구조), 질문 및 피드백 방법 등을 자신의 수업에 적용하도록 지원하고, 그 결과물을 《코칭수업 이야기》(2017) 책으로 펴냈습니다.
- 청소년 셀프코칭 다이어리 《꼬야 다이어리: 제1탄 습관편》(2021)을 펴냈습니다.

### C 코칭을 통해 깨닫게 된 것은?

- 고객의 행복을 돕기 전에 먼저 코치 자신을 도와서 행복한 사람이 되자. 모두에게 모든 것이 되려고 노력하는 사람의 끝은 번아웃과 우울증이다.
- 코치로서 최선을 다할 뿐, 결과에 연연하지 말자. 변화와 성장은 긴 여정이다. 코치가 있든 없든 사람은 결국 성장한다.

### plus 앞으로의 비전은?

- 코칭, 상담, 컨설팅, 멘토링을 제공하는 인공지능 개발에 일조하기

## Coach's Powerful Coaching Question
# One Mind 코치 정경화의 파워풀 코칭퀘스천

우리는 살면서 가끔 이런 생각을 합니다. '나는 이 세상에 왜 태어났을까? 내가 이 세상에서 하고 싶은 일은 뭐였을까? 나는 어떻게 살다가 어떻게 죽어야 할까?' 이런 질문들에 대한 답을 찾게 되면 내 삶에 빛나는 북극성을 갖게 되고, 그 별이 우리의 길을 인도하고, 우리가 세상에서 자신의 빛을 비추며 살도록 이끌어줄 것입니다. 내 삶의 목적을 발견하도록 돕는 5가지 질문을 잠시 생각해보시기 바랍니다.

### 1 나는 언제 가장 행복한가?

- 나는 무엇을 하는 걸 좋아하는가?
- 나는 무엇을 배울 때 시간이 금방 가는가?
- 나는 어릴 때 언제가 가장 행복했었던가?

### 2 나만의 재능, 장점, 강점은 무엇인가?

- 내가 잘하는 것은 무엇인가?
- 남들은 어려워하는데, 나에게는 쉬운 일이 무엇인가?
- 남들은 쉽게 포기하는데, 나는 더 오래 집중하는 일이 무엇인가?

### 3 만약 나에게 권한이 있다면 세상을 어떻게 바꾸고 싶은가?

- 세상만사 중에서 가장 중요하게 생각되는 일은 무엇인가?
- 내가 가장 열정을 느끼는 분야는 무엇인가?
- 내가 가장 중요하게 여기는 가치나 키워드는 무엇인가?

### 4 나의 재능으로 다른 사람들을 도울 수 있다면 무엇을 하고 싶은가?

- 만약 많은 사람들에게 무언가를 가르쳐야 한다면 무엇을 가르치고 싶은가?
- 나는 어떤 사람들을 가장 돕고 싶은가?
- 나는 그들이 어떤 문제를 해결하도록 돕고 싶은가?

### 5 만약 내가 절대 실패하지 않다면 어떤 일을 해보고 싶은가?

- 내가 늘 해보고 싶었지만 하지 못한 일이 무엇인가?
- 만약 나에게 남은 시간이 1년, 3년, 5년, 10년이라면 무엇을 하겠는가?
- 내가 죽을 때, "그것을 해서 기뻤다"라고 말할 수 있는 일이 무엇일까?

048

# 티칭과 코칭을 통해 인성, 지성, 감성을 깨우는 Pathfinder 석윤희

한국코치협회 KPC / 갤럽 강점코치
3P자기경영연구소 셀프리더십 마스터 코치 & 독서리더
KACE연합 부모리더십 & 청소년리더십 센터 강사

배움 · 지적사고 · 화합 · 책임 · 행동

*"자신의 진로를 찾고 싶은 사람들이 리더십 마인드를 갖추고 셀프코칭과 자기계발로 성장할 수 있도록 돕는 Pathfinder 코치 석윤희입니다."*

**코칭이란** 고객과 코치가 서로에게 집중하며 긍정적 영향을 미치는 과정에서 코치는 고객의 실행을 촉진하고 고객은 실행할 수 있다. 이 과정에서 서로의 목표를 이루며 삶을 충만하게 만들어가는 것이 코칭입니다.

## 코치로서의 전문성

### 1 리더십 강화

- 동기부여 및 소통 리더십 강의와 코칭으로 리더십 역량을 향상시킵니다.
- 시간, 목표, 독서, 성과 관리를 통해 셀프리더십을 강화할 수 있도록 지원합니다.

### 2 성장과 변화 지원

- 강점 파악을 통해 자기인식을 지원하여 잠재력을 발휘하도록 돕습니다.
- 변화를 위한 행동과 습관을 개발하고 유지할 수 있도록 지원합니다.

### 3 가족 관계 개선

- 가족 구성원 간의 소통 개선, 상호 이해 증진을 통해 관계 개선을 돕습니다.
- 가족 구성원들이 개인적이고 가족적인 목표를 설정하여 계획을 세우고, 달성할 수 있도록 지원합니다.

**프로그램 개발 및 저서**

- 〈청소년 대상 미디어 보호교육〉 프로그램 개발 TF팀(KACE & 여성가족부, 2018)
- 〈마음과 생각을 키워주는 책놀이〉 교재 개발(공저, KACE연합, 2020)
- 〈데이트폭력 예방교육〉 고등학생대상 프로그램 개발 TF팀(KACE연합 & 서울특별시, 2021)
- 《삶을 읽다, 마음을 나누다》(공저, 바이북스, 2021)
- 《나를 넘어서는 힘, 인터널 코칭을 시작합니다》(공저, 더로드, 2022)
- 《변화와 성장의 골든키 3P바인더》(공저, 바이북스, 2023)
- 〈호텔 산학협동 현장실습생의 기대와 성과에 관한 연구〉(한양대학교 일반대학원 관광학 석사 학위논문, 2003)

티칭과 코칭을 통해 인성·지성·감성을 깨우는 Pathfinder 석윤희의

## ABC 코칭대화모델

### A 코치가 되어 본인 삶에서 무엇이 달라졌나요?

"'코치'는 '중요한 사람을 목적지로 무사히 데려다 주다'는 뜻이다. 알지 못한 것을 가르칠 수 없고, 가 보지 않은 길은 안내할 수 없다. 누군가의 길을 비추어 줄 때 자신의 길을 분명하게 볼 수 있다." - 케빈 홀, 「겐샤이」(연금술사, 2013), 190쪽

코치는 코칭 안에서 고객의 인생을 만나고, 들여다보고, 그들이 스스로 자신의 문제를 해결해가는 과정에 동행합니다. 이 과정에서 코치로서 제가 느낀 감정과 성찰, 보람은 저의 성장을 촉진시켰고, 제 삶을 충만하게 해주었습니다. 더불어 세상을 보는 저의 시각인 '패러다임'은 더 확장되고 유연해졌습니다. 이런 패러다임의 전환은 삶을 대하는 저의 태도와 행동을 보다 긍정적이고, 진취적으로 바꾸어놓았습니다. 이런 변화는 제 자신을 '경험이 없어 할 수 없음'의 '고정 마인드셋'을 가진 존재에서 '안 해봤던 일인데 어떻게 해보면 되지?', '누구에게 도움을 요청하면 될까?', '어떻게 하면 잘 해낼 수 있지?'와 같은 '성장 마인드셋'을 가진 존재로 바꾸어 놓았습니다.

### B 코치로서 달성한 비전은?

- 성취하다: 한국코치협회 KPC 자격/갤럽 강점코치 자격 취득
- 보람되다: 공익사업 강사·코치로 참여
- 양성하다: 코치 양성 과정 강의 및 꾸준한 멘토코칭 및 코더코
- 삶의 방향을 정하다: 내 삶의 사명Mission 발견
- 더 성장하다: 성장 마인드셋 공동체 찾음

### C 코칭을 통해 깨닫게 된 것은?

- 삶의 목표: 자신의 진로를 찾고 싶은 사람들을 돕는 진성리더십을 갖춘 코치가 되자.
- 우선 순위: 목표한 것을 이루기 위해 해야 할 일들의 '우선 순위'를 정해 실천하는 코치가 되자.
- 함께 성장: 코칭을 통해 만나게 된 많은 사람들과 교학상장하며 '함께 성장'의 가치를 전하는 코치가 되자.

### plus 앞으로의 비전은?

- 인성, 지성, 감성을 갖춘 존경받는 마스터 코치 되기
- 선한 영향력을 함께 펼칠 100명의 코치 플랫폼 구축
- 건강한 학교와 가정을 세우는 부모코치 양성(1가정 1코치 운동)

## Coach's Powerful Coaching Question
## Pathfinder 석윤희의 파워풀 코칭퀘스천

1. 반복되는 작은 성취의 경험은 나 자신의 자존감, 회복탄력성에 긍정적인 영향을 줍니다. 무언가를 꾸준히 했던 경험, 성취했던 경험을 떠올려보세요. 그렇게 할 수 있었던 당신의 강점(성공 요인)은 무엇인가요?

2. 자신이 하는 일에 재미와 보람을 느끼며 살아가는 당신! 당신은 참 행복한 사람입니다. 당신은 어떤 일을 할 때 재미와 보람을 느끼나요?

3. 모든 사람은 자신의 문제를 스스로 해결할 수 있는 온전하고 창의적인 존재입니다. 해결해야 할 문제가 있다면 이야기해주세요. 그것을 해결하기 위해 지금 당장 해야 할 일은 무엇일까요?

049

# 미래와 희망, 살아가는 힘을 주는 스프링Spring 코치 옹달샘 이흥원

재무담당 임원 재직 중
코칭프렌즈 사회공헌코치
한국코치협회 전문인증코치(KPC)


편 안 함 · 기 쁨 · 감 사 · 배 려 · 존 중

"삶의 목적의식을 따라 살고자 하는 고객의 충만한 삶과 변화와 성장을 돕는 시원한 샘물 같은 스프링 코치 옹달샘 이흥원입니다."

**코칭이란** 우리 함께, 가치, 그리고 다시!

코치와 고객이 수평적인 관계에서 관점을 새롭게 하여 잠재력과 가능성을 일깨 우고, 소중히 여기는 가치를 실현하며, 기초를 다시 세워 자신의 강점을 활용하여 성과를 발휘하도록 돕는 일련의 활동입니다.

## 코치로서의 전문성

1. 1993년부터 현재까지 재무, 감사, 구매, 물류 등의 다양한 직무 경험
2. 2013부터 직원들의 멘토와 사내 커리어코치 활동
3. Co-Active 1~5단계 / C.E.P 등 다양한 코칭 교육 수료

**프로그램 개발 및 저서**

– 《당신만을 위한 100개의 질문》(공저, 북코리아, 2021)

미래와 희망, 살아가는 힘을 주는 스프링 코치 옹달샘 이흥원의

## ABC 코칭대화모델

### A 코치가 되어 본인 삶에서 무엇이 달라졌나요?

염려와 걱정, 두려움은 생각과 시선을 분산시키고 마음을 갈갈이 찢어 흩어 놓는 힘이 있음을 온몸과 마음으로 체험하고 있을 때 나를 세워준 코칭의 힘을 믿으며, 만나는 고객 '한 사람, 한 사람'의 잠재력과 가능성을 일깨우고 소중히 여기는 가치를 실현하도록 돕는 사람으로 성장하고자 끊임없이 학습하는 평생학습자로 살아갑니다. 오늘도 한 사람의 변화와 성장을 돕기 위해 '배워서 남 주자'를 실천합니다.

### B 코치로서 달성한 비전은?

- 회사 내 멘토와 커리어코치로 활동(2013. 11~현재)
- 한국코치협회 인증코치KPC 자격 취득
- 코칭프렌즈 사회공헌코칭 참여
- 26인 코치님들과 《당신만을 위한 100개의 질문》 책 출간, 공저 참여

### C 코칭을 통해 깨닫게 된 것은?

- 사람들은 모두 무한한 가능성을 가지고 있는 빛나는 '별'이며 내면에 감추인 '보석'을 지니고 있는 온전하고 창의적인 존재임을 믿기에 사람에 대한 애정과 관심이 깊어집니다.
- 원하는 꿈들을 현실로 이뤄가기 위해 어려움이 있더라도 목표를 향해 스프링처럼 다시 일어서며 더 높이 튀어오르는 힘을 발휘하는 고객을 보며 코칭의 힘과 소중함을 느끼게 됩니다.

### plus 앞으로의 비전은?

- 2035 쉼과 안식 평안을 누리는 Spring Coaching Space 〈Menuha〉 운영
- 코칭프렌즈와 함께 사회공헌코칭에 기여하기
- 사내코치로 활동하며 사내코치 육성 / 고객 '한 사람'의 성장에 집중하기

## Coach's Powerful Coaching Question
## 스프링 코치 옹달샘 이흥원의 파워풀 코칭퀘스천

1 당신이 그렇다고 생각하면 그런 것입니다. 당신의 선택이 삶 전체를 이끌고 갑니다. 그리고 당신이 바라고 원하는 것을 이루기 위해서는 열정을 지닌 추진력과 될 때까지 노력하는 끈기가 필요합니다. 당신이 진정으로 원하는 미래와 희망은 무엇인가요? 그것을 위해 보통을 뛰어넘는 그 이상으로 노력할 것은 무엇인가요?

2 리더는 공동의 목표를 달성하기 위하여 구성원들로 하여금 목표지향적인 행동을 하도록 좋은 영향력을 발휘하는 사람입니다. 리더가 발휘하는 리더십에 따라 조직의 성과와 조직 구성원들의 성장에 커다란 영향을 끼칩니다. 조직구성원들(당신의 상사와 동료와 후배들)에게 어떤 리더로 평가되기를 원하나요?

3 인생에 있어서 중요한 것은 가족(가정)과 일하는 조직(회사)이며, 일을 할 때에는 조직 전체를 보고, 영속적인 조직으로 발전할 수 있도록 헌신하며 일을 해야 합니다. 조직과 사회에 기여하며 몰입할 때 우리에게 주어진 시간을 의미 있게 보낼 수 있습니다. 당신의 인생을 가치 있게 만들어주는 것은 무엇인가요?

050

# 교학상장과 생각나눔을 실천하는 생각 파트너 이석재

코치올 대표코치
미위마인드 대표
효과성 진단시스템 총괄운영책임자(COO)

관점전환 • 행동변화 • 상호협력 • 연결과 통합

*"생각 나눔을 통해 개인과 조직의 성장을 돕는 생각 파트너 이석재입니다."*

**코칭이란** 코칭은 개인과 조직이 원하는 결과를 얻을 가능성을 높이는 구조화된 목표지향적인 협력활동입니다.

## 코치로서의 전문성

1. 생각 파트너가 개발한 효과성 코칭이론과 코칭방법론을 토대로 개인개발과 조직개발 전개합니다.
2. 진단전문가로서 효과적 리더십 진단, 팀 효과성 진단, 조직 효과성 진단을 활용하여 피드백하고 시스템적이며 통합적인 코칭을 전개합니다.
3. 코칭 심리학에 기초한 논리를 토대로 개인의 행동변화와 성과향상을 도출합니다.

**프로그램 개발 및 저서**

- 《실행력을 높이는 코칭심리학 수업》(학지사, 2024)
- 《현장중심 코칭심리학》(학지사, 2024)
- 《코칭방법론》(한국코칭수퍼비전아카데미, 2020)
- 《떠도는 마음 사용법》(플랜비디자인, 2020)
- 《내 삶을 바꾸는 생각 혁명》(와일드북, 2019)
- 《경영심리학자의 효과성 코칭》(김앤김북스, 2014)
- 《18가지 리더십 핵심역량을 개발하라》(김앤김북스, 2006)
- 심리학 박사: 미국 뉴욕주립대(올바니), 심리학과, 사회심리학 전공(Ph.D., 1995)

교학상장과 생각나눔을 실천하는 생각 파트너 이석재의

# 효과성 코칭모델

### A 효과성 코칭 모델을 토대로 한 코칭이란 무엇인가요?

생각 파트너가 개발한 효과성 코칭 모델에 기초한 효과성 코칭은 '사람은 자신의 삶을 주도적이며 적극적으로 구성하려는 동기를 갖는다'라는 가정에 근거합니다. 코치는 고객이 처한 상황을 진단하고 분석해 구체적인 변화 요구와 원하는 결과를 명확하게 설정합니다. 그리고 원하는 결과를 얻기 위한 결정적 행동을 도출합니다. 결정적 행동은 개인 코칭이나 그룹 코칭 또는 팀 코칭 워크숍을 통해 도출합니다. 코치는 '변화 요구 – 결정적 행동 – 원하는 결과'를 연결하는 코칭 목표를 확정하고, 합의한 코칭 기간 동안 일련의 구조화된 목표지향적 협력 활동을 전개합니다.

### B 코치로서 달성한 비전은?

삶의 목적은 나와 타인의 성장을 돕는 것입니다. 이를 위해 고유한 퍼스널 브랜딩과 차별적 경쟁력을 갖추고자 노력했습니다. 코칭의 실행자이며 연구자의 모습은 생각 파트너의 정체성입니다 국내 코칭 1세대로서 2002년 코칭을 시작했습니다. 코치로서의 전문성을 갖추고자 국제코칭연맹의 PCC 자격(2008)을 취득했고 CTI의 전문코치 자격인 CPCC(2007)를 국내 1호로 취득했습니다. 연구자로서 효과성 코칭 이론과 방법론을 개발했습니다. 또 관련 내용을 담은 《경영심리학자의 효과성 코칭》(2014)을 비롯해 다수의 코칭 서적을 출간했습니다. 현재 코칭에 입문하거나 전문코치로 활동하면서 코칭 전문성을 키우고 싶은 학습자를 돕기 위해 효과성 코칭, 증거기반 코칭, 팀코칭 전략, 효과적 리더십진단 디브리핑, 현장중심 코칭심리학, 나만의 코칭 프레임워크 등의 코칭교육 과정을 운영하고 있습니다.

### C 코칭을 통해 깨닫게 된 것은?

코칭 고객이 원하는 결과를 얻도록 그의 인식을 변화시키기 위해서는 고객이 자신의 강점 발견, 관점 확대, 통찰 심화와 자기 수용을 경험하도록 돕는 것이 중요합니다. 의사가 치료하고 환자는 치유해야 질병을 완치할 수 있습니다. 코칭도 마찬가지입니다. 코치가 코칭 고객의 인식과 행동 변화를 돕는 것만으로 성공적인 코칭을 이룰 수 없습니다. 코칭 고객도 내면의 변화를 위한 노력을 주도적으로 해야 합니다. 바로 코칭이 목표지향적인 상호협력 활동이란 뜻입니다.

### plus 앞으로의 비전은?

코칭의 과학화를 위해 증거기반 코칭 사례를 전파하고 코칭학을 정립하기 위해 탐구와 집필하고 결과물로 코칭학 관련 책을 출간하고자 합니다.

## Coach's Powerful Coaching Question
## 생각 파트너 이석재의 파워풀 코칭퀘스천

1. 존재being에 대한 성찰 질문입니다. 다음 연속 질문에 대한 답을 찾아보십시오. "내 삶의 현재 모습을 한마디로 표현하면 무엇인가요? 내 삶을 주관하기 위해 지금 필요한 것은 무엇인가요? 지금 다른 사람의 도움이 필요하다면, 무엇인가요?"

2. 실행doing을 위한 성찰 질문입니다. 다음 연속 질문에 대한 답을 찾아보십시오. "오늘 내가 책임져야 할 것은 무엇인가요? 그것이 내게 의미하는 것은 무엇인가요? 나의 책임감을 효과적으로 유지할 방법은 무엇인가요?"

3. 알아차림awareness에 대한 성찰 질문입니다. 다음 연속 질문에 대한 답을 찾아보십시오. "지금 일어나는 것은 무엇인가요? 내가 힘들어하는 것은 무엇인가요? 내면에서 일어나는 벅찬 감정의 동요는 무엇인가요?"

# III

## 전문코치 3부

# 코치다움을
# 실현하다

051

## 행동하도록 영감을 주는 직관적인 통찰코치 션sean 浩然 한민수

行動 · 靈感 · 直觀 · 洞察


코칭프렌즈 대표의장
아이지엘코칭그룹 대표코치
(사)한국코치협회 코치인증 심사위원


긍 정 · 책 임 · 공 감 · 연 결 · 절 친

"마음과 영이 부요한 사람으로, 마음에 위로를 받고 사랑의 의식을 일깨우기 원하는 사람들에게 늘푸른 소나무처럼 호연지기 정신을 전하는 션Sean 코치 호연 한민수입니다."

**코칭이란** 코칭은 호연지기浩然智企로, 코치가 고객을 넓고 깊은 마음으로 품고浩, 자연스러움과 편안함을 유지하여然 고객의 지혜와 가능성을 일깨워주는 일련의 활동이며智, 특히 지금 이 순간here & now에企 온전히 함께하는 평생교육입니다.

* IGL 창의적 코칭과정(ACPK01198: 아이지엘코칭그룹 한민수 대표)

## 코치로서의 전문성

### 1 리더십leadership

한국리더십센터 책임연구원 팀장 출신으로 리더십 컨설팅, 프로그램 개발 및 워크숍 진행에 탁월함

### 2 코칭coaching

한국코치협회 코치인증 심사위원으로 코치의 강점을 개발하고 훈련하는 코칭전문가

### 3 퍼실리테이션facilitation

코칭 철학을 적용한 33개 이상의 도구tool를 개인과 조직에 적용하는 융합전문가

**프로그램 개발 및 저서**

- 〈IGL 창의적 코칭과정〉 20시간, IGL, ACPK01198(2021)
- 〈미디어 전문강사 교과목 개발〉 120시간, KPF(2020)
- 〈부모코칭 심화과정〉 20시간, EDUCO, ACPK01170(2020)
- 〈코칭 심화 역량 프로그램〉 40시간, HRK, ACPK01126(2016)
- 《코칭: 코칭의 도구와 실제》(NUN, 2014)
- 《당신만을 위한 100개의 질문》(공저, 북코리아, 2021)
- 〈리더의 코칭이 팀구성원의 심리적 안전감과 직무몰입에 미치는 영향〉(숭실대학교 석사학위 논문, 2022)

**방송 출연**

- 채널A 〈신직업열전〉 인생의 코치
- 우리동네 Btv 〈혼자더하기〉 커리어코치

행동하도록 영감을 주는 직관적인 통찰코치 션 浩然 한민수의

## ABC 코칭대화모델

### A 코치가 되어 본인 삶에서 무엇이 달라졌나요?

코칭을 통해 달라진 것은 일 중심이었던 제가 사람의 가치를 깨닫고 사람의 본연의 정체성을 더욱 아름답게 바라보는 관점전환입니다. 해외에서 파견 근무할 당시 "일과 사람, 사람과 일 사이에서 무엇이 성과를 내는 것인가?"라는 질문에 멈추어 섰습니다. 일이 아닌 사람의 중요성, 소중한 그 가치를 깨닫게 되어 '사람을 육성하고 역량을 키우는 것은 무엇일까?' 고민하던 중에 한국리더십센터를 만나서 코칭을 시작하게 되었고, 코칭프로세스가 업무처리방식일 뿐만 아니라 사람을 기쁘게 하고 만족케한다는 사실에 유레카를 외치게 되어 직원 육성, 업무프로세스 개선, 리더십 개발 등에 적용하게 되었습니다.

### B 코치로서 달성한 비전은?

- 커리어비전 달성: 전문코치로 성장
- 한국코치협회 인증코치KPC 자격 취득
- 한국코치협회 코치인증 심사위원 자격
- 26인 코치님들과 《당신만을 위한 100개의 질문》 책 출간하고 베스트셀러로 이끎
- 코치인증 프로그램 다수 개발
- 석사학위 및 평생교육사 자격 취득
- 사회공헌코칭으로 기여

### C 코칭을 통해 깨닫게 된 것은?

- 의식 확대: 자존심은 버리고 용기를 선택하게 됨
- 관점 전환: 변하지 않으려는 관성을 버리고 새로운 관점으로 바라보게 됨
- 삶의 균형: 변하지 않는 존재의 본질(정체성)을 잘 유지하게 됨
- 지속 가능성: 유익한 것은 꾸준히 지속함으로 끊임없이 성장하게 됨

### plus 앞으로의 비전은?

- 한국비영리단체에 전문코칭서비스 제공, 사내코치 육성
- 사회공헌코칭 제100호 달성
- 비전 2030 실현: 1만 명 코치 육성 및 단체 기관에 파견

## Coach's Powerful Coaching Question
## 통찰코치 션 浩然 한민수의 파워풀 코칭퀘스천

1. 일상의 순간을 마주하며 그 풍경을 바라볼 수 있음이 기쁨입니다. 뿐만 아니라, 일상을 나누고 공유하며 같은 곳을 바라보는 듯한 느낌은 안전감을 줍니다. 당신에게 몰입하는 기쁨, 그리고 심리적 안전감을 주는 것은 무엇인가요?

2. 일, 비즈니스, 무엇을 진행할 때 아이템보다 더더더 중요한 것이 있습니다. 그것은 상품과 제품에 어떤 가치와 정체성을 담느냐입니다. 그렇게 되면 기존에 있는 상품도 재창조될 수 있습니다. 이러함은 사람들을 자연스럽게 끌리게 하고 선순환을 일으킵니다. 당신은 당신이 하는 일, 비즈니스, 그리고 그 무엇에 어떤 가치와 정체성을 흐르게 하나요?

3. (우리의 소망을 담는 코칭) 나는 필요한 존재로 살아왔습니다. 지금 나는 나 자신을 컨트롤하며 비전과 이상을 바라보고 있습니다. 앞으로 나는 원하는 것을 성취하기 위해 힘차게 달려갈 것입니다. 그렇다면 당신이 품고 있는 간절한 소망은 무엇인가요?

052

## 마음을 잇는 대화코치 신수진

창조성학교 Leela 소속 코치
前 초등학교 교사
비폭력대화 중재 전문가

따 뜻 함 · 편 안 함 · 공 감 · 정 성 · 진 실 성

"사랑하는 사람들과의 건강한 관계를 만들어가도록 돕는 대화코치 신수진입니다."

**코칭이란** 코칭은 있는 그대로의 너와 내가 만나, 본성을 회복하는 진정한 만남입니다.

## 코치로서의 전문성

### 1 교육자

초등학교 교사 출신으로 사람이 변화하고 성장하는 기본 원리를 교육학적으로 이해하고 있으며, 실제 현장에서 적용한 경험이 많음

### 2 인간에 대한 이해

에니어그램, 한상담과 비폭력대화 중재 전문가로서 인간의 심리와 마음을 깊이 이해하고 다룰 줄 앎

### 3 갈등 중재 전문가

내적 갈등을 넘어 삶의 외연을 넓혀가도록 외부 갈등을 해결하도록 돕는 전문가

**방송 출연**

- 유튜브 〈힐링공감TV〉 에니어그램 편 출연

마음을 잇는 대화코치 신수진의
## ABC 코칭대화모델

### A 코치가 되어 본인 삶에서 무엇이 달라졌나요?

코치가 되어 가장 크게 깨우친 점은 사람의 내면에는 사랑이 있다는 것입니다. 그 어떤 누구도 자신을 미워하거나 타인을 비난하고 싶어하지 않았습니다. 내면으로 깊게 들어가보면 자신을 진심으로 사랑하고 나와 다른 타인을 잘 이해하고 싶은, 따뜻하고 사랑이 많은 사람이었습니다. 이 생명력을 알게 된 후, 제 주변에 있는 사람들과 따뜻한 말 한마디라도 더 나눌 수 있게 되었고, 타인과의 갈등을 회피하지 않고 갈등에 적극적으로 뛰어들 수 있게 되었습니다. 코치로서의 성장 뿐만 아니라 개인적인 이슈도 같이 해결되는 기쁨을 누리고 있습니다.

### B 코치로서 달성한 비전은?

- 한국코치협회 인증코치KAC 자격 취득
- 사람앤사랑연구소(주) 주최 유초중고특수 교사 대상 코칭 참여

### C 코칭을 통해 깨닫게 된 것은?

- 솔직한 자기 개방: 스스로 문제를 꺼내고 직면할 수 있게 되면 자연스럽게 치유와 회복이 일어남
- 자기 인식: 외부의 상황에 흔들리지 않고 스스로 자신을 객관적으로 인식하게 됨
- 감정 수용: 사람의 진정한 성장은 평가 판단 없이 있는 그대로의 존재를 수용받을 때 가능함
- 관점 전환: 부정적인 감정 뒤에 긍정적인 생명력을 선택하게 됨
- 상생: 타인과의 반복되는 갈등 속에서 평화와 존중을 선택하게 됨

### plus 앞으로의 비전은?

누구나 쉽게 배울 수 있는 '대화코치의 관계대화법' 전자책 출간. 코칭을 하면서 많은 사람들이 부부, 부모님, 자녀 등 사랑하는 사람과의 갈등을 해결하지 못해 어려움을 겪고 있다는 것을 알게 되었습니다. 좋은 대화의 대표적인 특징들과 대화의 원리 및 방법들을 명확하게 알려드리고 싶습니다.

Coach's Powerful Coaching Question
## 대화코치 신수진의 파워풀 코칭퀘스천

1. 당신은 이미 온전하고 있는 그대로 충분합니다. 지금의 나를 있는 그대로 이해하고 수용하기 위해 필요한 것은 무엇이라 생각하나요?

2. 당신은 사랑이 많은 사람입니다. 만약 어떤 편견도 판단도 없는 눈으로 상대를 바라볼 수 있다면, 상대에게서 새롭게 발견할 수 있는 것은 무엇인가요?

3. 당신은 어떤 책 속의 주인공입니다. 지금 당신의 이야기는 책의 일부분에 해당할 것입니다. 책의 마무리에서는 지금 겪고 있는 어려움을 어떻게 대처했을 것이라 생각하나요?

053

# 아들러 심리학 기반의 리더십 코치 서재진

Growing 코칭원 대표
ADLERS 리더십 코칭 프로그램 강의
전 통일연구원 원장
하와이대학교 사회학 박사

**아들러 심리학 기반의 리더십 코칭 • 이론기반 코칭 • 코칭 교육의 새로운 표준**

*"ADLERS 리더십 코칭이라는 브랜드로, 자기 생각의 감옥에서 나오게 하여, 더 큰 나, 더 큰 리더로의 성장을 돕는 코치 서재진입니다."*

**코칭이란** 자신의 문제가 자신이 만든 사적 논리에 기인한다는 사실을 알아차리게 하고, 사적 논리를  공동감각으로 바꾸어줌으로써 관점 전환을 통해 이슈를 해결해주는 삶의 솔루션입니다.

# 코치로서의 전문성

## 1 조직 경영과 리더십

저의 전직은 통일연구원에서 북한 사회를 분석하는 사회과학자였고, 20년 경력의 마지막 3년은 통일연구원 원장으로 선임되어 조직을 경영하는 경영자로서의 경험도 했습니다.

원장으로 취임해서 일주일 되는 날, CEO 저널이라고 이름이 붙은 저널의 기자로부터 전화를 받습니다. 인터뷰를 좀 하자고요. 아니 CEO 저널에서 왜 나한테 인터뷰합니까? 나는 북한 및 통일전문가인데요. 그랬더니 그 기자는 "국책연구기관의 원장이면 CEO 아닙니까?"

저는 뒷통수를 한 대 맞은 듯한 알아차림을 얻습니다. "아 그렇구나, 나는 이제 전문가가 아니라, 이제 CEO 이구나, 경영자이구나, 리더구나!" 그래서 나는 한국리더십센터로 리더십 교육을 받으러 갑니다. 성공하는 사람의 7가지 습관이라는 것을 배우는 곳이었습니다.

그곳에서 교육 중에 코칭이라는 것을 소개받았는데, 너무 흥미롭게 느껴졌고 가슴에 와 꽂히었습니다. 나의 전공인 사회학에서 핵심 개념 중의 하나가 사회화socialization인데, 코칭이 그와 비슷하다는 생각이 들었기 때문입니다. 통일연구원에서 퇴직하자마자 바로 코칭 과정에 등록하고 결국 전문코치가 되었습니다.

## 2 아들러 리더십 코칭

코칭 시작 후 6개월 정도 되었던 어느 날 '아들러 심리코칭'이라는 프로그램 강의 광고를 보고 흥미를 느꼈습니다. 나는 심리학에 관심을 가졌고, 북한 주민의 사회심리에 관한 연구로 단행본을 출간한 적도 있었기 때문입니다. 아들러 심리코칭에 관한 10시간 짜리 프로그램 강의를 듣고 실전에 적용했더니 바로 코칭이 되고 고객이 알아차림을 얻고 문제가 해결되는 것을 경험했습니다.

그래서 저는 결심했습니다. "오호, 아들러 심리학을 공부하고 그것을 나의 코칭의 주력 이론이자 모델로 개발하자." 그래서 그는 지난 10년간 현장에서 아들러 코칭을 적용하고, 결국 입문한지 8년 만인 2020년에 《아들러 리더십 코칭》이라는 책을 출간했습니다. 아들러 코칭의 이론적 토대를 만들어서 '이론기반 코칭'이라는 새로운 표준을 만든 것입니다. 아들러 코칭을 구성하는 주요 개념들이 모두 아들러 이론의 토대를 가지고 있으며, 코칭의 로직이 논리적이어서 쉽게 그리고 효율적으로 코칭을 할 수 있습니다.

아들러 리더십 코칭은 고객이 가져오는 문제의 뿌리를 찾아내어서 고객으로 하여금 자기가 지금까지 왜 그렇게 살아왔는지를 알아차리는 과정을 포함합니다. 초기 기억에서 현재의 생각과 행동을 규정하는 사적 논리를 찾아내고, 그것을 공동감각으로 변환하는 방식으로 진행합니다. 개인의 신념이라는 것이 유아기 및 아동기 때 형성된 사적 논리인데, 그것이 뇌에 심어진 신경회로입니다. 신념이라는 것이 결국은 생리학적인 구조로 형성되어 있습니다. 그래서 초기 기억의 재경험을 통해서 신경회로를 바꾸어주는 작업이 아들러 코칭의 핵심이기 때문에, 뇌의 유심칩을 바꾸는 것과 같은 효과가 있습니다.

사람의 리더십이라는 것도 기저에는 사적 논리로 형성된 성격이 자리하고 있습니다. 그래서 사적 논리를 알아차리고, 보편타당한 성숙한 공동감각으로 바꾸어주면 더 큰 나, 더 큰 그릇의 리더로 거듭나게 됩니다. 그래서 저는 아들러 리더십 코칭을 자기 생각의 감옥에서 나오게 하는 코칭이며, 그 방법은 뇌의 유심칩을 바꾸는 코칭이라 생각합니다. 지난 10여 년 동안 저는 코칭 현장에서 많은 사람들에게 자기 생각을 바꾸어서 근원적인 관점전환을 일으키는 코칭을 해왔고, 앞으로도 그런 코칭을 통하여 사람들에게 도움을 주는 일을 할 것입니다.

## Coach's Powerful Coaching Question
## 뇌의 유심칩을 바꾸는 코치 서재진의 파워풀 코칭퀘스천

1 5년 후 어떤 모습으로 되기를 원합니까?

2 그것을 위해서 지금 할 수 있는 것은 무엇입니까?

3 그것을 실현하는 데 필요한 자원으로 이미 나에게 있는 것은 무엇입니까?

## 054
## 힐링파트너
## Fides 코치 박순천

FIDES KOREA 대표코치
ICF 국제코칭연맹 PCC 전문코치
한국코치협회 전문 인증 KPC 코치

배움 · 진정성 · 신뢰로움 · 미래지향 · 나눔

*"개인과 조직구성원의 성장을 돕는 글로벌 커리어코치 박순천입니다."*

**코칭이란** 코칭이란 개인과 조직의 잠재력을 극대화하여 고객이 더 나은 성과를 만들 수 있도록 도와주고 지지하는 수평적 파트너십입니다.

## 코치로서의 전문성

1. 美 Gallup Clifton Strength Certified Coach
2. 역사와 문화가 함께 하는 Healing Coach
3. 조직과 구성원의 성장을 돕는 Team Coach
4. Character Associate Coach
5. Global MBTI 전문가
6. 코칭에 에너지를 높여주는 인증 퍼실리테이터

**프로그램 개발 및 저서**

- 《팀코칭 툴킷》(공역, 한국수퍼비전아카데미, 2024년 초 출간 예정)
- 《팀 코칭 도구모음》(공역, 한국수퍼비전아카데미, 2024년 초 출간 예정)
- 《팀 코칭 이론과 실천》(공역, 한국수퍼비전아카데미, 2022)
- 《유니버설 랭귀지》(공저, 엑셈, 2014)
- 《몽골》(공저, 엑셈, 2013)
- 《크루즈》(공저, 도서출판 SUN, 2022)
- 《그림책으로 읽는 감정코칭》(공저, 넌 참 예뻐, 2024)

힐링파트너 Fides 코치 박순천의

## ABC 코칭대화모델

### A 코치가 되어 본인 삶에서 무엇이 달라졌나요?

코치가 되어 바뀐 것은 일상이 감사하는 삶이 되었다는 것입니다. 사람에 대한 관심과 자연에 대한 고마움이 코칭 현장에서 나타나곤 합니다. 평소에 관심을 가지고 있던 뇌 과학이 인간 현상을 이해하는 데 많은 도움을 주었는데요. 앞으로 펼쳐질 코치로서의 여정도 기대가 됩니다.

### B 코치로서 달성한 비전은?

코로나 팬데믹이 코치로 성장하는 데 많은 기여를 했습니다. 첫째는 한국코치협회 KPC 전문코치가 되어 더 많은 코칭 현장을 접하게 되었다는 점입니다. 둘째는 ICF 국제 인증 코치인 PCC로서 글로벌 커리어 코칭이 가능하게 되었다는 점을 들 수 있습니다. 우리는 누구나 꿈을 꾸고 살아갑니다. 그 꿈이 선명할수록 실제로 그 꿈을 이루는 데 도움이 되는 것을 경험합니다.

### C 코칭을 통해 깨닫게 된 것은?

코칭은 깨달음을 찾아가는 여정입니다. 성장파트너로 활동하면서 내가 깨어 있어야 동행하는 이들의 동반자로 성장할 수 있다는 것을 알게 되었습니다. 앞으로도 건강한 코치로 글로벌 커리어 코칭을 통해 K-Coaching을 알리고자 합니다.

### plus 앞으로의 비전은?

- 글로벌 커리어 코치로서 세계의 청년들의 성장을 돕는다.
- 동기부여가로 마음먹은 것을 실현하도록 돕는다.
- 성장파트너로 도움이 필요한 현대인들의 건강한 힐링코치로 성장한다.

## Coach's Powerful Coaching Question
## Fides 코치 박순천의 파워풀 코칭퀘스천

1 에너지는 삶을 살아가는 데 중요합니다. 가족에게서 에너지를 얻습니다. 어디서든 내가 일하는 데 힘이 되고 응원이 되는 소중한 옹달샘 역할을 합니다. 당신에게 지금 에너지가 되는 것은 무엇인가요?

2 나는 어디서 왔는가? 나는 무엇을 위해 이 곳에 왔는가? 나는 어떻게 살아야 하는가? 라는 화두를 가지고 서호주 5,000km를 여행한 적이 있습니다. 그곳에서 나는 걸어 다니는 별이고 나는 우주에서 왔고 내 안의 소우주가 존재함을 확인하였습니다. 나는 보이지 않는 관계 속에서 서로 연결되어 살아간다는 사실을 깨달았습니다. 당신이 행성 지구에 존재해야 하는 이유는 무엇인가요?

3 심장이 뛰는 소리가 들립니다. 현재 살아 있다는 것이지요. 설렘을 안고 코칭을 합니다. 나의 선한 영향력이 누군가의 가슴을 뛰게 만들고 설렘을 갖고 또 누군가를 위해 영향력을 전해줄 것을 믿습니다. 그것이 나의 꿈입니다. 당신이 이루고자 하는 꿈은 무엇인가요?

055

## 마중물 코치
## 諮方 김정배

한국 크리스천 전문코치KPCC
거룩한빛 광성교회 크리스천 코칭사역팀 코칭부장
한동대학교 대학생 커리어 코칭 활동HCDC
한국코치협회 전문코치KPC

절대긍정 · 감사 · 중꺽마 · 존재(빛)

"고객의 내면에 있는 강력하고도 멋진 빛의 존재를 드러나게 하는 성령님의 도움을 받는 마중물 코치 자방諮方 김정배입니다."

**코칭이란** 코칭은 고객이 자신의 존재를 제대로 알지 못하고 어둠에서 헤맬 때 코치의 작은 역량을 통해 성령님의 빛줄기가 고객과 연결되어 순식간에 어두움은 사라지고 빛의 존재로 드러나게 하는 강력한 도구이며 대화기법입니다.

## 코치로서의 전문성

### 1 리더십

십수 년간의 군 청년들(4천여 명)을 지도하였던 지휘관으로서 탁월한 리더십을 발휘함

### 2 코칭

200여 시간의 강력한 코칭실습을 통해 고객의 변화와 성장을 이끌어내는 전문코치

### 3 파워 스트립

멀티탭의 역할로 강력한 성령님의 파워를 고객의 플러그와 연결시켜서 빛의 존재로서 드러나게 하는 전문가

마중물 코치 諮方 김정배의

## ABC 코칭대화모델

### A 코치가 되어 본인 삶에서 무엇이 달라졌나요?

사관학교를 졸업하고 평생 군인의 길을 걸어오면서 'Follow me leadership'으로 솔선수범하며 책임감 있게 살아왔는데, 사회에 첫발을 내딛으면서 무엇보다도 내 자신의 리더십부터 변화시켜야겠다는 마음으로 코칭리더십을 접했습니다. 목표와 목적 중심의 사고방식을 전환시켜 경청력을 키워가면서 분석, 판단, 해석으로 재단했던 내가 있는 그대로의 상대를 인정하고 지지하고 내면의 생각, 감정, 의도 및 욕구를 알아차리려고 노력하는 내가 되었습니다. 그러는 가운데 코칭의 매력에 빠지면서 아내와 자녀, 지인들로부터 나의 이전의 삶의 태도와 자세가 크게 변했음을 인정받았고, 나 자신의 사회적 리더십 패러다임이 코칭리더십으로 전환했습니다.

### B 코치로서 달성한 비전은?

2020년 12월에 한국크리스천 전문코치 자격KPCC을 취득하고 코칭의 파워가 나의 공동체와 지역사회에 선한 영향력을 분명 끼칠 수 있다고 판단하여 지속적인 코칭 역량을 강화하여 한국코치협회의 명실상부한 KSC 수준까지의 코치다움을 위해 2023년 4월에 한국코치협회 인증코치 KAC 자격을 취득하였고 2024년 2월에 전문코치 자격을 취득했습니다.

### C 코칭을 통해 깨닫게 된 것은?

사람은 바뀌지 않는다는 말을 많이 사용하기도 하고 듣기도 합니다. 그러나 무지한 자가 교육을 통해 유식하게 변하듯이 사람 스스로도 자기인식을 통해 변한다는 깨달음을 얻었습니다. 사람들은 저마다 과거의 아픔, 상처, 심리도식 등으로 자신의 프레임에 갇혀 있게 되는데 이것이 평생 자신을 묶어두는 족쇄가 됩니다. 그러나 코칭을 통해 사람 자신이 이러한 프레임을 인식하는 순간 받아들이게 되고 이 족쇄가 풀리고 새로운 의식확장을 하게 되고 변화와 성장에 이르게 됩니다. 코치는 고객에게 이러한 자신의 창조성을 일깨워 주는 존재라고 확신하게 됩니다. 저는 이것을 경험했습니다. 그래서 더욱 나의 코칭역량을 강화하고자 합니다.

### plus 앞으로의 비전은?

- 공동체 내 청소년·청년 100명 이상에게 코칭 지도(2024~2025)
- 크리스천코칭사역을 통해 공동체 및 지역교회에 코칭문화 전파(2024~2028)
- 5년 뒤(2029)에 KSC로서 한국코치협회 및 지역 코칭본부에서 지방자치시와 협업을 통해 지역주민 및 기업 코칭 활동

## Coach's Powerful Coaching Question
## 마중물 코치 諮方 김정배의 파워풀 코칭퀘스천

1. 사람마다 일상을 마주하며 살아갑니다. 내가 원하든 원치 않든 자신이 선택한 길을 걸어갑니다. 지금 당신이 걷는 이 길에 대해 당신의 원하는 삶과 당신의 가치관을 생각해볼 때에 어떤 변화를 기대하시나요?

2. 당신은 지금까지 살면서 자신의 특별한 가치, 달란트와 강점을 발견하고 살기도 하고 아직 발견하지 못하고 살고 있을 수도 있습니다. 이것은 당신에게 매우 중요한 것입니다. 당신은 당신의 특별성, 달란트를 찾기 위하여 어떤 노력을 기울여왔습니까? 새롭게 발견한 자신의 강점을 무엇입니까?

3. 사람은 저마다의 에너지를 가지고 주변 사람에게 크고 작은 영향을 끼칩니다. 지금까지 자신은 어떤 영향을 끼쳤는가를 생각해보면서 더 나은 선한 영향력을 위해 나는 어떤 존재로서 살아가야 할까요?

056

# 개인의 고유한 특별함을 발견할 수 있도록 믿음의 거울이 되어 비춰주는 동행 코치 강시원

I&I 교육 아카데미 COO
책성맘(책으로 성장하는 엄마들) 부모코칭 대표코치
세계를 품는 NIE & 독서코칭 대표코치

공감 · 전략 · 알아차림 · 세움 · 성장

*"고객이 자신의 고유한 특별함과 가능성을 발견하는 알아차림의 순간에 함께 감탄하고, 감동하며 감사함으로 공명하고, 동행하는 강시원 코치입니다."*

**코칭이란** 코칭은 고객에게 진심으로 귀 기울여 함께 공명하는 코칭 프레즌스로, 고객 안에 답이 있음을 믿고 그대로 비춰주는 믿음의 거울입니다.

## 코치로서의 전문성

### 1 교육 전문가

발레 교육에 인문학과 음악, 미술을 접목한 융합 예술 교육 콘텐츠 개발에 이어 아동과 청소년을 위한 독서 코칭과 부모 코칭으로 새로운 교육 콘텐츠를 연구하고 개발함

### 2 코칭

한국코치협회 인증코치(KPC03676)로서 존재코칭에 강점을 접목한 프로그램을 개발함

### 3 연결

분야와 장르의 통섭과 사람과 사람을 연결하여 가능성을 극대화할 장을 열어주는 허브와 같은 연결로 세움과 성장을 도움

**프로그램 개발 및 저서**

- 〈WONDER〉 코칭 대화 모델 개발
- 〈Rehem Coaching Program〉 흔들리는 인생길에서 내 영혼의 닻을 내리는 존재와의 만남
- 〈Only One 존재코칭〉 발레 예술 코칭
- 《팬데믹 시대 멈춰진 시간들의 의미》(공저, 문장, 2021)

믿음의 거울이 되어 비춰주는 동행 코치 강시원의

## ABC 코칭대화모델

### A 코치가 되어 본인 삶에서 무엇이 달라졌나요?

평생 남을 위해 헌신하고, 섬기는 자리가 나의 부르심이라는 소명으로 살다가 내 안의 에너지가 고갈되어 갈 때 코칭을 통해 나를 찾게 되었고, 자연스럽게 흐르고 연결되는 사랑 에너지로 안에 살고 있습니다. 먼저 내가 나를 용서하고, 사랑하는 법을 알게 되니 타인의 시선과 평가로부터 자유로워지고, 건강하고 안전한 경계선을 세우면서 자기 돌봄과 자기 인식으로 내 삶의 주체가 될 수 있었습니다.

코칭을 통해 달라진 것은 순간순간 나의 욕구와 사실, 감정을 알아차리며, 바라보고, 나와 마주한 고객을 비추는 믿음의 거울이 되어, 코칭 프레즌스로 함께 공명하는 삼감(감탄·감동·감사)의 삶을 살며 행복한 동행의 길을 걷고 있습니다.

### B 코치로서 달성한 비전은?

- 한국코치협회 전문코치KPC 자격 취득
- 청소년 진로 진학 코칭으로 대학 입시 과정에서 자신의 길을 찾을 수 있게 초중고 10년 동안 성장하는 과정에 함께 하는 코칭을 함
- 부모 코칭으로 학부모가 아닌 부모로서 자녀를 존재로 육아하고, 경력 단절된 여성들이 자기 브랜드를 만들어 일할 수 있게 돕는 코칭을 함
- 발레 교육에 코칭을 접목하여 인문학과 음악, 미술, 존재 코칭을 연계한 예술 코칭 프로그램을 개발함

### C 코칭을 통해 깨닫게 된 것은?

- 3알: 알아차리기·알려주기·알아주기
- 3감: 감탄·감동·감사
- 나의 존재를 만나는 순간: 욕구·사실·감정 알아차리기
- 마음 챙김: 기꺼이 받아들이기, 유연하게 흘려보내기

### plus 앞으로의 비전은?

앞으로 존재 코치로서의 역량을 개발하고, 다양한 코칭 프로그램을 개발해 세움과 성장의 길에서 함께 동행하는 코치가 되겠습니다.

## Coach's Powerful Coaching Question
## 동행 코치 강시원의 파워풀 코칭퀘스천

1. 인생길에서 우리를 엄습하고 흔들리게 하는 파도를 끊임없이 만납니다. 관계의 어려움과 해결해야 할 문제에 잠식되지 않기 위해 흔들림 속에 중심을 잡을 수 있도록 닻을 내리며 그 파도를 넘어갑니다. 나를 잡아주는 내 영혼의 닻은 무엇입니까? (레헴 코칭 프로그램)

2. 일상 속에서 내가 나로 사는 알아차림의 순간은 언제인가요? 최근에 '지금 그리고 여기에 Here & Now' 현존을 느끼며 자기 발견의 시간은 언제였나요? 그 순간 오감 중에 어떤 감각을 기억하나요? 나의 욕구를 알아차리며, 현실 속에서 만나는 사실은 무엇인지 인식할 때 어떤 감정을 느끼나요? 그런 나는 어떤 사람인가요?

3. 살아오면서 나의 강점과 가능성을 발견할 수 있도록 믿음의 거울이 되어준 존재가 있습니다. 어떤 글이 될 수도 있고, 그림이나 음악일 수도 있고, 따뜻하게 바라보고 믿어주는 존재와의 대화 중에 깨달을 수 있습니다. 나를 환대해준 존재는 무엇이었나요? 그때 발견한 나는 어떤 사람인가요?

# 057
# 존재와 영혼을 경청하고 사랑하는 마음숲 코치 이미경

마음숲코칭연구소 대표
(사)한국코치협회 KPC
VOIS 코칭펌 소속 코치

공감경청 • 진정성 • 편안함 • 밝은 에너지 • 따뜻함

"코칭 여행 안에서 고객이 나다움의 날개로 날아갈 수 있도록 함께 여행하는 마음숲 코치 이미경입니다."

**코칭이란** 코치가 고객 내면에 이미 창조적인 삶의 아티스트가 존재하고 있음을 인식하게 하여 존재와 삶의 변화와 성장을 열어가는 아름다운 동행입니다.

## 코치로서의 전문성

### 1 그림책 감정 & 심리 코칭

코칭 도구로 그림책을 활용하여 고객의 감정과 심리를 치유, 회복, 성장을 돕는 그림책 감정 & 심리 코치

### 2 자기주도학습 코칭

학교 현장에서 자기주도학습 코칭 강의

### 3 코칭

코더코를 통해 후배 코치님과 코칭 안에서 동행 & 성장하는 코더코 코치로 코치들의 동기부여와 성장을 돕는 전문 코치

**프로그램 개발 및 저서**

- 〈그림책 마음 Free 코칭 프로그램〉
- 〈아이들 그림책 전화 코칭 + 태교 코칭 프로그램 / 리앤리 코칭펌〉
- MBTI + 그림책 + 인문학 융합 코칭 공저 전자책 출간(VOIS코칭펌)
  * 내꿀 디자인/크몽/2024

존재와 영혼을 경청하고 사랑하는 마음숲 코치 이미경의

## ABC 코칭대화모델

### A 코치가 되어 본인 삶에서 무엇이 달라졌나요?

- 나 자신을 있는 그대로 조건 없이 좋아하고 사랑하고 존중하게 된 점입니다. 코칭을 배우고 코치가 되어가면서 모든 이는 온전하고 창조적이고 내면에 이미 답을 가지고 있다는 코칭철학이 스며들고 체화되어가고 있습니다. 내가 생각하는 참성공과 참행복은 자신의 고유함을 지닌 자기다움으로 살아가는 것입니다. 코칭이 나에게 전해준 가장 큰 선물입니다.
- 원래의 나다움으로 치유되고 회복되고 새로워지는 코칭여정이 인생여정이 되었습니다. 코칭으로 가장 위대한 첫사랑인 나를 사랑하게 되면서 함께 하는 이들과도 그 사랑을 나누게 됩니다. 나답게 살아가고픈 이들과 코칭으로 아름다운 여행 중입니다. 내적 자유로움을 품고 살아가게 되는 존재의 큰 변화가 있습니다. 코치로서도 매우 필요한 변화였습니다. 그 변화는 계속 현재 진행형입니다.

### B 코치로서 달성한 비전은?

- 그림책 감정 & 심리코칭으로 고객들의 행복한 삶의 파트너로 활동
- 코칭 전자책 공저 출간으로 코칭 역량 강화
- 코더코 활동으로 후배 코치 양성 역할
- 지역 소외된 복지대상자들을 위한 코칭상담으로 사랑의 가치를 나눔
- (사)한국코치협회 KPC로서 코칭 문화 확산 기여

### C 코칭을 통해 깨닫게 된 것은?

- 사람은 존재가 전부이다. 존재만으로도 이미 충분하다.
- 관점, 의식, 삶을 변화시키고 성장하게 하는 질문의 강력한 힘
- 우리 모두는 고치 속 나비처럼 아름다운 변화 전문가

### plus 앞으로의 비전은?

- 사회적으로 소외된 사회 취약 계층 대상의 코칭 봉사
- 〈미라클 마마 cafe〉 그림책 코칭 카페 창업
- 코더코 전문코치로서 코치 양성 역할

## Coach's Powerful Coaching Question
## 마음숲 코치 이미경의 파워풀 코칭퀘스천

1 참행복은 참된 나로 살아가는 시간 안에서 만나게 됩니다. 자유로운 삶의 시작은 내 자신의 정체성을 만나 진짜 자기로 살아가는 것입니다. 참 나를 만날 수 있는 루틴을 생각해본다면 그것은 무엇인가요?

2 날로 복잡해지고 빠르게 변하는 세상은 다양한 기준의 행복과 성공들을 보여주고 들려줍니다. 세상이 말하는 기준이 아닌 내 자신이 정의하는 나만의 행복과 성공기준은 무엇인가요?

3 모든 답은 이미 내 자신 안에 있습니다. 과거도 아니고 미래도 아닌 지금 여기 이 순간에 현존하면서 내 삶이 나에게 어떤 질문을 하는지 고요히 경청하는 시간은 소중한 지혜입니다. 나에게 의미 있는 인생 질문 세 가지는 무엇인가요?

058

# 내재성향 기반의 커리어 설계를 지원하는 커리어코치 허영숙

사단법인 허브엔 대표
미래소비자행동 이사장
생산성본부, 여성가족부, 대통령비서실,
문화예술진흥원 근무 경력
소비자중심경영인증(전) 및
가족친화경영인증(현) 심사위원

사람 중심 · 경험 중심 · 분석적 사고 · 객관화

*"선호성향을 기반으로 성장을 설계하는 커리어코치 허영숙입니다."*

**코칭이란** 코칭은 고객의 마음과 행동 사이에 존재하는 생각을 객관화하여 성장자원화 하는 것입니다.

## 코치로서의 전문성

1. 수학과 출신, 노후빈곤 진입시점을 주제로 경제학 박사학위 취득
2. 한국코치협회 KPC 자격, 정보처리산업기사 2급, 평생교육사 2급
3. SuccessFinder Expert Level Certification 등 3종 취득
4. Birkman Assessment Debriefing Certification Program 3종 취득

**프로그램 개발 및 저서**

- 《코칭어드벤처》(공역, 예미, 2021)
- 《핸드백 속의 스니커즈》(공저, 피그마리온, 2016)
- 《리더스커뮤니케이션》(공저, 양성원, 2018)
- 《창직가이드북 I & II》(공저, 한국고용정보원, 2012)
- 시니어소통 및 조직문화 교재 개발
- 〈Now & Next〉, 〈M-M〉, 〈End-Point〉 코칭모델

## 내재성향 기반의 커리어 설계를 지원하는 커리어코치 허영숙의
## Now & Next 코칭대화모델

### A Now 코치가 되어 본인 삶에서 무엇이 달라졌나요?

일상의 소소함이 중요한 자원이라는 것을 깨닫고, 어제까지는 하지 않았던 새로운 작은 시도를 오늘의 일상에 추가하려는 노력을 하게 된 것입니다. 새로운 시도는 작게 설정하려고 합니다. 급격한 변화 없이 늘 성장하는 기반이 되기를 바라는 마음을 담고 있습니다. 매일 조금씩 해나가면 내 안에서 큰 자원으로 축적됨을 느끼게 됩니다. 코치가 되기 전에는 큰 변화와 가시적 성장을 원하면서 실행을 내일로 미뤘다면, 지금은 작게 매일 실행하려 합니다.

### B Next 코치로서 달성한 비전은?

고령사회에서는 정년퇴직 이후의 삶이 자신의 인생을 설명해줍니다. 그런 관점에서 60-80 기간을 어떻게 살아가고 있는가 하는 것이 달성한, 달성하고 있는 나날이라고 봅니다. 최근 여러 매체에 인터뷰 사진이 실리면서 생각지 않게 오래전 지인들의 연락을 받게 되었는데, 청년들의 커리어코칭에 관한 것이었고 저 혼자 느끼던 보람을 지인들이 인정해줘서 기뻤습니다. 자신의 전문영역이 남들의 성장을 지원해주는 일이라는 것, 그것을 코칭이 구현해주고 있습니다.

### C Mind-Tech 코칭을 통해 깨닫게 된 것은?

코칭은 Mind-Tech 영역임을 깨닫고 있습니다. 마음을 잘 관리하면 성장이 따라옵니다. 마음을 관리하자면 먼저 자신을 객관적으로 이해하고, 자신이 사용할 내재된 자원들을 알아야 합니다. 내 안의 무의식이 의식적 행동을 지원하게 구조화하는 행동설계에 자신의 무의식적 행동패턴이 크게 영향을 미친다는 것을 이해하게 되었습니다.

### plus 앞으로의 비전은?

- 코칭 관련 자료들을 정리하고자 합니다.
- 플랫폼을 활용하여 접근성을 높여보려 합니다.
- 수퍼바이저로 성장하고자 합니다.

## Coach's Powerful Coaching Question
## 커리어코치 허영숙의 파워풀 코칭퀘스천

1. 지금까지 성장해오는 과정에서 가장 힘이 된 자신의 강점은 무엇이라고 생각하나요?

2. 고위직으로 올라갈수록 사람들이 내게 다가와 함께 대화하고 싶게 만드는 건, 그동안 계속 보아온 나의 강점보다는 소위 '인간적인 면'이라고 불리는 '미흡한 점'일 수 있습니다. 드러낼 수 있는 미흡한 점들은 무엇이라고 생각하나요?

3. 내일이 오늘과 다르려면 새로운 시도를 '오늘 일정'에 추가해야 하는데, '어떻게 안정된 10분의 시간'을 만들 수 있을까요? 그 시간에 뭘 해보겠나요?

## 059

# 마음터치 코치
# 賢友 한종진

(사)한국코치협회 기독교코칭센터 대외협력국장
(센터 설립 TF멤버)
(사)한국코치협회 인증 심사위원
(코치자격/프로그램)
전 (사)한국코치협회 이사

편안함 · 여유 · 통찰 · 긍정적 · 진취적

*"스스로 온 가족 전문코치화를 이룬 것처럼 먼저 코치다움을 삶으로 실천하고 교회에도 코칭문화를 확산하는 마음터치 코치 현우賢友 한종진입니다."*

**코칭이란** 하나님의 대화법(성경 말씀을 삶에서 실현하는 대화법)으로 사람들과 소통하며, 상대방이 고유한 존재를 인식(크리스천은 하나님 앞에서 자신의 정체성을 인식)하고 자기다움을 회복하여 원하는 것을 실현하게 돕는 과정입니다.

## 코치로서의 전문성

1. 크리스천 코칭의 보급·확산으로 인증코치 양성(KACC 36명, KPCC 16명)
2. 가족 모두(5명) 전문코치화(4명은 평생회원)
3. 심사위원 활동, 멘토코칭, 빡센코칭 운영 등 경험으로 코치 역량 강화 가능

**전문코칭 프로그램 FT 자격**

- 크리스천코칭 리더십(CCL) Basic 워크숍
  교회 내 7년간 11회, 185명 교육(KACC 25명 양성)
  교회 밖 2회, 15명 교육(KACC 11명 양성)
- 크리스천코칭 리더십 심화(CCL Plus) 워크숍
  교회 내 2회, 12명 교육(KPCC 11명 양성)
  교회 밖 1회, 8명 교육(KPCC 5명 양성)
- TRAIN 워크숍
- Process Coaching 워크숍
- Family Coaching 워크숍

마음터치 코치 賢友 한종진의
## ABC 코칭대화모델

### A 코치가 되어 본인 삶에서 무엇이 달라졌나요?

먼저 엔지니어(34.5년 재직, 기술사)에서 전문코치(15년, KSC, KPCC)로 바뀌었습다. 그리고, 자기 중심적 사고 패턴에서 상대 중심적 사고 패턴으로 확장하고 메타인지를 활용할 줄 알게 되어 매사에 균형을 견지할 수 있게 되었고, 상대방을 나 자신만큼 수평적으로 대할 줄 아는 관계 형성이 가능해졌습니다. 특히 크리스천 코칭을 통해 성령의 인도하심 안에서 사람 관계를 바라볼 수 있게 되어, 이타적 사랑의 마음으로 상대방을 대할 줄 알아 삶에 적용하게 되었습니다.

### B 코치로서 달성한 비전은?

가장 가까이 있는 가족 모두(5명) 전문코치(KSC 1명과 KPC 3명은 모두 평생회원, KPCC 1명)로 활동하고 있고, 코치협회의 코치자격 인증 및 프로그램 인증 심사위원으로 활동하며 협회 발전에 기여하며, 교회에 크리스천코치 양성(교육 185명, KACC 25명, KPCC 11명)을 7년간 지속하면서 교회에 코칭문화 확산 활동도 넓히고 있습니다.

### C 코칭을 통해 깨닫게 된 것은?

코칭은 나무가 성장할 때 줄기가 성장함에 따라 뿌리도 함께 깊어지는 원리처럼 코칭다움(줄기)이 성장하기 위해서는 코치다움(뿌리)이 그만큼 깊어져야 하는 원리를 깨달아 심리학 등 사람 관련 공부를 병행해야 함을 깨닫고, 코칭스터디 모임을 8년간 지속해오고 있습니다. 코칭다움이 풍성하기 위해서는 코치다움이 더욱 깊어져야 하고, 결국 코치다움의 깊이가 고객을 더 깊이 성찰, 성장하게 할 수 있습니다.

### plus 앞으로의 비전은?

코칭은 이 시대의 요구에도 맞고, 가장 적합한 리더십 도구이자 소통 도구일 뿐 아니라 이를 활용할 수 있기 위해서는 삶이 바뀌어야 하는 요구 조건 또한 절실한 영역이어서 우리 삶에 코칭문화 확산이 매우 중요하다고 생각합니다. 코칭문화 관점에서 비중을 두어야 할 곳은 가정과 교회입니다. 먼저 교회를 통한 크리스천 문화에 코칭문화를 융합시켜 교계의 각 영역에 크리스천 코칭문화가 정착되도록 하여 그 영향력에 따라 사회의 많은 영역에 코칭문화 확산의 길을 열고자 합니다. 또한, 코칭은 자신이 먼저 변하여 자신의 가정을 변화시키듯, '한 가정 한 코치'로 가정의 코칭문화 확산을 통해 행복한 가정문화를 도모하고자 합니다.

## Coach's Powerful Coaching Question
## 마음터치 코치 賢友 한종진의 파워풀 코칭퀘스천

1. 지금 고객님이 원하는 미래 모습을 말로 표현해보았는데, 그 말을 하면서 느껴지는 현재의 마음은 어떤가요?

2. 방금 고객님의 생각을 정리하면서 어떤 알아차림이 있었나요?

3. 고객님이 원하는 모습을 표현해보는 동안 몸으로 느껴지는 것이 있었다면 어떻게 표현해 보겠나요?

## 060
# 성공설계 코치 송지원

(주)피크타임 대표코치
전 CiT코칭연구소 B2C 교육 매니저
전 한국코치협회 공익사업국 위원

성 장 · 의 미 · 재 미 · 현 재 · 긍 정

*"고객의 자기다운 삶과 성공을 위해 돕는 성공설계 코치 송지원입니다."*

**코칭이란** 코칭이란 '연필'입니다. 연필을 깎으면 깎을수록 뾰족해져서 글씨를 더 잘 쓸 수 있는 것처럼 코칭은 자신의 삶에 대해 깊이 있게 내면을 들여다보고, 관찰하고, 성찰함으로써 자신의 지향점을 향해 나아갈 수 있는 대화입니다.

## 코치로서의 전문성

코치로서의 강점은 '편안함'입니다. 마음의 편안함이 대화의 시작이자 신뢰감을 만들 수 있는 중요한 요소라고 생각하는데 그런 부분에서 전체적인 분위기, 목소리, 말의 빠르기 등이 사람들이 편안함을 느낀다는 소리를 많이 들었습니다. 그래서 그런지 지금까지 진행하면서 다양한 연령층을 만날 수 있었고 이러한 경험은 코칭을 하는 데 다양한 접근을 시도하는 것에 도움이 되었습니다.

### 1 코칭

전문코치로서 일반인들(2050)을 성장을 돕는 데 기여하고 있음

### 2 청소년

청소년의 강점 찾기, 진로코칭, 자기이해 등을 통해 청소년이 스스로를 이해하는 것을 돕고 있음

### 3 긍정심리

긍정심리 기반 강점 찾기와 회복탄력성을 통해 조직 팀빌딩 등에 활용하고 있음

성공설계 코치 송지원의
## ABC 코칭대화모델

### A 코치가 되어 본인 삶에서 무엇이 달라졌나요?

가장 크게 달라진 점은 '이해와 수용'입니다. 첫 번째는 나 스스로의 관계로 저 스스로를 들여다보고 소통함으로써 저를 더욱 잘 알게 되었고 많이 인정하고 수용하게 되었습니다. 그리고 타인과의 관계에서는 소통을 할 때 진심으로 호기심을 가지고 그 사람의 삶의 스토리 등을 알게 되고 상대를 이해하게 되었습니다. 결국 사람에 대해 열린 마음과 사람을 진정으로 이해하고자 하는 마음을 가지게 된 것이 가장 큰 변화입니다.

### B 코치로서 달성한 비전은?

현재도 비전을 향해 나아가고 있지만 코치로서 전문자격증을 취득하고 200명이 넘는 고객들을 만나며 한국코치협회에서 KPC 자격증을 취득하였습니다. 그리고 앞으로도 이 업을 꾸준히 하고자 석사 학위를 취득하였고 코칭으로 세상에 기여할 수 있는 일을 하기 위해 자립청년, 한부모 가족 등 사회 다양한 계층을 위해 공익코칭에도 꾸준히 참여하고 있습니다. 또한 일반인들이 코칭을 쉽게 접할 수 있도록 감정코칭 워크숍을 진행하기도 했습니다. 앞으로도 꾸준히 사람들의 성장에 기여할 수 있는 다양한 코칭 프로그램을 만들려고 합니다.

### C 코칭을 통해 깨닫게 된 것은?

- 사람은 변화하고 성장할 수 있다는 확신: 사람은 변화 가능한 존재라는 걸 믿게 됨
- 지지의 힘: 단 한 명의 지지자가 있을 때 사람의 변화 가능성을 확인함
- 방향성의 중요함: 자신이 가고자 하는 길을 명확히 하는 것과 명확히 했을 때 삶의 목적과 의미가 부여되는 모습을 보게 됨

### plus 앞으로의 비전은?

- 일반인들이 전담 코치를 고용할 수 있는 서비스 또는 플랫폼 구축
- 1만 시간 코칭 시간 달성으로 전문성 확보
- 일반인이 쉽게 접할 수 있는 코칭 프로그램 만들기

## Coach's Powerful Coaching Question
## 성공설계 코치 송지원의 파워풀 코칭퀘스천

1. 당신의 인생은 충분히 아름다운 한 편의 영화입니다. 당신의 인생을 담은 영화를 상영한다고 상상해보세요. 영화의 이름은 무엇으로 짓고 싶나요?

2. 우리는 세상의 단 하나뿐인 존재입니다. 이 세상에 똑같은 사람은 없습니다. 당신은 당신만의 고유함이 있습니다. 당신만이 가지고 있는 '단 하나one thing'는 무엇인가요?

3. 우리는 세상을 이루며 살아가고 있습니다. 당신은 누군가에게 영향을 받기도하고 주기도 합니다. 당신은 이 세상을 위해 또는 주변 사람들에게 어떤 영향을 주고 싶나요? (구체적으로 영향을 내가 주었을 때 어떤 변화가 생기면 좋을지 생각해보세요.)

061

# 이룸코치 신혜섭

꿈이룸코칭센터 대표
한국FT코칭연구원 러닝코칭, 프로세스코칭 FT
알아차림코칭센터 작전타임 S-TOP코칭 FT

공 정 성 · 화 합 · 연 결 성 · 체 계 · 배 움

*"코칭을 기반으로 개인의 성장과 변화를 통해 모두의 꿈과 목표를 구현하고자 함께하는 이룸코치 신혜섭입니다."*

**코칭이란** 모든 사람은 스스로 선택하고 결정할 능력과 권리가 있습니다. 그러나 많은 사람들이 그 대부분을 '외면'하고 살아갑니다. 코치는 코칭을 통해 고객 스스로 고개를 돌려 자신을 '직면'하게 해줍니다. 이렇게 온전히 자신을 바라보는 것만으로도 고객은 새로운 세상의 문을 열 수 있습니다. 코칭은 새로운 세상의 문을 열어주는 '열쇠'입니다.

## 코치로서의 전문성

### 1 교육

사회교육학 석사로 학교, 학원, 기관 등에서 20여 년간 교수하여 코치 양성 교육 및 코칭 강의에 탁월함

### 2 관리

교육 및 진로 팀장으로 재직하며 진로 코치 양성 및 코칭 관련 강의, 프로그램 구축 및 관리 역량 뛰어남

### 3 리더십

꿈이룸코칭센터를 운영하며 코칭과 다양한 전문분야를 연결하는 플랫폼을 만들고 이를 통해 다양한 사람들의 '성장과 변화, 나눔과 채움'을 구현함

**프로그램 개발 및 저서**

- 〈사회과 교육의 성역할 내용분석과 양성 교육을 위한 연구〉(경희대학교 교육대학원 석사학위 논문, 2007) *일반사회교육 전공

이룸코치 신혜섭의
## ABC 코칭대화모델

### A 코치가 되어 본인 삶에서 무엇이 달라졌나요?

코칭을 통해 얻게 된 가장 큰 변화는 '성장과 변화', '나눔과 채움'을 구현하는 '연대의식'입니다. 오랫동안 개인의 능력으로 평가받는 일을 해오면서 갈증을 느꼈던 이 부분을 코칭이 추구하는 '수평적 파트너십' 을 통해 채울 수 있었습니다. 관계 형성과 공동의 목표를 향해 나가는 과정이 순탄하지는 않았지만 끊임없이 노력하며 그 과정을 통해 궁극적인 삶의 가치인 '연대'를 실현하고 있습니다. 앞으로도 코칭으로 연대하여 '성장과 변화, 나눔과 채움'을 구현하고자 합니다.

### B 코치로서 달성한 비전은?

- 한국코치협회 인증코치KPC 자격 취득
- 한국코치협회 기초·심화·역량 인증프로그램 FT
- 한국보육코칭협회 부모코치사 2급 FT
- 꿈이룸코칭센터를 개설하여 코칭과 다양한 전문분야를 연결하는 플랫폼 구축
- 세종시교육청, 대전교육청, 제주특별자치교육청 등과 연계한 학습·진로코치
- 한국코치협회 글로벌위원회, 사업위원회 위원으로 공익 코칭 등에 기여
- 싱가포르여성회 '코칭을 말하다' 강연을 통한 해외 코칭 문화 확산에 기여

### C 코칭을 통해 깨닫게 된 것은?

- 온전함: 자신의 전부를 있는 그대로 인정함
- 연결성: 사람들이 자신의 세상을 더 큰 그림으로 바라보게 함
- 선택: 선택에 의한 반응은 우리에게 자유를 주고 성장하게 함

### plus 앞으로의 비전은?

- 코칭과 다양한 전문분야를 연결하는 플랫폼 구축으로 코칭문화 확산
- 양육자를 위한 성性교육코칭 프로그램 개발
- 기부코칭 확산과 이를 통한 사회 기여와 연대

## Coach's Powerful Coaching Question
## 이룸코치 신혜섭의 파워풀 코칭퀘스천

1. ○○는 첫인상이 좋아 어디에서나 관심을 받습니다. △△는 첫인상이 좋지 않아 어디에서나 혼자입니다. △△는 ○○의 좋은 인상이 부럽습니다. 그러나 인상과 달리 매사에 깐깐하고 자기중심적인 ○○는 자신의 좋은 인상이 부담됩니다. 오히려 사람들과 천천히 알아가는 △△가 부럽습니다. 부럽다는 감정은 '남의 좋은 일이나 물건을 보고 자기도 그런 일을 이루거나 그런 물건을 가졌으면 하고 바라는 마음이 있다.'라고 정의합니다. 나는 무엇이 부러운가요? 그 부러움은 어디서 오는 건가요? 그 마음 깊은 곳에서 정말 원하는 것은 무엇인가요?

2. 사방이 벽으로 막힌 듯 무엇 하나 뜻대로 되지 않습니다. 희망이 보이지 않아 자신이 한없이 초라하게 느껴집니다. 이런 나를 다시 일으켜 세우는 '빛'이 되어주는 것은 무엇인가요?

3. 인간관계, 일, 사랑, 돈, 성공, 죽음 등 우리에게 둘러싸인 모든 것은 바라보는 관점에 따라 삶의 기준이 다릅니다. 인정받고 싶은 욕망으로 스스로를 소진하거나 원칙을 지키기 위해 지나치게 엄격한 잣대를 들이밀기도 합니다. 나를 가장 나다운 모습으로 만들어주는 삶의 기준은 무엇인가요? 그것을 통해 궁극적으로 추구하는 삶의 가치는 무엇인가요?

062

# 행복한 자기성장시스템을 지원하는 코치 이현정

PIU Learning Coaching Center 대표
DCC 단국코칭센터 부센터장
한국코치협회 심사위원 및 ICF 국제코치PCC


신 뢰 · 섬 김 · 통 찰 · 열 정 · 성 장

*"모든 이의 고유한 힘을 믿습니다. Coaching the Future !! 행복한 자기 성장시스템을 지원하는 코치 이현정입니다."*

**코칭이란** 코칭은 성찰과 관점변화를 통해 고객의 스스로 성장할 수 있도록 돕는 대화 프로세스입니다. 코칭 과정을 통해 고객은 자신만의 고유성과 만나게 되며 자신의 경험과 강점 긍정을 통해 변화를 준비하고 실천하는 자기성장 시스템의 구축 과정입니다.

## 코치로서의 전문성

### 1 교육 및 훈련전문가

교육전문가의 경험과 창의성을 기반으로 니즈Needs에 맞는 교육 및 코칭 프로그램 기획 및 개발 및 코치 트레이닝에 강점이 있습니다.

### 2 내부 소통 및 커뮤니케이션

관찰과 통찰을 바탕으로 다양한 연령대 고객의 내면 탐색과 내면 소통을 촉진할 수 있도록 돕습니다. 또한 갈등협상전문가 1급, 갈등관리전문가 2급 자격증을 보유한 갈등관리 전문가입니다.

### 3 학습유형전문가

학습유형전문가로 10년 넘게 활동해온 경험으로 청소년 및 청년에 대한 이해도가 높으며 다양한 도구를 통해 청소년과 청년의 성장을 돕습니다.

**프로그램 개발 및 저서**

- LSC LAB – 청소년을 위한 코칭 랩 공동설립 및 〈습관이 되는 학습 실행력 Coaching Workshop〉 개발 및 진행
- 중구교육지원청 〈질문이 있는 배움〉 파일럿 프로그램 학습코칭 기획 및 진행
- 《VUCA 시대의 조직문화와 피어코칭》(공역, 한국코칭수퍼비전아카데미, 2020)

## 행복한 자기성장시스템을 지원하는 코치 이현정의
# ABC 코칭대화모델

### A 코치가 되어 본인 삶에서 무엇이 달라졌나요?

교육전문가로 꽤 오랜 시간을 살았습니다. 그러다 마음속 한곳 "정말 이것이 정답일까? 이것이 최선일까? 더 나은 방법은 없을까?"라는 질문이 생겼습니다. 제가 해온 교육에 대한 자부심과 자존감이 사라질 때쯤 코치가 되었습니다. 코치가 된 후 가장 큰 변화는 기다릴 줄 아는 여유를 가지게 된 것입니다. 사람도 일도 모두 그렇습니다. 모든 것은 때가 있고 모든 사람에게는 각자의 이유와 당위성이 있습니다. 돌아가도 되고, 샛길로 가도 되고, 그리고 때로는 아니가도 됩니다. 어디로 갈지를 고민하는 것이 아니라 가고 있는 길을 즐기게 되었습니다. 이러한 삶에 대한 태도의 변화가 오늘도 뻔할 수 있는 하루에서 Fun을 발견하고 있습니다.

### B 코치로서 달성한 비전은?

- 한국코치협회 인증코치로 성장
- 한국코치협회 심사위원 및 기관심사위원으로 성장
- ICF 국제코치자격 PCC 취득
- 청소년의 꿈, 고민, 학습을 함께 고민하는 LSC LabLife Study Coaching Lab 설립
- 지역사회 코칭 확산을 위한 코치공동체 'DCC 단국코칭센터' 설립
- 코칭번역서 《VUCA 시대의 조직문화와 피어코칭》 출간

### C 코칭을 통해 깨닫게 된 것은?

우리는 모두 자신만의 고유한 힘과 방식이 있습니다. 자신의 방식으로 성장할 때 행복하게 성장할 수 있으며 이러한 성장은 믿음이라는 햇살 속에서 새싹을 피울 수 있습니다. 자신이 살아온 길에서 숨겨진 의미를 찾아 나가다 보면 의미 없다 느껴지는 점 하나가 선이 되고 곡선이 되어 나름대로 이미지를 그려나가고 있는 것을 알아차리게 됩니다. 당연한 듯 받아들였던 일상이지만 나여서 나였기 때문에 가능한 것들이 있다는 것을 또한 그런 순간이 모여서 미래로 나아가고 있음을 발견하게 됩니다.

### plus 앞으로의 비전은?

- 지역사회 코칭 확산과 건강한 공동체 설립 지원을 위한 코칭프로그램 개발 및 코칭 서비스 제공
- 청소년과 청년을 위한 미래 리더학교 설립 및 교육계 코치 확산 프로그램 제공
- 코치역량 프로그램 개발 및 운영

## Coach's Powerful Coaching Question
## 자기성장시스템 지원 코치 이현정의 파워풀 코칭퀘스천

1. 현재의 나를 만든 경험 중에 그 가치가 과소평가된 경험들이 있다면 무엇일까요?

2. 그 경험들을 통해 새롭게 발견하거나 성장한 역량이 있다면 무엇일까요?

3. 당연하게 받아들였던 일상에서 나여서 해낼 수 있었던 일이 있다면 무엇인가요?

063

# 기업과 개인의 행복한 성장을 지원하는 비즈니스 코치 정혁

주식회사 자코모 HR Head(이사)
서경대학교 겸임교수
(사)한국코치협회 인증코치 KPC
국제코치연맹 인증코치 PCC

공감 · 책임 · 성과 · 도전 · 소통

*"기업과 개인의 변화와 행복한 성장을 지원하는 비즈니스 코치 정혁입니다."*

**코칭이란** 코칭은 목표를 향해 고객과 코치가 파트너십을 가지고 함께하는 여정입니다.

## 코치로서의 전문성

### 1 코칭심리전공 경영학박사

코칭과 상담심리에 대한 전문성을 갖추고 후학을 양성하고 있습니다.

### 2 리더십

금융기관과 중소기업에서 리더십 프로그램을 운영했으며, 중소기업에 재직하면서 리더십 강의를 하고 있습니다.

### 3 코칭

금융기관에서 사내코치로서 활동했으며, 중소기업자문 코치, 현직에서 코칭문화 확산을 위해 노력하고 있습니다.

**프로그램 개발 및 저서**

- 《경쟁력 확보를 위한 HR 비즈니스코칭》(공저, 도서출판 더로드, 2022)
- 《평생현역 N잡러 도전기》(공저, 브레인플렛폼, 2023)
- 〈변혁적리더십이 직무성과에 미치는 영향에 관한 연구〉(숭실대학교 경영대학원 박사학위논문, 2022) *코칭심리 전공

## 기업과 개인의 행복한 성장을 지원하는 비즈니스 코치 정혁의
# ABC 코칭대화모델

### A 코치가 되어 본인 삶에서 무엇이 달라졌나요?

2010년 직장 내에서 사내코치로 인사발령 나면서 코칭 개념을 처음 접하게 되었고, 좀 더 객관적인 전문성을 갖추기 위해 코칭펌을 통해 코칭교육을 받게 되었습니다. 그동안 부모님의 훈육, 학교 교육, 직장 내 리더십 교육 등을 통해 형성된 가치관과 리더십이, 코칭을 접하고 나서 삶이 180도 바뀌게 되었습니다. 일방적인 대화가 아니라 쌍방향 커뮤니케이션을 통해 경청과 공감을 하게 되면서, 가정에서는 가족과 소통이 원활해지고, 직장에서도 직원들과의 관계가 좀 더 돈독해지는 계기가 되었습니다. 이러한 경험을 계기로 코치로서의 삶을 선택하게 되었습니다.

### B 코치로서 달성한 비전은?

- 코칭심리 전공 경영학 박사학위 취득
- 서경대학교에서 산학연 겸임교수로서 후학양성
- 한국코치협회 인증코치KPC 자격 취득
- 한국코치협회 코치인증 심사위원 자격
- 국제코치연맹 인증코치PCC 자격 취득
- 가구협회 등 경기북부지역 대학생 대상 취업특강
- 회사 내 아카데미 설립하여 직원 교육

### C 코칭을 통해 깨닫게 된 것은?

- 의식확장: 선입관을 갖지 않고, 상대를 잠재력과 전인적이고 창의적으로 바라봄
- 관점전환: 한 방향에서만 바라보지 않고 다양한 관점에서 바라봄
- 다양성 인정: 서로 다름을 인정하고 긍정적으로 수용함
- 전문역량: 업에 대한 전문성과 코치로서의 전문역량 개발

### plus 앞으로의 비전은?

- 소속 회사 내 사내코치 양성
- 경기북부지역 대학생 대상 취업 및 직무강의
- 비즈니스코치로서 업에 대한 전문성 갖추기
- 사회공헌코칭 참여

## Coach's Powerful Coaching Question
## 비즈니스 코치 정혁의 파워풀 코칭퀘스천

1. 비전과 목표를 세운 사람은 지향점을 향해 꾸준히 정진합니다. 당신은 비전 달성을 위해 준비하고 있는 것은 무엇인가요?

2. 핵심가치는 삶을 풍요롭고 여유롭게 합니다. 상대를 있는 그대로 인정하고 존중합니다. 당신의 신념과 추구하는 핵심가치는 무엇인가요?

3. 나는 그동안 사회적 책임과 봉사의 마음으로 살아왔습니다. 앞으로도 세상에 이로운 일을 하기 위해 노력할 것입니다. 앞으로 당신은 사회적 책임과 관련하여 어떤 역할을 하고 싶은가요?

064

## 자신만의 빛나는 가치를 찾을 수 있도록 돕는 드림플라이 코치 권세연

드림플라이 대표
숭실대 한국커리어학습코칭연구소 연구원
작가 겸 칼럼니스트
전 한양여대 보건행정과, 비서인재과 외래교수
전 삼성전자 유통연수소 근무

사랑 · 자유 · 열정 · 용기 · 도전

*"완벽하게 준비하고 시작하는 것보다 꾸준히 노력하면 원하는 모든 것을 이룰 수 있다고 믿으며 곁에서 힘이 되어주는 드림플라이 코치 권세연입니다."*

**코칭이란** 타인이 성장과 변화를 위해 노력하고 있을 때 함께 걸어주는 것입니다.

## 코치로서의 전문성

### 1 라이프 코칭

MOTHER 라이프코칭 모델 개발 및 강의

### 2 시니어코칭

시니어코치 양성과정 개발 및 강의

### 3 커리어.학습 코칭

- 월드비전, 기아대책 멘토 코치 및 부모교육 강의
- 개인 저서 및 200명 이상 작가로 배출

**프로그램 개발 및 저서**

- 《고부공감》(대경북스, 2024)
- 《엄마인 당신에게 코치가 필요한 순간》(대경북스, 2021)
- 《가족해방일지》(청어, 2023)
- 《내 인생의 첫 기억》(청어, 2022)
- 《내 인생을 바꾼 사람들》(청어, 2022)
- 《괜찮아, 바로 지금이 나야》(대경북스, 2022)
- 《당신만을 위한 100개의 질문》(북코리아, 2021)
- 〈서대문구, 시니어 방과후 코치 양성과정 개발 및 강의〉(20시간, 2023)
- 〈미취학 자녀를 둔 여성의 자아탄력성 향상을 위한 라이프 코칭모델 개발. MO.T.H.E.R〉(숭실대학교 교육대학원 석사학위논문, 2022) *커리어학습코칭 전공

## 자신만의 빛나는 가치를 찾을 수 있도록 돕는 드림플라이 코치 권세연의 ABC 코칭대화모델

### A 코치가 되어 본인 삶에서 무엇이 달라졌나요?

코칭을 통해 달라진 것은 어떤 일을 할 때 "내가 이것을 해낼 수 있을까?"라는 질문 앞에 멈춰서 있는 경우가 많았습니다. 코칭의 철학 중 '내 안에 모든 답이 있다.'라는 것이 있습니다. 망설여질 때는 환경을 탓하며 진행하지 못했던 일들이 많이 있었는데, 이제는 내가 그 일을 정말 할 수 있는지, 하고 싶은지만 고민합니다. 그 후 결정하면 앞을 향해 전진합니다. 이 마음을 코칭 고객에게도 그대로 전달하기 위해 노력하며 그들의 변화와 성장을 보며 뿌듯함을 느낄 때 행복합니다.

### B 코치로서 달성한 비전은?

- MOTHER 라이프코칭 모델 개발 및 강의
- 시니어방과후 코치 양성과정 개발 및 강의
- 개인 저서 출간 후 홍콩·마카오·대만 판권 수출
- 100인의 일반인과 함께 《가족해방일지》 책 기획
- 시어머니와 함께 공저 출간 후 영화관 북콘서트 개최
- 공동저서 7권 기획으로 일반인 200명 이상 작가 배출
- 석사학위 및 커리어코치 자격 취득

### C 코칭을 통해 깨닫게 된 것은?

- 삶에서 중요한 것은 높은 자신감이 아니라 높은 자존감이라는 것
- 타인을 위해 포기하지 않는 마음을 나를 위해서도 그래야 한다는 것
- 과거의 사실은 바꿀 수 없지만 내 관점은 바꿀 수 있다는 것

### plus 앞으로의 비전은?

- MOTHER 라이프코칭모델을 통한 가족 구성원의 행복증진을 위한 각 가정의 미션과 비전작성 가족 2025년까지 100팀 이상 배출
- 개인과 회사가 비전을 세우고 따로 또 같이 성장하는 교육 및 워크숍 진행
- 글쓰기와 독서로 성장하는 교육 및 워크숍 진행
- 시니어코치 양성과정을 통한 시니어코치 100명 이상 배출

## Coach's Powerful Coaching Question
## 드림플라이 코치 권세연의 파워풀 코칭퀘스천

1. 없으면 못 살 것 같다고 생각하며 평생을 함께 한 사람 또는 물건, 환경이 있었을 것입니다. 그중 한 가지를 적어보세요. 그것이 없어졌다고 가정하고, 그럼에도 불구하고 살아야 한다면 그것은 무엇 때문인가요?

2. 지금 내가 이 세상에서 사라진다면 세상에서 가장 크게 변화되는 것은 무엇일까요? 그 이유는 무엇인가요?

3. 과거의 사실은 바꿀 수 없습니다. 그러나 과거를 바라보는 내 관점은 바꿀 수 있습니다. 관점 변화를 통해 내 인생에 도움이 되는 경험은 무엇인가요?

065

# 자신을 마음껏 드러낼 수 있도록 멍석을 깔아주는 멍석코치 연영주

(사)한국코치협회 역량강화위원회 교육국장(2021~2022)
KAC자격인증 기관심사위원
경희사이버대학교 코칭리더센터 운영위원

용 기 · 도 전 · 열 정 · 성 실 · 책 임

"함께하는 고객이 마음껏 자신을 드러낼 수 있도록 멍석을 깔아주는 멍석코치 연영주입니다."

**코칭이란** 코칭은 문제나 고민으로부터 벗어나 새로운 희망을 갖게 하는 동굴이 아닌 터널과 같은 것입니다.

## 코치로서의 전문성

### 1 리더십

27년 부사관 군 간부의 경험을 바탕으로 중간 관리자로서 리더십이 뛰어나며 특히 20대부터 50대에 이르기까지 다양한 계층과 소통능력 탁월함

### 2 그룹코칭

한국코치협회 그룹코칭 진행 및 그룹코칭 프로세스 개발 TF팀장의 경험을 바탕으로 그룹코칭 전문가

### 3 에니어그램 전문가

에니어그램 강사 자격증 보유증이며 에니어그램을 기반으로 한 성격코칭 전문가

**프로그램 개발 및 저서**

- 〈군 리더십코칭 기초교육 프로그램〉 공동개발, ACPK01187(2020)
- 《당신만을 위한 100개의 질문》(공저, 북코리아, 2021)
- 〈병사들이 선호하는 하사 분대장의 좋은 리더십 유형에 관한 주관성 연구〉(동국대학교 일반대학원 심리학 석사학위논문, 2022) *코칭 전공

## 자신을 마음껏 드러낼 수 있도록 멍석을 깔아주는 멍석코치 연영주의
## ABC 코칭대화모델

### A 코치가 되어 본인 삶에서 무엇이 달라졌나요?

코칭을 통해 달라진 것은 용기와 도전이라는 핵심가치관을 갖게 되었습니다. 코칭을 만나기 전에는 매일 같은 일상 속에서 매너리즘에 빠져 새로운 변화보다는 현상유지라는 안정된 생활을 추구했었는데, 코칭을 만나게 되면서 새로운 목표와 비전을 갖게 되었고 내가 정말 원하는 삶에 대해서 고민하게 되었고 코칭을 통해 기여하는 삶이라는 나의 정체성을 찾게 되었습니다. 앞으로 만나게 되는 고객들이 자신을 마음껏 드러낼 수 있도록 멍석을 깔아주는 멍석코치의 삶을 살고 싶습니다.

### B 코치로서 달성한 비전은?

- 커리어비전 달성: 전문코치로 성장
- 한국코치협회 인증코치KPC 자격 취득
- 한국코치협회 인증코치KSC 자격 취득
- 경희사이버대학교 상담심리학과 내 코칭리더센터 설립에 기여
- 경희사이버대학교 상담심리학과 동문 코치 다수 양성
- 《당신만을 위한 100개의 질문》 공저
- 석사학위 및 에니어그램 강사 자격증 취득

### C 코칭을 통해 깨닫게 된 것은?

- 성장의 욕구: 모든 사람은 변화와 성장의 욕구가 있다는 것을 알게 됨
- 목표의 중요성: 눈에 보이고 손에 잡히는 구체적인 목표설정이 중요하다는 것을 알게 됨
- 변화와 성장의 전제조건: 변화와 성장의 전제조건은 지속 가능한 실천이 중요하며 지속 가능한 실천을 위해서는 혼자의 힘보다는 함께하는 코치가 필요함

### plus 앞으로의 비전은?

- 육군 조직의 초급부사관, 병사 등 다양한 계층에 코칭문화 확산에 기여
- 경희사이버대학교 코칭리더센터를 기반으로 다양한 계층에 코칭문화 확산에 기여
- 노인상담학회 적극적인 활동으로 코칭을 접목하여 노인코칭 분야 개척

## Coach's Powerful Coaching Question
## 멍석코치 연영주의 파워풀 코칭퀘스천

1. 모든 사람에게는 자신을 나타내는 고유성이 존재합니다. 당신을 특별하게 만들어주는 당신만의 고유성은 무엇인가요?

2. 성공한 사람들의 공통점은 과거 성공한 경험을 생생한 기억으로 현재로 가지고 와서 그 힘으로 어려움을 극복하고 미래를 개척한다고 합니다. 당신만의 성공 경험은 무엇인가요?

3. 거울 속에 비친 자신의 모습을 제대로 직면했을 때 변화의 시작을 맞이할 수 있습니다. 10년 후 당신이 생각하는 이상적인 모습을 위해서 지금 당장 필요한 변화는 무엇인가요?

066

# 치자부(치유·자유·부유) 센터링을 전하는 용감한 바람 코치 나성재

C2P코칭센터 대표코치
한국코치협회 멘탈코치연구회 전문위원

치 유 · 자 유 · 창 조 · 통 합 · 성 장 · 리 더 십

*"치자부 센터링 모델로 개인이 내면의 통합을 이루어 온전하게 우뚝 서서 주체적이고 예술적인 삶을 살도록 안내하는 용감한 바람 코치 나성재입니다."*

**코칭이란** 자신의 잘 보이지 않는 자신의 모습까지도 볼 수 있게 거울같이 비추어주는 것이 코치의 역할입니다. 코칭은 고객이 자신의 삶에 대한 충동, 순수한 욕망을 찾아서 가슴 뛰는 삶을 살면서 평생에 걸쳐 완성하며 앞으로 나아가도록 돕는 것입니다.

## 코치로서의 전문성

### 1 NLP 전문가

NLP Master로 매달 영웅의 여정 공개 워크숍을 진행. 자체 개발한 치자부(치유, 자유, 부유) 센터링 모델 기반 성공하는 삶과 성숙한 인격의 완성으로 안내하는 Facilitator.

### 2 멘탈코칭

PBA 프로당구 선수 및 배드민턴 선수 등 운동선수의 멘탈코칭. 선수가 최상의 퍼포먼스 달성하고 승리 넘어Beyond Victory 존재 목적을 찾도록 코칭

**프로그램 개발 및 저서**

- 치자부 센터링 모델 개발(2023)
- 영웅의 여정 워크숍 매달 진행(2022. 12~현재)
- 《영웅의 여정: 자기발견의 위한 NLP코칭》(역서, 한국코칭수퍼비전아카데미, 2020)
- 일코노미 뉴스 〈멘탈레시피〉 연재

치자부 센터링을 전하는 용감한 바람 코치 나성재의

## ABC 코칭대화모델

### A 코치가 되어 본인 삶에서 무엇이 달라졌나요?

다른 사람의 평가와 시선 같은 외부 자극에 민감하게 반응해 감정이 요동치고 또 인정받고 사랑받고 싶은 욕구로 가득 찬 시절이 있었습니다. 코칭을 통해 다른 사람의 시선이 아닌 나와 내게 중요한 것에 집중하기 시작했습니다. 이런 관점 전환을 통해 세상에 나의 존재를 드러내고 완성해나가는 과정을 시작할 수 있었습니다.

### B 코치로서 달성한 비전은?

- 《영웅의 여정: 자기발견을 위한 NLP코칭》을 출간하고 2022년 12월에 1년 동안 대중을 상대로 매달 워크숍을 하기로 스스로 선언했습니다. 지금까지 자신과의 약속을 지키고 있습니다.
- 더 많은 사람에게 치자부(치유·자유·부유) 센터링 모델을 알리고자 유튜브 "치자부 센터링" 채널 개설하여 운영 중입니다.

### C 코칭을 통해 깨닫게 된 것은?

- 알아차림: 특정 감정과 생각에 묶여있는 나를 알아차리기
- 센터링: 특정 감정과 생각을 벗어난 센터링 상태에 머물며 자유롭게 원하는 감정과 생각을 가져다 쓸 수 있는 사람 되기
- 목적 있는 삶: 삶에 대한 충동, 순수한 욕망 그리고 목적 있는 삶을 추구하기. 이때 생긴 강렬한 추진력으로 원하는 것 달성 가능

### plus 앞으로의 비전은?

- 더 많은 사람의 성장을 위해 영향력 있는 사람 되기 (2024년 유튜브 구독자 5만 명 달성)
- 워크숍을 통해 더 많은 사람과 만나기 (2024년 500명 만나기)
- 출간을 통해 긍정적 영향력 전파하기 (2024년 책 2권 출간)

## Coach's Powerful Coaching Question
## 용감한 바람 코치 나성재의 파워풀 코칭퀘스천

**1** 〈몸의 움직임을 통한 코칭 질문〉

규칙: 경쾌한 음악 한 곡을 틀어 놓고 걷습니다. 평소 자신이 걷는 속도를 5라고 한다면 뛰기 전 아주 빠르게 걷기는 10, 나무늘보처럼 느린 속도는 1이라고 합시다. 진행자가 임의로 부른 숫자의 속도로 걷습니다. (예: 5, 8, 3, 1, 10, 7, 2, 5, 9, 1, 6 )

당신은 지금까지 몇의 속도로 살아왔습니까?
내 삶의 속도를 내가 원하는 대로 조절하나요?

**2** 경쾌한 노래 한 곡을 더 틀어 놓고 걸어봅니다. 위의 걷기 규칙에 한 가지를 더 추가합니다. 진행자가 중간에 "STOP"을 외치면 참가자들은 걷다가 제자리에 섭니다. 이때 참가자들이 골고루 공간에 퍼져 있어야 합니다. 그러기 위해서는 참가자들은 걸을 때 자기 주위에 있는 사람과의 간격을 계속 살펴야 합니다. 또 공간 전체를 인식하고 있어야 합니다. (이때 고개는 두리번거리지 말고, 마음의 눈을, 의식을 넓히고 확장해야 합니다.)

내 삶에서 타인과의 적당한 거리는 어느 정도인가요?

**3** 나는 살면서 나를 둘러싼 전체를 보고 있나요?

067

# 음악으로 고객의 존재를 빛나게 하는 화음코치 구소연

국립정신건강센터 사회재활 음악심리코칭 팀장
발달장애인취업공단 사회재활그룹코칭
복건복지부 아동정서발달 센터장

경청 · 공감 · 직관 · 표현 · 직면

*"음악으로 고객의 존재를 빛나게 해주는 화華음코치 구소연입니다."*

**코칭이란** 코칭은 고객의 존재를 빛나게 하는 것입니다.

## 코치로서의 전문성

### 1 리더십

30년 음악교육과 센터를 운영하면서 프로오케스트라 단체와 청소년오케스트라를 10년 운영하면서 단원들이 함께 협력하고 화합하며 공감하는 단체로 국내 연주와 해외 선교를 기획하며 단원들이 함께 여러 무대에서 성장할 수 있도록 하는 대표로 리더십이 탁월함

### 2 그룹코칭

심리치료와 취업을 위한 정신건강 사회재활 음악심리코칭 프로그램 개발 및 팀장 경험

### 3 교육코칭

다양한 교육 프로그램의 기획과 진행했던 경험을 바탕으로 아동에서 노인까지 전 연령대의 다양한 교육코칭 프로그램 개발 경험

**프로그램 개발 및 저서**

- 80세~100세 노인 프로그램 개발
  국립정신사회재활센터 내담자 회복을 위한 그룹 음악심리코칭 프로그램 개발
  발달장애인 취업을 위한 사회재활 프로그램 개발
- 〈오케스트라 봉사활동이 컴페션을 통하여 청소년의 심리적 안녕감, 자기효능감, 진로신념에 미치는 영향〉(순복음대학원대학교 사회복지학과 박사학위논문, 2017) *청소년복지 전공
- 〈오케스트라 조직 내에서 경험한 컴페션이 직무성과에 미치는 영향: 심리적 안녕감과 자기효능감을 매개로〉(《경영과 정보연구》 37(2), 2018)
- 〈오케스트라 봉사활동을 통한 공감이 청소년의 심리적 안녕감, 자기효능감, 진로신념에 미치는 영향〉(《한국청소년상담학회지》 2, 2019)

음악으로 고객의 존재를 빛나게 하는 화음코치 구소연의

## ABC 코칭대화모델

### A 코치가 되어 본인 삶에서 무엇이 달라졌나요?

코칭을 만나기 전에는 정신분석적 상담기법을 기반으로 음악치료를 하는 상담사였습니다. 정신분석 이론을 기반으로 내담자의 '내면의 문제'에 집중하며 깊은 자유연상이 될 수 있도록 상담을 했습니다. 그리고 음악을 매개로 활용해 내담자의 내면을 탐색하며 내담자가 문제를 직면하게 했습니다. 코칭을 공부하고 코치가 된 이후 코칭적 질문을 통해 내담자의 자유연상은 더욱 깊이를 더하였고 내담자가 스스로 통찰하고 앞으로 나아갈 수 있는 힘을 스스로 갖도록 하는 데 큰 도움이 되었습니다. 이후 지속적인 학습으로 코치로서의 역량을 강화해 음악심리코칭의 코치로서 코칭의 정의와 철학을 항상 의식하며 구현한 결과 만나게 되는 고객에 대한 생각, 즉 고객을 바라보는 패러다임의 변화가 생겼습니다. 고객의 문제나 고민보다는 고객이 지니고 있는 강점과 자원에 중점을 두고 내면의 문제에서 벗어나 앞으로 나아가는 힘을 찾는 것에 대한 방향성을 제시해주는 파트너의 모습으로 바뀌게 되었습니다.

### B 코치로서 달성한 비전은?

- 한국코치협회 인증코치KPC 자격 취득
- 국립정신사회재활센터 음악심리코칭 프로그램 개발
- 한국음악심리치료협회 음악치료사 코치양성
- 다양한 교육현장과 사회복지 현장에서의 코칭 프로그램 개발

### C 코칭을 통해 깨닫게 된 것은?

- 수평적 파트너십의 중요성: 코칭을 통해서 고객뿐만 아니라 코치도 함께 성장한다는 것을 알게 됨
- 정체성 발견: 모든 사람은 자신이 원하는 모습을 추구한다는 것을 깨닫음
- 독특한 고유성: 음계에는 각각의 음색이 있듯이 모든 사람에게는 독특하고 고유한 주파수가 의식에 있음을 알게 됨

### plus 앞으로의 비전은?

- 교육 현장에서 아동청소년의 심리정서발달코칭 프로그램 개발과 부모교육코칭 활성화

## Coach's Powerful Coaching Question
## 화음코치 구소연의 파워풀 코칭퀘스천

1. 음계에 고유의 주파수가 있듯이 사람도 악기처럼 각각 의식의 주파수로 만들어진 고유성을 가지고 있습니다. 저는 오케스트라 튜닝의 기본이 되는 음이기도 한 'A'를 저의 고유성을 나타내는 음으로 표현하고자 합니다. 이유는 'A'는 악기가 가장 편안한 상태에서 내는 소리로 사람이 듣기에 제일 명확하게 들리는 음이기 때문입니다. 이러한 이유로 고객이 가장 편안한 상태에서 자신을 명확하게 표현할 수 있게 내면의 울림을 주는 코치이기 때문입니다. 현재 당신의 의식의 주파수를 가장 잘 표현할 수 있는 당신만의 주파수인 음音은 무엇인가요?

2. 모든 사람은 자신의 경험과 지식에 기반하여 제한된 생각의 틀을 가지고 있습니다. 당신이 허물고 싶은 생각의 틀은 무엇이며 어떠한 틀로 바뀌길 원하나요?

3. 사람은 때론 자신의 단점과 상처를 숨기며 감추려고 합니다. 하지만 오히려 자신의 취약성을 인정하고 당당히 드러냈을 때 자유로워지며 더욱 멋있게 빛날 수 있다고 합니다. 당신이 당당하게 드러냈던 취약성이 스스로를 빛나게 했던 성공 경험은 무엇인가요?

068

# 모나지 않고 동그란 온전한 내가 되도록 돕는 동그라미 코치 이정윤


동그라미코칭센터 대표
경희사이버대학교 겸임교수
(사)한국코치협회 사업위원회 공익국장(2022)
(사)한국코치협회 비즈니스위원회 국장(2021)
한국FT코칭 연구원
KAC자격인증 기관심사위원
경희사이버대학교 코칭리더센터 운영위원


신 뢰 · 책 임 · 끈 기 · 공 감 · 인 정

*"다양한 사람의 각자 모습을 모가 없는 동그라미 완성을 위해 성찰, 변화, 성장을 돕는 동그라미 코치 이정윤입니다."*

**코칭이란** 코칭은 코치가 코칭을 받는 사람에게 해결책을 제시하거나 조언을 하는 것이 아니라, 적절한 경청과 질문을 통해 코칭을 받는 사람이 자신의 자원을 활용하여 문제를 해결하고 목표를 달성할 수 있도록 돕는 것입니다.

## 코치로서의 전문성

### 1 성격코칭 전문가

에니어그램 강사 1급으로 성격 유형이나 성향에 따라 적합한 행동, 성장과 발전을 돕는 전문 코치

### 2 공익코칭 전문코치

한국코치협회 사업위원회 공익국장으로서 공익코칭 사업 진행 및 다수 공익코칭 경험함

### 3 조직문화 소통 전문코치

조직 내에서 소통의 중요성과 방법, 소통 역량을 향상시키고 이를 통해 조직문화를 활성화시키고 강화함

**프로그램 개발 및 저서**

– 〈중소기업 경영자가 인식하는 리더십 유형에 관한 주관성 연구: 에니어그램 배형 중심으로〉 (동국대학교 석사학위논문, 2022) *코칭 전공

모나지 않고 동그란 온전한 내가 되도록 돕는 동그라미 코치 이정윤의
## ABC 코칭대화모델

### A 코치가 되어 본인 삶에서 무엇이 달라졌나요?

코칭을 통해 제가 달라진 것은 다른 사람들에 대해 좀 더 존중하고 배려하며 공감경청하는 것을 통해 타인을 더 이해하게 된 것입니다. 저는 코칭스킬인 경청과 질문을 통해 다른 사람들이 자신의 자원을 활용하여 문제를 해결하고 목표를 달성할 수 있도록 돕는 방법을 배웠습니다. 이를 통해 다른 사람들의 감정을 더 이해하고 존중하게 되어 관계가 더 좋아졌으며, 다른 사람들의 성장을 지지해주며 협력과 소통을 강화하게 되었습니다.

### B 코치로서 달성한 비전은?

- 동그라미코칭센터 대표
- 경희사이버대학교 상담심리학과 겸임교수
- 경희사이버대학교 상담심리학과 내 코칭리더센터 설립 기여
- 공익코칭(자립청년, 그룹홈청소년, 한부모) 등 프로젝트 기여
- (사)한국코치협회 사업위원회 공익코칭국장 공로패 수상
- (사)한국코치협회 노사발전재단 중소기업CEO 임원코칭

### C 코칭을 통해 깨닫게 된 것은?

- 자기인식과 자기조절능력: 자신의 강점과 약점을 인식하고, 개선하여 활용하는 것을 알게 됨
- 목표와 가치 명확성: 자신의 삶에 대해 깊이 생각하고, 자신이 원하는 것과 필요한 것을 분명하게 알게 되어 삶의 의미와 가치를 깨닫게 됨
- 삶의 질과 만족도: 자신의 일상 삶 속에 만족하고 작은 변화와 성장을 통해 행복과 즐거움을 느낄 수 있다는 것을 깨달음

### plus 앞으로의 비전은?

- 동그라미 코치로서 코칭을 통해 많은 사람들이 모가 없는 동그라미처럼 자기 자신에 '온전한 나'를 찾아 각자 균형 잡힌 워라벨에 삶을 살아가게 도와주며 코칭문화 확산에 기여
- 조직에서 원활한 소통 및 조직문화 개선을 위해 써클코칭으로 커뮤니케이션을 강화해서 지속적인 성장이 가능하도록 중소기업 코칭 확산에 기여
- 대한민국 전국을 돌며 코칭투어리스트로 "전 국민 코치되기" 프로젝트로 코칭 확산에 기여

## Coach's Powerful Coaching Question
## 동그라미 코치 이정윤의 파워풀 코칭퀘스천

1. 누구나 살아가면서 가장 소중하게 생각하는 가치가 있습니다. 당신이 살면서 가장 소중하게 생각하는 가치는 무엇인가요?

2. 사람에게는 누구나 무한한 잠재력이 있습니다. 당신이 가지고 있는 강점 또는 잠재력은 무엇인가요?

3. 살다 보면 남은 인생을 다르게 변화시켜 살고자 할 때가 있습니다. 당신이 자신의 삶에 대해 어떤 변화를 원하며 그 변화를 만들기 위해서 필요한 것은 무엇인가요?

069

# 고객의 지속성장을 돕는 지속성장 코치 왕장호

한국코치협회 KPC
조직문화·리더십전문가
ESG·ISO 심사원

경 청 · 공 감 · 의 식 확 장 · 성 찰 · 성 장

"개인 및 기업의 성찰을 이끌어내어 지속성장을 돕는 지속성장 코치 왕장호입니다."

**코칭이란** 코칭은 목적이 있는 프로세스 대화입니다. 대화 과정에서 경청, 공감, 질문을 통해 고객의 성찰을 이끌어내고, 이러한 성찰을 바탕으로 고객의 미래 목표를 향한 지속 성장 여정에 함께하는 것입니다.

## 코치로서의 전문성

### 1 코칭, 심리 상담

KPC 코칭 자격과 심리 상담 분야의 자격 및 죽음교육지도자 자격을 보유하고 있으며 코칭과 상담을 융합한 유연함이 탁월함

### 2 조직문화/리더십

조직문화·리더십 전문가로서 30여 년간 기업체의 다양한 분야 경험을 바탕으로 조직문화, 리더십 코칭에 전문성을 갖고 있음

### 3 ESG/ISO 컨설팅

ESG·ISO 심사원 자격을 보유하고 있으며 관련 분야의 컨설팅 및 심사에 전문성을 갖고 있음

**전문자격 보유 현황**

- KPC, 심리상담사, 청소년심리상담사, 병영심리상담사, 죽음교육지도자
- NLP Practitioner
- OCEC 조직문화 전문가
- ISO 9001, 14001, 45001 국제심사원
- ESG 인증 심사원
- 보세사

고객의 지속성장을 돕는 지속성장 코치 왕장호의
## ABC 코칭대화모델

### A 코치가 되어 본인 삶에서 무엇이 달라졌나요?

코칭을 알고 나서 가장 큰 변화는 첫 번째로 나 자신을 돌아보는 것과 주위 사람들을 보는 시각이 달라진 것입니다. 오랜 기간 직장 생활을 하면서 바쁜 생활 속에서 미처 생각하지 못했던 사람의 존재 자체로서의 소중함에 대하여 성찰하게 되었습니다. 두 번째로는 코칭에 있어서 중요한 요소인 경청, 공감이라는 두 가지 주제는 기업이 지속성장을 위하여 조직문화로서 정착시켜야 할 요소라고 생각했습니다. 그 이유는 기업에서 발생하는 많은 갈등이나 사건들이 경청, 공감이 결여된 조직에서 나타나고 있으며 이러한 현상은 기업의 성장을 방해하고 있다는 것을 알게 되었기 때문입니다. 앞으로 경청, 공감을 조직 문화에 정착시키고 지속성장을 돕는 코치로서 살고자 합니다.

### B 코치로서 달성한 비전은?

- 한국코치협회 인증코치KPC 자격 취득
- 조직문화 전문가 및 심리 상담 자격 취득
- 코칭학 대학원 석사
- 코칭사업가로서의 Personal Brand 구축

### C 코칭을 통해 깨닫게 된 것은?

- 지속성장: 개인과 조직은 성장 욕구가 있으며 코치는 코칭을 통해서 이들의 지속 성장 여정에 함께함
- 경청, 공감: 소리의 맥락을 듣고 상대방 입장이 되어 이해하는 것
- 내면의 힘: 인간은 자신의 내면에 창의적 문제해결 능력을 갖고 있음
- 지금, 여기: "지금, 여기" 이외에는 아무것도 존재하지 않음
- 침묵: 성찰을 위해 멈추어 침묵함. 침묵은 신이 말하는 언어

### plus 앞으로의 비전은?

- 조직문화 전문코치로서 고객의 지속성장에 함께 함
- 기업에 상설 코칭실을 운영하여 구성원의 성찰을 돕고 기업의 성장에 이바지함
- 가정문화 전문코치로서 부부와 가정의 지속성장을 도움

## Coach's Powerful Coaching Question
## 지속성장 코치 왕장호의 파워풀 코칭퀘스천

1 톨스토이는 우리에게 세 가지의 중요한 질문을 던졌습니다.

Q1. 가장 중요한 순간은 언제일까?
Q2. 가장 소중한 사람은 누구일까?
Q3. 가장 중요한 일은 무엇일까?

당신의 대답은 무엇인가요?

2 네루다의 시집 《질문의 책》에 다음과 같은 내용이 있습니다.

"나였던 그 아이는 어디 있을까?
아직 내 안에 있을까 아니면 사라졌을까?"

당신의 대답은 무엇인가요?

3 성경 창세기에는 사람이 금지된 나무 열매를 따먹고 동산 나무 사이에 숨어 있을 때 하느님께서 "너 어디에 있느냐?"라고 묻는 내용이 있습니다. 어린 시절 우리가 외출하여 늦을 때 우리는 어머니로부터 "너 어디 있니?"라는 전화를 받은 적이 있습니다. 지금 절대자께서 다음과 같이 질문한다면 당신은 어떻게 대답할까요?

얘야! 너는 지금 어디에 있니?
어디로 가려고 하니?

070

# 고객의 행복한 삶을 돕는 행복코치 이수지

○○교육청 또래코칭 전문코치
○○중학교 생명존중·자살예방 전문강사
○○대학교 대학생 전문코치

긍정 · 행복 · 인정 · 수용 · 존중 · 배려

"고객의 긍정 자원을 이끌어 내서 행복한 삶을 돕는 행복코치 이수지입니다."

**코칭이란** 코칭은 고객이 스스로 답을 찾아 갈수 있도록 지지 해주고 도와주는 파트너십 활동이며, 코치가 한 발짝 뒤에서 등불을 켜고 목적지까지 함께하는 여정입니다. 특히 프로세스가 있고 목적이 있는 대화 과정입니다.

## 코치로서의 전문성

### 1 라이프 코칭

부부, 자녀 등의 가족 관계 회복을 돕는 관계 전문가

### 2 진로 코칭

어린이, 청소년의 진로와 자존감 코칭에 전문성을 갖고 있음

### 3 죽음관련 코칭

한국싸나톨로지협회의 죽음교육 지도자 교육을 이수하였으며 자살 예방 및 마지막 성찰을 돕는 죽음 관련 전문 코칭

**주요 자격 및 교육이수 현황**

- KPC , 심리상담사, 청소년심리상담사, 병영심리상담사
- 노인복지레크리에이션, 심리레크리에이션, 죽음교육지도자
- 자기주도 학습지도사, 자존감코칭전문가
- NLP Practitioner
- 2023년 여성 리더십 아카데미 수료

고객의 행복한 삶을 돕는 행복코치 이수지의

## ABC 코칭대화모델

### A 코치가 되어 본인 삶에서 무엇이 달라졌나요?

코치가 되어 달라진 점은 코칭이 저에게 주는 이로움입니다. 저를 끊임없이 공부하게 하고 성찰하게 하며 성장하게 합니다. 이러한 저의 성장의 열매는 코칭을 통해 고객에게 성장의 밑거름이 되고 함께 이로움을 나눕니다. 그리고 코칭을 통해 스스로 자신의 해답을 찾은 고객은 성찰하고 성장하게 됩니다.

### B 코치로서 달성한 비전은?

- 한국코치협회 인증코치KPC 자격 취득
- 코칭학 대학원 석사
- 심리상담사, 자존감코칭 전문가, 자기주도 학습지도사 자격 취득

### C 코칭을 통해 깨닫게 된 것은?

- 경청의 중요성: 적극적 경청은 고객이 마음을 열고 깊은 내면의 이야기를 하도록 이끈다는 것을 깨달음
- 인정과 수용: 고객을 있는 그대로 인정하고 존재 자체로 수용하게 됨
- 코칭 프레즌스: 고객과 함께 오롯이 머물러 존재하게 됨

### plus 앞으로의 비전은?

- 어린이, 청소년의 진로 및 자존감 코칭 분야를 확장시킴
- 가족관계 회복을 돕는 전문코치로서 가족 코칭 분야 발전에 기여함
- 노인상담학회 활동을 통하여 실버코칭 분야 발전에 기여함

## Coach's Powerful Coaching Question
## 행복코치 이수지의 파워풀 코칭퀘스천

1 벨기에 극작가이자 시인인 모리스 마테를링크의 〈파랑새〉에서 주요 테마는 주인공 남매 틸틸Tyltyl과 미틸Mytyl 두 남매의 행복을 찾는 여정입니다. 만약 당신이 〈파랑새〉의 행복 찾기 여정의 주인공이 된다면 당신은 어떻게 하겠나요?

2 표도르 도스토옙스키의 《카라마조프가의 형제들》이라는 책에는 살아 있을 때 양파 한 뿌리를 거지에게 선행한 노파가 그 양파 한 뿌리 때문에 지옥에서 천당으로 오르다가 같이 있던 지옥의 다른 죄인들이 천당으로 올라가는 양파 뿌리에 매달려 달려들자 노파가 뿌리치는 바람에 양파가 끊어져 모두 지옥으로 다시 떨어지는 장면이 나옵니다. 오늘 당신에게 천당으로 올라갈 수 있는 구원의 선행 양파 한 뿌리가 있다면 어떻게 사용하겠나요?

3 고대 그리스 델포이의 아폴론 신전 기둥에 새겨져 있었으며 소크라테스가 자주 사용했다고 하는 “gnothi seauton, 그노티 세아우톤” “너 자신을 알라”라는 문구가 있습니다. 지금 당신 앞에 소크라테스가 나타나서 “너 자신을 알라”라고 말한다면 당신은 어떻게 대답하겠나요?

071

## 아이들을 있는 그대로 사랑하고 존중하는 마음코치 이상희


코오롱 12년 근무
(사)테바 그룹홈 근무
한국코치협회 KAC 코치


상생 · 사랑 · 희망 · 존중 · 성찰 · 변화

*"아이들의 미래를 꿈꾸게 하고 성장을 이끌어주며 성장을 돕는 마음코치 이상희입니다."*

**코칭이란** 코칭은 두 전문가 대화로서 고객(아이들)의 문제를 해결할 수 있도록 돕는 전문가이며 코치는 코칭프로세스를 진행하는 전문가이다. 고객(아이들)과 코치가 파트너가 되어 고객 스스로 목표를 설정하고 효과적으로 달성하며 성장할 수 있도록 돕는 것입니다.

## 코치로서의 전문성

### 1 사회복지 상담 및 코칭

사회복지 상담 분야의 자격과 인성지도사, 사회복지사, KAC 자격을 보유하고 있음

### 2 진로코칭

아동그룹홈에서 아이들 학습코칭, 진로코칭을 하면서 대학진로에 대한 코칭에 강점이 있음

### 3 리더십

10여 년간 기업체의 유통조직의 경험을 바탕으로 팀워크 의사소통에 강점이 있음

**주요 자격 및 교육이수 현황**

- KAC, 사회복지사, 요양보호사, 레크레이션, 웃음치료사
- 인성지도사 교육 이수
- 아이들 보육사

아이들을 있는 그대로 사랑하고 존중하는 마음코치 이상희의

## ABC 코칭대화모델

### A 코치가 되어 본인 삶에서 무엇이 달라졌나요?

목표와 가치를 명확히 하는 코치가 되었으며, 코칭을 통해 자신의 목표와 가치를 분명하게 설정하고, 자신의 목표와 가치에 부합하는 행동과 선택을 하고, 자신의 목표와 가치를 실현하고 실천하게 되었습니다. 이를 통해 자신의 삶에 방향과 의미를 부여하고, 자신의 삶에 만족하고 행복하게 되었습니다. 특히 사회복지사로서 아이들을 보육하고 학습과 지도하는 코치로서 코칭을 통해 아이들의 감정과 생각을 경청하고 이해하고, 아이들의 장점과 약점을 발견하고 인정하고, 아이들의 목표와 가치를 함께 찾고 지원하게 되었습니다. 또한 코칭을 통해 아이들의 능력과 자원을 발달시키고 촉진하고, 아이들의 문제를 해결할 수 있도록 도와주고, 아이들의 변화와 성장을 칭찬하고 격려하게 되었습니다. 이를 통해 아이들의 복지와 사회적 기능을 향상시키고, 아이들과의 관계를 강화하게 된 것이 삶에서 달라진 점입니다.

### B 코치로서 달성한 비전은?

- 한국코치협회 인증코치KAC 취득
- 사회복지사 자격증 취득 / 인성지도사 자격증 취득
- 요양보호사 자격증 취득
- 그룹홈 아이들 학습코칭, 진로코칭, 인성코칭 진행

### C 코칭을 통해 깨닫게 된 것은?

- 자신의 목표와 가치: 나의 목표와 가치를 명확하게 인식하고 실현하기 위해 행동 계획을 수립하게 됨
- 자신의 강점과 잠재력: 나의 강점과 잠재력을 깨닫게 됨
- 자신의 성장과 발전: 나의 성장과 발전을 지속적으로 추구하고 새로운 열정과 에너지를 갖고 도전하게 됨
- 자신의 삶의 만족도: 나의 삶의 만족도를 높이고 진정한 행복을 느낄 수 있게 됨

### plus 앞으로의 비전은?

- 조직문화 전문코치로서 고객의 지속성장에 함께 함
- 대학 학부 과정에 코칭학과를 개설하여 코칭 발전에 기여함
- 기업에 상설 코칭실을 운영하여 기업의 성장에 이바지함

## Coach's Powerful Coaching Question
## 마음코치 이상희의 파워풀 코칭퀘스천

1. 우리는 살아가면서 끊임없이 변화, 성장하려고 노력합니다. 살아가면서 당신이 변화하고 성장하고 싶은 목표는 무엇인가요?

2. 누구나 한 번쯤 원하는 꿈을 생각해본 적이 있습니다. 당신의 꿈은 무엇인가요?

3. 살아오면서 누구나 한 번쯤은 성공이나 좋은 경험이 있습니다. 당신이 살아오면서 가장 자랑스럽고 기억에 남는 순간은 언제입니까?

072

# 마이키 복지코치 김은영

33년차 사회복지공무원
서울시사회복지사협회 대의원
서정대학교 겸임교수
마포구청 행정지원국장, 마포구의회 사무국장,
성산2동장, 신수동장 역임
마포구 장기요양등급판정 심의위원 역임
서울시거버넌스 1.2.3기 위원 역임
월드비젼 Family Develope Manager 역임

사 랑 · 충 직 · 성 장 · 감 사 · 한 결 같 음

*"내 안의 선함과 지혜로움을 찾아내고, 배우고 성장하고, 감사하며 나누는 내 삶의 키를 가질 수 있도록 돕는 마이키코치 김은영입니다."*

**코칭이란** 코칭은 에너지로 구성된 우주에서 고객이 밝은 에너지를 끌어당겨 스스로의 잠재력을 알아차리고, 회복탄력성을 찾아 성장하고 행복할 수 있도록 돕는 동행 여정입니다.

## 코치로서의 전문성

### 1 사회복지적 실천

사회복지 현장애서의 오랜 경험을 통해 고객의 어려움을 사회복지적 실천을 통해 현실적으로 풀어낼 수 있음

### 2 코칭

한국코치협회 코치KAC로서 회복탄력성을 제공하여 스스로의 역경과 어려움을 극복하고 잠재력을 개발할 수 있도록 도움

### 3 리더십

HRD 전문가로서 직원들의 역량개발과 동기부여를 통한 조직몰입과 직무만족에 기여

**프로그램 개발 및 저서**

- 《아이가 최고의 스승이었다》(공저, 성안북스, 2023)
- 〈생활보호대상자 직업훈련사업의 실태와 개선방안에 관한 연구〉(중앙대학교 사회복지학 석사학위논문, 1993)
- 〈공공조직의 학습조직 수준이 조직몰입에 미치는 영향: 동기부여와 직무만족을 매개변인으로〉(숭실대학교 평생교육학 박사학위논문, 2011)
- 〈사회복지공무원의 슈퍼비전이 직무성과에 미치는 영향에 관한 연구〉(교신저자, 《생명연구》 68, 2023)

마이키 복지코치 김은영의

## ABC 코칭대화모델

### A 코치가 되어 본인 삶에서 무엇이 달라졌나요?

사회복지를 전공하고 민간복지기관, 공공복지기관, 그리고 학교에서 강의하며 현장과 이론을 겸비하려고 노력하며 평생 사회복지 현장에 있었습니다. 만나는 많은 고객들은 기초생활수급자였고, 장애인이었고, 독거노인들이었습니다. 최고의 사랑이라 생각하며 '측은지심'의 안타까움으로 만나고, 자원을 연계하여 가정의 문제와 욕구들을 해결하려 노력해 왔습니다.

코칭을 공부하면서 내가 도우려고 했지 그 사람들을 일으켜 세우려 하지 않았다는 것을 알게 되었습니다. 외부적인 도움을 통해 해결될 줄로만 알았다는 것이지요. 코칭을 공부하면서 그 한 사람 한 사람이 자신이 주인공인 네러티브를 써가는 힘이 있는 사람들이란 걸 확인합니다. 사회복지 실천 현장에서 고객들은 물론 그 일을 담당하고 있는 휴먼서비스 영역의 직원들에게도 힘이 될 수 있음에 기쁩니다.

### B 코치로서 달성한 비전은?

- 사회복지와 코칭의 연계와 융합을 통한 업무 접근과 처리 방식의 강화
- 사회복지 실천 현장에 코칭대화모델을 적용하여 고객(민원)의 내재적 동기를 강화하고 스스로의 삶의 에너지를 강화할 수 있었음
- 휴먼서비스 영역의 직원들에게 코칭을 통한 직업적 소명과 내적 에너지 강화

### C 코칭을 통해 깨닫게 된 것은?

- 인간의 고유성: 한 사람은 우주에 하나밖에 없는 특별한 존재라는 것
- 인간의 잠재력: 인간은 무한의 잠재력을 가진 존재로 스스로 성장할 수 있다는 것
- 긍정적 에너지의 힘: 햇살이 외투를 벗기듯 사람의 변화는 잘못을 지적하고 고쳐나가는 것보다 잘하고 있고 잘할 수 있는 것에 에너지를 집중하면 변화가 더 빠르고 확실하다는 것
- 동행자의 힘: 행복에너지가 전염성이 있음이 밝혀졌듯이 혼자 해결하기보다 성장과 행복을 돕는 사람이 곁에 있다는 것이 중요하다는 것

### plus 앞으로의 비전은?

- 사회복지 실천영역의 코칭 서비스 제공
- Help for Helper(교사, 사회복지사, 간호사, 요양사 등) 프로그램 개발
- 사회복지코칭센터 설립 및 운영

## Coach's Powerful Coaching Question
## 마이키 복지코치 김은영의 파워풀 코칭퀘스천

1 당신을 웃음 짓게 만드는 것, 행복하다고 느끼게 하는 것은 무엇인가요?

2 당신이 꼭 하고 싶은 꿈의 목록인 버킷리스트는 무엇인가요? 우선 세 가지만 생각해보세요.

3 당신은 어떤 사람으로 기억되고 싶은가요?

073

## 리나코치 이민지

하우코칭 파트너코치
코칭프렌즈 이사
전 경영컨설팅사 경영전략본부 전문위원

최 상 화 · 집 중 · 연 결 · 개 별 화 · 실 행

*"개인과 조직의 강점과 잠재력을 발견하고 성장하도록 돕는 리나코치 이민지입니다."*

*Inspiring people to be their best!*

**코칭이란** 코칭이란 개인과 조직 내부에 존재하는 지혜와 자원을 이끌어내어 미래를 향한 영향력을 확장하도록 돕는 것입니다.

## 코치로서의 전문성

### 1 커뮤니케이션 역량

강점과 잠재력을 개발하고 즐겁게 협의하기

### 2 문제 해결 능력

개인(리더십)과 조직의 Paint Point 분석 및 솔루션 제시

### 3 통합적 사고 역량

나무와 숲을 함께 보아 조직의 비전과 개인의 성장 alignment 지원

**프로그램 개발 및 저서**

- 공식 Bigger Game Leadership Trainer
- Birkman Method 전문가
- 《당신만을 위한 100개의 질문》(공저, 북코리아, 2021)

리나코치 이민지의

## ABC 코칭대화모델

### A 코치가 되어 본인 삶에서 무엇이 달라졌나요?

무한한 가능성이 있는 존재로서 나와 타인을 바라보게 되었습니다. 모든 사람이 가진 존엄성과 존귀함을 인정하며 개개인이 가진 약점보다 강점을 바라보게 되었습니다. 그리고 그 철학에 기반하여 상대의 이야기를 진정으로 경청하고 공감하며 필요한 질문을 통해 관점을 변화시키는 대화를 할 수 있게 되었습니다. 그리고 그 대화의 시간을 통해 인생이 변화했다는 코치이Coachee(고객)들을 만날 수 있어 행복합니다.

### B 코치로서 달성한 비전은?

코치가 되기 전, 저는 경영 컨설턴트로서 다양한 조직의 문제를 파악하여 핵심 이슈를 분석하고, 그에 대한 조직개발 솔루션을 도출하고 제시해왔습니다. 전문코치로서 자격KPC을 취득 후, 현재는 저의 전공을 살려 국내 유수 대기업에 비즈니스코칭 솔루션을 제공하여 리더십과 조직문화 개선을 돕고 있습니다. 또한 대학교에서 학생들에게 Bigger game leadership 강의를 통하여 비전을 발견하고 진로를 탐색할 수 있도록 돕고 있습니다. 2021년에는 여러 코치님들과 함께 집필한 《당신만을 위한 100개의 질문》이 발간되었고 수익금 전액을 사회공헌코칭으로 기여하는 활동에 참여하였습니다.

### C 코칭을 통해 깨닫게 된 것은?

먼저, 인생의 비전을 발견하였습니다. 코칭을 통해 나의 성향과 강점, 삶의 철학을 정리하고 그것을 토대로 삶의 비전을 정립할 수 있었습니다. 또한 관점의 전환을 통해 삶의 여러 문제들을 해결했습니다. 그 예로 늘 단점으로 여겨왔던 습관을 새롭게 바라보게 되며, 오히려 저희 강점을 발견하고 발휘하는 습관을 새롭게 만들 수 있었습니다.

### plus 앞으로의 비전은?

나를 만나는 10,000명의 개인과 조직에게 새로운 관점을 불어넣고 성장과 변화를 이끌어낸다.

## Coach's Powerful Coaching Question
## 리나코치 이민지의 파워풀 코칭퀘스천

1. 당신이 벗어나야 하는 안전지대가 있다면 그곳은 어디이며, 그곳에서 벗어난다는 것은 당신에게 어떤 의미인가요?

2. 당신을 주체성으로 가득 채운다면, 당신의 삶은 어떻게 달라질까요?
(주체성: 한 개인이 어떤 실천에 있어 나타내는 자유롭고 자주적인 능동성)

3. 변화를 이끌어낼 수 있는 일 중에서 당신이 당장 할 수 있는 한 가지 일은 무엇인가요?

074

# 코칭으로 사람을 짓는 코치 한성지

코칭전문브랜드 '사람을 짓다' 대표
국제코치훈련원 / 한스코칭 파트너 코치
(사)한국코치협회 코치인증 심사위원

유연 • 공감 • 재미 • 진정성 • 활기

*"코칭을 통해 사람들에게 삶의 힘과 영감을 불어넣고, 자신의 삶을 주도적으로 이끌도록 지원하는 '사람을 짓다' 대표 코치 한성지입니다."*

**코칭이란** 코칭은 어제보다 더 나은 오늘, 오늘보다 발전된 내일을 위해, 개인이 자신의 욕구를 깨닫고 명확한 목표를 설정하여 성취해 나가는 여정입니다.

## 코치로서의 전문성

### 1 전문코치양성 및 훈련

기업 및 개인 대상 한국코치협회 인증프로그램 강의, 코치 자격증 취득을 위한 프로그램 운영, 코칭을 쉽고 빠르게 적용할 수 있는 다양한 코칭대화 교구 개발

### 2 코칭리더십 및 코칭커뮤니케이션

기업 팀장/중간관리자급 리더, 스타트업 C-Level, 교사, 부모 등 대상자별 맞춤형으로 진행

### 3 멘탈력Mental toughness

멘탈력MTQ 진단 디브리퍼 전문가, 멘탈 관리/개발 강의 및 코칭워크숍 진행

### 4 코액티브 코칭Coactive Coaching 전문 코치

글로벌 Top 코칭 프로그램 '코액티브 코칭' 기법을 적용하여 개인의 삶을 총체적으로 변화시킬 수 있는 의식과 행동의 근본적인 전환을 목표로 코칭

**프로그램 개발 및 저서**

- 《코치 100% 활용하는 법》(공저, 한국코칭수퍼비전아카데미, 2021)
- 《101가지 코칭 전략과 기술》(공역, 코쿱북스, 2016)
- 〈비즈니스·라이프 코치의 지식공유 행동과 직무만족〉(고려대학교 석사학위논문, 2016)

코칭으로 사람을 짓는 사람 한성지의

## MVP 코칭대화모델

### M Motivation & Mission 코치가 된 동기 및 미션

국제학을 전공하고 국제 NGO에서 경력을 시작한 저는, 아프리카 아이들을 위한 동화책 제작 프로젝트를 통해 첫 발을 내디뎠습니다. 하지만 현장에서 깨달은 것은, 아이들에게 필요한 것이 단순한 책이 아니라 성장 마인드셋을 위한 동기부여와 영감을 주는 존재라는 사실이었습니다. 이러한 깨달음을 통해 코칭의 개념과 마주하게 되었고, 코칭 철학이 제가 사람들을 바라보는 관점과 깊이 일치함을 느꼈습니다. 이로써 전문 코치로서의 길을 걷기로 결심했습니다. '짓다'라는 말은 소중한 가치에만 부여되는 동사라고 합니다. 저에게 있어 가장 중요한 '사람'을 '짓는' 일, 즉 사람들이 삶에서 힘과 활력을 찾을 수 있도록 코칭으로 서포트하는 것이 제 미션입니다.

### V Vision & Value 코치로서 비전과 가치

현재 저는 코치 훈련 및 양성에 집중하고 있으며, 기업 및 기관에서 코칭 커뮤니케이션 강의를 제공하고 있습니다. 사람들이 모이는 모든 곳에서 코칭 대화가 필수적인 시대가 도래했습니다. 이는 기업뿐만 아니라 가정에서도 마찬가지로, 많은 사람들이 대화 방법에 대한 지도를 요청하고 있습니다. 이러한 현실을 반영하여, 저의 비전은 '즐거움, 유연함, 진정성'의 가치를 바탕으로 한 코치형 학교를 설립하는 것입니다. 이 학교를 통해 모든 사람이 코칭 대화를 자연스럽게 할 수 있는 사회적 분위기를 조성하고, 전문 코치를 양성하여 1국민 1코치 시대를 이끄는 것이 제 목표입니다.

### P Plan & Play 앞으로의 계획

제 미션, 비전, 그리고 가치를 바탕으로, 누구나 코칭 대화를 손쉽게 할 수 있도록 하는 일, 개인이 자신의 삶의 질을 높이고 행복 멘탈 관리를 돕는 일 등을 위한 교재, 교구, 강의 프로그램 개발 계획을 가지고 있습니다.

- 코칭 대화법 교구 개발: 이 교구는 리더와 구성원, 부모와 자녀, 교사와 학생, 그리고 동료나 친구 사이의 원활하고 건강한 관계를 지원합니다. 인정, 칭찬, 지지, 격려의 리액션을 누구나 자연스럽게 구사할 수 있도록 하며, 공감적인 표현을 쉽게 할 수 있는 코칭 대화법을 제공합니다.
- 멘탈 관리 및 개발 코칭 프로그램: 긍정적인 자기관리는 삶의 질을 높이는 데 중요하며, 이 프로그램은 신체건강 못지않게 중요한 정신 건강을 위한 멘탈력 진단 및 개발에 초점을 맞춥니다. 이를 통해 일상의 도전에 보다 효과적으로 대처할 수 있는 힘을 기르는 것을 목표로 합니다.

## Coach's Powerful Coaching Question
## 사람을 짓는 코치한성지의 파워풀 코칭퀘스천

1 저는 '예민함'이 저를 힘들게 한다고 생각했어요. 관계에서도 일에서도 예민함은 불안으로 이어지고, 불안은 완벽해야 한다는 강박으로 이어졌어요. 최대의 방해꾼이었죠. 모든 고난과 시련의 경험은 긍정의 재료라는 문구를 보고 다시 생각했어요. '예민함'의 유익한 점은 무엇이며, 무엇을 가능하게 했는지? '예민함' 덕분에 다른 사람들보다 코치로서의 직관이 뛰어남을 발견했어요. 저의 강점이 되었죠. 여러분들의 과거 고난과 시련의 경험이 긍정의 재료가 된다면, 그 재료로 무엇을 해보고 싶으세요?

2 아무리 바빠도 저는 마음을 터놓고 이야기할 수 있는 사람들과의 만남을 게을리하지 않아요. 기쁜 일도 힘들고 지치는 일도 사람을 만나면 에너지가 올라가요. 출산하고 집에만 있던 어느 날 에너지가 방전되었다는 느낌을 받고 마음의 여유를 잃어버린 적이 있어요. 그때부터 저는 아무리 시간이 없어도 잠시 커피 한 잔 마시는 시간을 가져요. 커피 한 잔이 저에게 활력을 주는 소중한 존재였어요. 여러분은 무엇을 할 때 에너지가 가장 올라가나요?

3 사람은 누구나 '성장'하고자 하는 욕구가 있습니다. 여러분들이 당면한 과제 중 잘 해내고 싶은 것들은 무엇이 있나요? 잘 해내고 싶은 마음 이면에는 무엇이 있을까요? 어디에서 출발했나요? 한번 몸 안에서 느껴보세요. 어디에서 감지되고 있나요? 어떤 느낌인가요? 그 느낌은 나에게 어떤 메시지를 전달하고 있나요?

075

# 갈등전환 코치 김홍석

조율 컬렉티브 대표
캐나다 협동조합 연구소 방문 연구원
동북아 평화훈련원 Peacebuilding Praxis 과정 진행자

공감 · 연결 · 발상

*"건강한 소통과 갈등해결을 통해 조직이 건강한 일터 공동체가 되도록 돕는 강점코치 이자 갈등전환 코치인 김홍석입니다."*

**코칭이란** 갈등전환 코칭은 갈등을 새로운 변화의 기회로 삼도록 줄탁동시啐啄同時의 변화를 함께하는 세르파Sherpa입니다.

## 코치로서의 전문성

### 1 갈등전환

갈등을 우리 조직의 숨기고 싶은 현상이 아닌 새로운 변화를 시작할 시점이라는 기회의 창으로 접근하는 방식과 패러다임입니다. 갈등전환을 학문으로 정립한 미국의 이스턴 메노나이트 대학원에서의 학습의 경험과 버지니아주 지방법원의 갈등조정자 훈련Mediator를 통한 실천 경험을 토대로 한국의 리더들을 위한 갈등전환 코칭을 제공하고 있습니다.

### 2 강점코칭

팀과 조직이 가장 멋지게 그리고 효과적으로 일하는 방식은 몇몇 사람만이 아닌 구성원 모두가 자신의 선천적·후천적 강점을 최대한 발휘할 수 있는 환경과 시스템이 이루어졌을 때라고 생각합니다. 고객과 고객의 팀이 강점을 발견하고 훈련하고 실천할 수 있도록 돕습니다. 갤럽Gallup사의 인증 강점코치CliftonStrengths Certified Coach로서 과학적인 강점을 발견하고 팀이 개인을 넘어 팀으로서 강점을 활용하도록 돕습니다.

### 3 협력적·효율적 의사결정

한국의 체계적이고 일사분란한 조직에서 잃어버리기 쉬운 구성원 모두가 의사결정에 주체적으로 참여하고 함께 숙의하고 결정하는 협력적 토의와 의사결정 프로세스를 코치이자 퍼실리테이터로서 돕습니다. 써클 프로세스, 소시오크라시, 애자일 방법론(칸반)을 활용하여 고객의 효율적이고도 수평적인 소통과 의사결정을 돕습니다.

**프로그램 개발 및 저서**

- 건강한 조직만들기 워크숍(2019)
- 리더의 소통과 갈등전환 워크숍(2023)
- 감정노동자를 위한 "일하는 공동체의 회복력 강화" 워크숍(2023)
- 《건강한 조직 만들기》(도서출판 대장간, 2016)

갈등전환 코치 김홍석의

## ABC 코칭대화모델

### A 갈등전환코칭이란 무엇인가요?

조직의 리더의 경우, 조직 내 갈등이 일어나면 곧 리더의 리더십에 문제가 있다고 여겨지곤 합니다. 이러한 문화적 특성으로 일반적으로 기업에서 갈등을 수면에 드러내기를 조심스러워하고 드러난 갈등도 애써 무시하려고 합니다. 하지만 이렇게 방치된 갈등은 악화되고 증폭되어서 조직문화를 심각하게 오염시키기 일쑤입니다. 갈등코칭은 리더들이 갈등을 다루어야 할 때, 갈등의 유형에 따라 상황에 맞는 갈등해결 프로세스를 진행할 수 있도록 돕는 일을 합니다.

### B 왜 갈등관리, 갈등해결이 아닌 갈등전환이라는 표현을 쓰시나요?

조직과 공동체에서 갈등을 생산적으로 다루는 방식으로 학계에서는 갈등관리, 갈등해결, 갈등전환을 꼽습니다. 어느 방법이 더 좋다라기보다는 상황과 주어진 여건에 따라 어떤 방법론을 쓸 것인가의 선택이 중요하다고 생각됩니다. 갈등관리는 현상이 더 이상 악화되지 않는 것을 목표로 하고, 갈등해결은 당사자들의 관계개선을 중점적으로 다룬다고 합니다. 반면에 갈등전환은 갈등이 발생하는 패턴에 주목하고 미래에 이러한 패턴이 반복하지 않게 하기 위한 시스템의 변화를 목표로 합니다.

### C 코칭을 통해 깨닫게 된 것은?

고객들을 위한 갈등전환 코칭을 해오면서 깨닫게 된 것은 고객분들 안에 이미 갈등을 이겨내고 새로운 미래를 창조해 나아갈 에너지와 지혜가 숨어 있는 것을 보게 됩니다. 코치로서 제가 해야 할 일은 고객이 눈앞에 갈등에도 불구하고 깊은 탐색을 통해 자신 내면에 나침반을 발견하도록 돕는 일이라고 생각합니다.

### plus 앞으로의 비전은?

저의 비전은 우리 사회의 다양한 갈등을 화합과 새로운 기회로 전환하는 리더를 육성하는 갈등전환 리더십 아카데미를 설립하여 갈등전환 코치와 리더를 양성하고자 합니다.

## Coach's Powerful Coaching Question
## 갈등전환 코치 김홍석의 파워풀 코칭퀘스천

1. 최근에 고객님이 지혜롭게 해결했던 나 또는 타인의 갈등은 무엇인가요?

2. 고객님이 특히 잘 대처했다고 생각되는 부분은 무엇인가요?

3. 고객님이 선택하신 갈등해결 방법이 적절하지 않은 경우는 어떤 상황일까요?

# IV

## 전문코치 4부

# 코칭 비전을 완성하다

076

# 모두가 코치가 되는 세상을 꿈꾸는 코치 고태현

모두가코치가되는세상 대표
한국코칭학회 상임이사
커리어컨설턴트협회 이사
한국코치협회 멘탈코칭연구회 전문위원

자기 발견 • 의식 확장 • 셀프 코치 • 코칭 대중화 • 스몰 미라클

"코칭의 대중화를 꿈꾸는 '모두가코치가되는세상'의 고태현 코치입니다".

In our Dreams, Everyone is a Coach!

**코칭이란** 코칭이란 고객의 내면에 셀프 코치Self Coach가 형성되어 독립적인 항해가 가능하도록 돕는 것입니다.

## 코치로서의 전문성

### 1 대중 코칭Public Coaching 프로그램 개발

'헤더스 코칭쇼'는 코칭을 아직 접해보지 못했거나 여러 이유로 코칭을 받기 어려운 분들을 위한 대중 코칭 프로그램입니다. 매달 꾸준히 참여하면 직접 코칭을 받는 것과 같은 효과를 누리고 셀프 코칭의 방법을 자연스럽게 익힐 수 있습니다. '헤더스 코칭쇼'는 하나의 주제에 대해 질문을 엮어내는 스토리텔링으로서 핵심 키워드를 가지고 꼬리에 꼬리를 무는 질문을 이어갑니다. 참가자들은 그룹 코칭의 역동 속에서 다른 사람들의 나눔을 통해 새로운 영감을 얻기도 합니다.

### 2 멘탈 코칭

급변하는 환경 속에서 개인, 조직, 사회는 다양한 도전과 기회에 직면하고 있습니다. 멘탈 코칭은 이러한 현대 사회에서 개인과 조직이 희망적이고 건강한 심리적 상태를 유지하며, 보다 의미있는 결과를 만들어내게 하는 중요한 역할을 합니다. 한국코치협회 멘탈코칭연구회 전문위원으로 프로 선수 멘탈 코칭, 멘탈 워크숍 진행 및 멘탈 코칭 연구 등 활발히 활동하고 있습니다.

### 3 스몰 미라클 코칭

효과적인 코칭은 고객의 삶에 '작은 기적'을 만들어낼 수 있도록 돕습니다. 스몰 미라클 코칭은 '작은 변화'가 '작은 성공'으로 이어지게 만드는 데서 시작됩니다. 작은 변화를 이루기 위해 현재 무엇에 집중해야 하는지 찾고 셀프 코칭을 통해 지속성을 높여야 합니다. 현재 자신의 삶을 재창조할 수 있는 공간을 만들어주는 저서 《스몰 미라클 코칭》으로 워크숍을 진행하고 있습니다.

**프로그램 개발 및 저서**

- 프로그램: 헤더스 코칭쇼 / 맨프레드 리더십론과 코칭 / 스몰 미라클 코칭 워크숍
- 《스몰 미라클 코칭: 작은 성공을 위한 첫 발걸음》(페스트북, 2023)
- 《영어학습을 위한 코칭: Workbook 형태의 새로운 코칭 안내서》(한국코칭수퍼비전아카데미, 2019)
- 《팀장의 끗: 차이를 만드는 리더의 7가지 도구》(공저, 파지트, 2023)
- 《리더십을 위한 코칭》(역서, 코쿱북스, 2017)
- 《쿼바디스: 팬데믹 시대, 죽음과 리더의 실존적 도전》(역서, 한국코칭수퍼비전아카데미, 2022)
- 《리더의 일상적 위협: 모래 늪에서 허우적거릴 때 살아남는 방법》(역서, 한국코칭수퍼비전아카데미, 2023)

모두가 코치가 되는 세상을 꿈꾸는 코치 고태현의

## ABC 코칭대화모델

### A 코치가 되어 본인 삶에서 무엇이 달라졌나요?

우리의 행동을 지배하는 보이지 않는 무의식의 중요성을 실감하게 되었습니다. 코칭 사례가 늘어날수록 표면으로 드러나는 행동과 발언의 이면에 자리 잡은 내면세계가 중요한 동인임을 확인하게 됩니다. 내면세계는 결국 자기탐색을 통해 발견하게 되기에 많은 경우 자기발견 코칭을 근간으로 코칭이 심도 있게 진행됩니다. 이로써 "모든 해답은 고객에게 있다"라는 코칭 철학을 항상 체험하고 있습니다.

### B 코치로서 달성한 비전은?

'모두가 코치가 되는 세상', 지금의 회사명이기도 한 이 비전은 더 많은 사람들이 코칭의 유용성을 경험해서 자신과 주변 사람들의 삶에 적용할 수 있기를 바라는 마음에서 시작되었습니다. 그리고 이 비전은 '헤더스 코칭쇼'와 '셀프 코칭을 위한 시간'을 통해 실현해가고 있습니다. '헤더스 코칭쇼'는 2012년 전문코치로서 활동하기 시작하면서부터 품은, "어떻게 하면 더 많은 사람이 코칭의 혜택을 받도록 도울 수 있을까?"라는 고민의 결과로서 만들어졌습니다. 2015년부터 시작한 '헤더스 코칭쇼'는 현재까지 50여 개가 넘는 주제를 다루었으며 지금도 계속 개발 중에 있습니다. '셀프 코칭을 위한 시간'은 하나의 격언에 대해서 던진 질문들에 스스로 답하면서 자신을 관찰하고 영감과 통찰을 얻는 프로그램으로 브런치스토리에서 연재하고 있습니다.

### C 코칭을 통해 깨닫게 된 것은?

'코칭은 코치를 성장시킨다'는 사실입니다. 코칭의 과정을 통해 고객은 성장과 발전을 하게 됩니다. 한편, 고객을 돕는 코치도 변화와 성장을 거듭합니다. 결국 코치는 좋은 질문을 하고 고객의 답을 경청하는 과정을 반복하면서 계속해서 성장할 수 있습니다. 날마다 성장할 수 있다는 것은 제가 코치로서 살아가게 하는 가장 큰 동기 요인입니다.

### plus 앞으로의 비전은?

모두가 코치가 되는 세상을 꿈꾸며, 사람을 세우는 일을 소명으로 알고, 넘어진 리더를 도와주는 일을 하는 것입니다. 그것은 내면의 셀프 코치가 강화되어 독립적 항해가 가능한 셀프 리더를 세우고, 그들이 코치형 리더로 삶을 살아갈 수 있도록 안내하는 가치 있는 여정이 될 것입니다.

## Coach's Powerful Coaching Question
## 꿈꾸는 코치 고태현의 파워풀 코칭퀘스천

1. 꾸준히 3주만 지속할 수 있다면, 생활의 개선을 가져올 수 있는 일상 속 작은 변화Small Change는 무엇인가요?

2. 삶의 작은 변화Small Change로 인해 당신이 달성할 수 있는 작은 성공Small Success은 무엇인가요?

3. 삶의 작은 변화와 작은 성공으로 당신이 이루고 싶은 삶의 작은 기적Small Miracle은 무엇입니까?

077

# 코어 코치 박선희

코어코칭랩 대표
서울가족학교 전문강사(2015~)
리더십, 세일즈, 커뮤니케이션 등
기업교육 강사(1994~)

탐 구 · 희 망 · 촉 진 · 친 교 · 통 찰

*"코칭이 날개가 될 수 있도록 고객의 코어를 만나는 코어 코치 박선희입니다."*

**코칭이란**

고객 내면의 현자를 찾아 함께 떠나는 여행이며 고객이 존재의 힘으로 살아갈 수 있도록 돕는 활동입니다.

## 코치로서의 전문성

### 1 서울가족학교 강사

서울시 가족학교 전문강사로 부모자녀 소통교육의 전문가

### 2 패밀리코칭 FT

아하 패밀리코칭 FT로서 코치를 양성하고 전문코치로 활동할 수 있도록 돕는 것에 탁월함

### 3 셀프 리더십 코칭

셀프 코칭으로 리더십을 발휘할 수 있도록 구조화하는 능력이 탁월한 전문가

**운영 중인 프로젝트**

- 코칭 구독 서비스 '라벨코Life Value Coaching' 운영 중 (코칭을 구독하세요!!)
- Connecting Coach Club(KAC 코치 자격 취득 이후를 고민하는 코치님들을 위한 학습 클럽) 운영 중
- 전자책 - 온라인에서 강의하기(온라인 강의 기획 및 운영방법), 크몽 판매 중

코어 코치 박선희의
## ABC 코칭대화모델

### A 코치가 되어 본인 삶에서 무엇이 달라졌나요?

내 문제를 스스로 해결해나갈 수 있는 힘이 내 안에 있음을 믿게 되었습니다. 그 믿음으로 나를 바라보는 시선이 우선 달라졌습니다. 타인과의 관계, 세상을 바라보는 시선이 달라졌습니다. 다르게 바라보니 다른 선택을 할 수 있게 되었고 다르게 행동할 수 있었습니다. 그래서 나와 사이가 좋아졌고 관계 안에서도 편안해졌으며 나 자체로 '잘 살아가는 길' 위에 있습니다.

### B 코치로서 달성한 비전은?

- 한국코치협회 인증코치KPC 자격 취득
- 한국코치협회 인증코치KPCC(크리스천 전문코치) 자격 취득 후 교인대상 코칭
- 아하 패밀리코칭 FT (KAC 코치 양성)
- 일반인 대상 코칭 구독서비스 론칭 (개인 전담 코치)
- 사회공헌 코칭으로 기여

### C 코칭을 통해 깨닫게 된 것은?

- 타인 이해: 나를 이해하는 만큼 타인에 대한 이해도가 높아짐
- 관계 증진: 사람들과의 관계에서 평화로움
- 존재 의식: 지금, 여기에 머물게 됨
- 성장 마인드셋: 머물러있지 않고 꾸준히 지속적으로 성장하는 마인드와 삶의 태도를 갖게 됨

### plus 앞으로의 비전은?

- KAC 코치 양성 (6개월 밀착 관리)
- 유료 코칭하는 코치 양성 (자격증 취득 후 유료 코칭을 할 수 있도록 동기부여하고 지원)
- 부모-자녀 관계 코칭 프로그램 개발

Coach's Powerful Coaching Question

## 코어 코치 박선희의 파워풀 코칭퀘스천

1 신이 나를 만들 때 나에게 준 달란트(재능)는 무엇인가요? 그 달란트를 가장 잘 사용한 때는 언제인가요? 그 달란트를 갖고 있는 나는 어떤 사람인가요?

2 당신 삶의 해피엔딩은 어떤 모습인가요? 무엇이 보이나요? 누구와 함께 있나요? 해피엔딩을 위해 지금 당장 다르게 행동하고 싶은 한 가지는 무엇인가요?

3 '진솔'이란, 거짓 없이 진실한 마음으로 자신과 타인을 대하는 것이라고 정의합니다(스트렝스5).

거짓 없이 진실한 마음으로 타인을 대한다는 것은 무엇을 보면 알 수 있나요?
거짓 없이 진실한 마음으로 나 자신을 대한다는 것은 무엇을 보면 알 수 있나요?

위 두 개의 질문에 답하며 어떤 마음과 생각이 드시나요?
당신은 누구에게 더 진솔한가요?

078

# 따스한 소통 코치 임은주

한국코치협회 인증 코치 KPC
한국코치협회 인증 크리스천코치 KPCC

안정감 · 긍정 · 통찰력 · 소통 · 공감

*"'인생을 모닝 커피처럼' 소중한 삶의 여정을 따스한 소통으로 함께하는 코치 임은주입니다."*

**코칭이란** 개인과 집단의 잠재력을 발견하고 개발하여 탁월하게 성장하도록 도움을 주는 역할이 코칭입니다. 코치는 고객과 믿음, 신뢰감을 바탕으로 창의적인 삶을 이루어가는 데 긍정과 기대의 에너지를 제공합니다.

## 코치로서의 전문성

비즈니스 경영 코칭 과정과 사회의 리더십을 키워나가고, 영성 코칭으로 영성의 회복과 성장을 돕는 전문 강사입니다.

### 1 VMCC 드러내기 경영 FT

4차 산업혁명 시대에 소통은 매우 중요합니다. 이를 위해 가치관, 목표, 비 가치관, 무질서, 업무, 역량, 마음, 감사, 지력, 성격 드러내기를 통해서 개인, 기업, 가정의 행복과 소통과 성장을 돕는 전문 강사로서 논리적이고 체계적인 과정을 제공합니다.

### 2 5R 코칭 리더십 FT

삶에서 원하는 목표와 꿈을 이루도록, 일과 삶의 변화와 성장을 이루기 위해 코칭의 핵심을 배우며, 자신의 존재가치를 실현하며 삶을 풍요롭고 행복하게 만들어가는 5R 리더십 강사로서 전문적이고 체계적인 교육 및 코칭을 제공합니다.

### 3 TCL 크리스천 코칭 FT

성경적 세계관을 기반으로 믿음, 소망, 사랑, 섬김, 세상의 빛과 소금의 핵심 가치를 통해 하나님이 기뻐하시는 온전한 그리스도인의 삶을 풍성하게 살아낼 수 있도록 돕는 크리스천 코칭 과정의 전문 강사입니다.

따스한 소통 코치 임은주의
## ABC 코칭대화모델

### A 코치가 되어 본인 삶에서 무엇이 달라졌나요?

코칭을 통해 "나로서 나답게 산다"는 그것은 무엇인가를 고민하게 되었습니다. 나 자신을 관찰하고 셀프코칭을 통해 객관화하는 작업을 하면서 좋아하는 것이 무엇인지, 무엇을 하고 싶은지를 찾아냈습니다. 또한 언어와 문화가 다른 이민자로 사는 삶의 시간 속에서 예전에는 위축된 모습이 있었지만, 코칭을 통해 깊게 나 자신을 만나가면서 타인을 이해하는 시선에도 변화가 생겼습니다. 이러한 과정을 통해 논리적으로 생각하고, 다양한 모습을 지닌 사람들을 이해하고자 심리학과, 상담 영역을 폭넓게 학습하고 있습니다.

### B 코치로서 달성한 비전은?

나답게!! 코치로서 정체성을 가지고 살아가며 이민 사회의 삶을 살아가는 사람들에게 좀 더 생기 있고 에너지 있게 살아가도록 돕는 역할로, 저의 변화와 성장이 이웃에게로 확장되는 감사의 경험을 소중하게 누리고 있습니다. 코칭을 통해 주어지는 시간의 선물을 곳곳에 나누어지는 경험을 더욱 풍성히 하기를 기대하고 있습니다.

### C 코칭을 통해 깨닫게 된 것은?

코칭을 통해서 삶을 온전하고 건강하게 살기 위해 자신만의 탁월성을 발휘해 변화와 성장을 가능하게 합니다. 더불어 이웃의 다양성을 인정하며 긍정적인 영향을 전할 수 있다고 믿습니다. 다양한 인생의 모습을 인정하면서 서로 조화롭게 살아갈 수 있는 모습을 기대하고 있습니다. 코칭을 통해 포용, 수용, 이해도를 넓혀 각양각색의 창의적인 삶의 모습이 확장될 것을 기대하게 됩니다.

### plus 앞으로의 비전은?

- 이민 사회 안에 신뢰와 존중감으로 safe zone 확대
- 코칭, 상담센터 운영으로 지역사회에 공헌
- 세대 간 소통을 위해 섬김

Coach's Powerful Coaching Question
## 따스한 소통 코치 임은주의 파워풀 코칭퀘스천

1. 나는 소중한 존재입니다. 자신의 깊은 마음의 소리에 귀를 기울여주세요.
내 마음에 어떻게 말을 걸어보겠어요?
내 마음이 무어라고 이야기를 하나요?
내 마음의 소리인지 어떻게 구별할 수 있나요?
지금 그대로의 나를 바라보니 어떤 느낌이 드나요?
지금 내게 무슨 말을 해주고 싶은가요?

2. 진정한 삶의 변화는 마음속에 자신만의 틀과 담을 허물어내는 지금, 여기에서부터입니다.
내 삶의 주인으로 살아가기 위해 허물어야 할 담벼락은 무엇인가요?
그 담벼락을 허물어내기 위한 당신의 장점은 무엇인가요?
허물어진 그곳에 무엇이 채워지면 좋을까요?
삶의 주인으로서 자신을 어떻게 응원하겠나요?

3. 코칭을 통해 마음과 생각의 근육이 성장한 나로서, 이바지할 영역이 많아질 것입니다. 그 에너지를 다른 사람들과 나누는 것은 행복감과 기쁨이 될 것입니다.
나의 에너지를 어디에 쓰고 싶으신가요?
그 집중하며 쏟아낼 에너지를 통해 기대하는 것은 무엇인가요?
그 에너지를 누군가에게 전하며 누리게 될 기쁨은 무엇일까요?
아낌없이 나누는 "나는 이런 사람이야"라고 표현하겠나요?

079

# 보건의료인과 보건의료조직의 가능성을 극대화하는 메디코치Medi Coach 김영숙

한국메디코칭센터 대표코치
한국의료코칭센터 대표코치
한양대학병원 간호사

공감 · 가능성 · 긍정 · 돌봄 · 통찰

*“코칭으로 보건의료인과 보건의료조직의 회복과 지속성장을 도와 건강한 의료생태계를 조성해가는 메디코치 김영숙입니다.”*

**코칭이란** 코칭은 존재의 존재다움을 회복하고 삶의 충만함을 영위할 수 있도록 도움을 주는 탁월한 도구로서, 고객의 내·외면의 통합을 이끌어내어 가능성과 잠재력을 극대화할 수 있도록 돕습니다. 코칭이 잘 일어나기 위해 코치는 현존하며, 코치다움을 유지하며 코칭역량을 지속적으로 강화하는 것이 필요합니다.

## 코치로서의 전문성

### 1 의료전문코치

간호사로 시작하여 외래수간호사, 서비스본부장, 행정본부장 경력의 의료경영학 석사로, 세브란스 외과국 조직 진단, 다수의 병원조직코칭 팀코칭, 의사코칭, 간호리더코칭, 상담코칭 등 다수의 코칭경력

### 2 코칭 프로그램 개발

간호사를 위한 코칭프로그램 최초 공동개발 및 한국코치협회 인증 획득, 보건의료인 대상 민간자격증 '메디코치(2020-005239, 주무부처: 보건복지부)' 등록 및 자격증 발급, 보건의료인을 위한 심리정서지원 챗봇 데이터 구축(2022)

### 3 코칭

기관 코치인증 심사위원으로 실질적인 코칭 훈련과 코칭수퍼비전을 통해 코칭윤리와 코칭역량을 기반으로 한 코칭전문가 육성

**프로그램 개발 및 저서**

- 〈SPARK 코칭〉 20시간, ACPK01179(한국의료코칭센터, 2020)
- 〈NICE 코칭〉 20시간, 한국메디코칭센터, 한국코치협회 기초프로그램 인증 진행 중
- 〈NICE-GAME 코칭〉 20시간, 한국메디코칭센터, 한국코치협회 심화프로그램 인증 진행 중
- 심리학박사 수료(코칭 전공) / 의료경영학 석사 / KPC / PCC / 간호사

**방송 출연**

- 네이버TV 〈당신브랜드 연구소〉 이지연의 브랜드쇼

보건의료인과 보건의료조직의 가능성을 극대화하는 메디코치 김영숙의

## ABC 코칭대화모델

### A 코치가 되어 본인 삶에서 무엇이 달라졌나요?

진정으로 나를 사랑하고 나의 가능성을 믿을 수 있게 되었습니다. 또한 사랑하는 사람들과 만나는 이들의 긍정정과 긍정적 의도를 기반으로 대화하며 관계를 맺다 보니 좀 더 자유롭고 편안하게 관계를 유지할 수 있게 되었어요. '해야 한다'는 강요의 말을 나와 타인에게 하던 것에서 '~하기로 선택한 것'을 존중할 수 있게 되었습니다. 나 자신과 더욱 깊이 연결되고, 가능성에 조급해하지 않되 담대하게 도전하며, 인간에 대한 깊은 이해와 연민을 코칭을 통해 배웠습니다.

### B 코치로서 달성한 비전은?

간호사에서 의료전문코치로 직업적 전환을 이루어낸, 대한민국 1호 메디코치입니다. 아픈 사람들을 간호하던 간호사에서 보건의료인과 보건의료조직의 가능성을 극대화하고 회복과 성장을 도와 건강한 의료생태계를 조성해가는 데 일조하고 있습니다. 대한민국 최초의 보건의료인을 위한 코치인증 프로그램을 공동 개발하였으며, 민간자격증인 '메디코치' 자격과정을 운영하고 있습니다. 보건의료인의 심리정서 지원을 위한 코칭챗봇 관련 데이터를 구축하였고, 나아가 보건의료인뿐 아니라 상담사, 교사, 사회복지사 등 돌봄 전문가들을 위한 프로그램 개발에도 힘쓰고 있습니다.

### C 코칭을 통해 깨닫게 된 것은?

인간은 모두 긍정성과 성장 가능성을 지니고 있으나 그것은 보고자 하지 않으면 잘 보이지 않습니다. 코칭을 하면서 현상 너머의 근원을 보게 되었습니다. 좌절하는 현상 너머엔 달성하고자 하는 간절한 욕구가 들어있고, 화내는 행동 속 공감과 이해받고자 하는 욕구가 있음을 알게 되었습니다. 다양한 표현 속 깊은 내면의 갈망과 욕구를 들여다보면서 나 자신과 좀 더 깊이 있게 연결되니, 인간에 대한 보다 폭넓은 이해를 하게 되었습니다. 머리로 이해하려 했던 모습에서 '그렇구나!, 그럴 수 있지, 그랬구나!'로, 가슴으로 편안하게 수용하는 모습으로 바뀌었습니다. 선택의 자유로움과 수용의 편안함, 도전의 즐거움, 소통의 연결과 연민으로 충만한 삶을 영위하게 된 것입니다.

### plus 앞으로의 비전은?

- 보건의료인의 회복과 성장을 통한 건강한 의료생태계 조성
- 나다움을 실현하는 충만한 삶 / 2025년 메디코치 100명 육성

Coach's Powerful Coaching Question

## 메디코치 김영숙의 파워풀 코칭퀘스천

1 *Awareness* 우리의 삶은 대체로 수많은 선택들과 그 결과로 이루어져 있습니다. 현재의 당신을 있게 한 선택은 무엇이었나요? 그리고 어떤 선택이 당신을 원하는 미래로 이끌어줄까요?

2 *Becoming* 스티븐 R. 코비는 '모든 것은 두 번 창조된다. 한 번은 정신적으로, 한 번은 물리적으로.'라고 하였습니다. 당신이 정신적으로 창조한 것 중 지금 물리적으로 창조하고 있는 것은 무엇입니까? 그것은 어떤 모습으로 되어 가고 있나요?

3 *Connection* 당신은 당신 자체로 온전한 사람입니다. 대추나무는 여린 싹을 늦게 틔우지만 가을에 튼실하고 달콤한 대추가 달릴 것을 알고 있듯이 말이지요. 현재의 당신의 모습과 원하는 당신의 모습에 모두 들어있는 강점은 무엇인가요?

080

## 만남 코치 박지영

전 삼성전자 LCD 사업부 전략마케팅팀
전 연세상담코칭지원센터 전문 코치
연세앙가주망 연구소 책임 연구원
연세오푸스심리상담센터 전문 상담사 및 코치

만 남 · 인 정 · 수 용 · 나 다 움 · 변 형

*"다양한 삶의 현장에서 모든 만남을 환대하고 깨어 있고 싶은 만남 코치 박지영입니다."*

**코칭이란** 코칭은 내 안의 도토리를 발견하고 함께 뿌리 내리고 싹 틔워 가는 변형의 과정입니다. 코칭을 통해 코치와 고객은 서로에게 응답하고 함께 변형되는 과정입니다.

## 코치로서의 전문성

### 1 소통

다양한 삶의 현장에서 폭넓은 삶의 경험을 가진 고객들과의 진정한 만남을 추구하며, 소통합니다.

### 2 공감

고객의 기쁨, 성취는 물론 슬픔과 수치심 등 고객의 감정을 따라가며 함께 공감합니다. 상담 경험을 통해 트라우마 경험도 장애물로서 고객의 변형의 과정에서 다루어져야 한다면 함께 공감하고 다룰 수 있습니다.

### 3 변형

코칭을 통해 고객의 생각, 정서, 행동이 변형되고 그 변형의 과정에서 함께 할 수 있습니다. 또한 변화를 이끌어내려고 하기보다는 Not-Knowing(알지 못함)의 자세를 가지고 함께 변형의 과정을 경험합니다.

**프로그램 개발 및 저서**

- 두발로 당당히! GROW-3R Coaching Program I(입문), ACPK01208
- 〈양육미혼모의 출산과 양육과정에서의 몸의 경험〉(연세대학교 상담코칭학 박사학위논문, 2023)
- 〈Karen Barad의 신유물론적 관점에서 본 ICF 핵심역량에 대한 탐구: 4세대 코칭을 위하 신유물론과의 만남〉(《코칭연구》 16(3), 2023)
- 〈코칭 수퍼비전 연구동향 탐색: 2016년~2020년 해외 영문 학술지를 중심으로〉(《EAP와 가족상담코칭연구》 5, 2021)
- 〈기독상담사들의 이슬람 난민 및 난민 돌봄에 관한 체험 연구: 연세대학교 상담코칭학과 난민연구 조원들을 대상으로〉(《연세상담코칭연구》 14, 2020)
- 〈직장을 가진 기혼 중년 여성의 개성화 과정: 융의 꿈 분석을 중심으로〉(《연세상담코칭연구》 10, 2018)

만남 코칭 박지영의
## ABC 코칭대화모델

### A 코치가 되어 본인 삶에서 무엇이 달라졌나요?

40대 초반에 코칭을 만나고 나서 나의 삶에는 많은 변화가 있었고, 아직도 변형되고 있는 과정입니다. 대기업에서 18년 동안 나는 경쟁적이고, 조급하고 외부에서 바라보는 눈으로 나를 재단하기 일쑤였습니다. 코칭을 만나고 나서는 내가 누구인지? 어떤 사람인지? 나는 왜 이런 생각을 하고 있는지? 등 다양한 질문을 스스로에게 할 수 있게 되었고 관계에 있어서도 소통하고 공감할 수 있게 되었습니다. 코칭을 하면서 특히 부모로서 아이에게 어떻게 응답하고 함께할 수 있을지를 배웠고, 바쁜 직장 생활로 구멍 나 있던 아이와의 관계도 촘촘히 채워나갈 수 있었습니다. 또한 코칭을 통해 내가 나를 만날 수 있었고 나로서 온전히 살아가기를 마음먹을 수 있었습니다.

### B 코치로서 달성한 비전은?

- 한국코치협회 인증코치KPC 자격 획득
- 연세대학교 상담코칭학과 석사·박사 졸업
- 다양한 코칭, 상담, 철학적 이론을 접목한 논문 작성
- 두발로 당당히! GROW-3R KAC 입문 교육 과정 개발(심사기관 등록 완료)
- 미혼모를 포함한 한부모 여성, 탈북 여성 등 사회 소외층 코칭 진행을 통한 삶의 범위와 경험을 풍부하게 함

### C 코칭을 통해 깨닫게 된 것은?

사람을 공감하고 이해하고 우리는 함께 살아가는 존재라는 것을 깨닫게 되었습니다. 코칭을 알기 전에는 성취와 목표 달성을 위해 끊임없이 달려왔던 인생이었습니다. 예전의 저는 눈가리개를 한 경주마와 같았습니다. 그러나 코칭을 통해 나와 나의 주변인, 고객, 학생 등 우리 모두가 함께 살아가는 존재라는 것을 깨달을 수 있었습니다. 함께 살아가고 함께 변화해 가는 삶의 즐거움을 알게 되었습니다.

### plus 앞으로의 비전은?

- 위기 속 소외 계층을 위한 코칭 저변 확대(미혼모, 위기 청소년 등)
- 통합과 화합을 위한 사회적 인식 변화를 주도하는 코칭 문화 확대
- 건강한 리더십을 위한 이론적·실제적 프로그램 제안(리더가 불안하면 조직이 다 불안하다!)

## Coach's Powerful Coaching Question
## 만남 코칭 박지영의 파워풀 코칭퀘스천

1. 우리는 모두 위기의 순간을 마주할 수 있으며, 그러한 위기의 순간에도 살아내기 위해 노력합니다. 그러나 위기에 놓여 있는 분들은 현실의 어려움과 주변의 낙인 또는 편견으로 의기소침할 수 있고 좌절할 수 있습니다. 이런 분들에게는 지금 현재의 난관을 이겨 나갈 수 있는 장기적인 비전이 필요합니다. 아무런 제약이 없다면 10년 후의 당신은 어디서 무엇을 하며 누구와 함께 하고 싶은가요?

2. 우리는 크던 작던 좌절의 경험도 성공의 경험도 모두 가지고 있습니다. 잊혀진 성공의 기쁨과 뿌듯함을 다시 상기할 필요도 있으며, 좌절로 힘들었던 나를 위로하고 지지해줄 필요도 있습니다. 따라서 성공의 순간의 나를 회상하며 그때의 느낌과 감정을 가지고, 인생의 좌절을 경험한 나에게 어떠한 위로를 해주고 싶은가요? 그리고 좌절했던 나에게 정말 필요한 말은 어떤 말이었을까요?

3. 직장은 가족들보다도 더 많은 시간을 함께 보내는 또 하나의 가족과 같은 조직입니다. 따라서 리더의 인품은 그 조직의 인품을 형성하고, 또한 한 회사의 인격도 형성합니다. 그만큼 한 리더의 파급력은 임직원 모두의 삶에 깊은 영향을 줍니다. 나르시시스틱Narcissistic하거나 폭력적인 리더의 갑질은 조직원들의 삶의 질을 급격히 떨어트릴 수 있습니다. 따라서 조직의 리더들이 자신의 모습을 돌아보고 통찰할 수 있는 능력은 매우 중요합니다. 조직의 리더들에게 자신의 분노를 돌아보고 알아차림을 촉진하기 위해, 최근 당신을 가장 화나게 했던 일은 무엇인가요? 그 분노의 감정(수치심의 감정, 모욕의 감정, 불안의 감정 등)에는 나의 어떤 바람이 포함되어 있는 걸까요?

# 081

# 개인의 커리어 강점으로 전직의 방향을 지원하는 커리어 채움 코치 강승연

(주)이음길HR 전직 지원사업본부 위원
(사)한국코치협회 KPC 정회원
전 서울시 일자리 정책 기획 사업본부
청년 일자리 센터 상담 매니저

공감 · 긍정 · 변화 · 용기 · 성장

*"긍정적인 에너지와 동기부여를 통해 일에서 성공, 사회적 기여, 개인 만족을 이끌 수 있는 진로를 선택할 수 있도록 지원하는 커리어 채움 코치 강승연입니다."*

**코칭이란** 코칭은 개인이나 팀이 자신들의 강점과 잠재력을 최대한 발휘하여 목표를 이룰 수 있도록 지원하는 과정입니다. 목표를 달성하기 위해 필요한 행동을 조직화하고 실행으로 옮길 수 있도록 피드백, 칭찬, 격려를 지원하는 것을 포함한 긍정적인 과정입니다.

## 코치로서의 전문성

### 1 기획력

고객의 다양한 니즈를 미리 예측하고 적절한 상담 및 생애설계 코칭을 통해 고객의 요구에 신속하게 대응합니다. 진단 결과 해석과 고객과의 커뮤니케이션 스킬을 기반으로 프로그램 설계 단계에서는 독특한 코칭 강점을 살려 고객에게 보다 나은 경험을 제공하는 프로그램 기획력을 가지고 있습니다.

### 2 코칭

한국코치협회 정회원 KPC로서 코치의 강점을 개발하고 훈련하는 전문가

### 3 조직 컨설팅

인적자원 '조직컨설팅' 전공으로 개인과 조직 성장을 위해 노력하는 전문가

**프로그램 개발 및 저서**

- 롯데그룹 임원 전직프로그램(2023. 5~2024. 4) 전직지원 & 생애설계 코칭 참여
- 한국 전력 기술 임직원 대상 미래설계스쿨 '정부지원제도' 강의 및 전직지원, 생애설계 코칭 참여(2023. 10~2023. 12)
- LGU+ 희망퇴직자 전직지원 프로그램 기획(2022. 9~2023. 5) 충청권 전담, 생애설계 코칭, 강의
- 서울시 청년일자리센터 전담 매니저로 청년 취업지원 상담 프로그램 참여

개인의 커리어 강점으로 전직의 방향을 지원하는 커리어 채움 코치 강승연의

## ABC 코칭대화모델

### A 코치가 되어 본인 삶에서 무엇이 달라졌나요?

코칭을 통해 달라진 것은 제가 하고 있는 일에 있어 소중한 보람과 가치를 느끼고, 커리어코칭 전문가로서 많은 사람을 도와 함께 성장해나가고 싶은 꿈이 생긴 것입니다. 고객과 직면한 진로 문제를 분석하고 진단하는 과정에서 이전에는 문제의 해결책만을 제시하는 데 중점을 두었지만, 이제는 고객 자신의 문제에 대한 해결책을 스스로 찾고 용기와 자기 효능감을 갖고 실행해 나아갈 수 있도록 지원하는 코칭 대화가 가능해졌습니다. 삶에서 긍정적인 변화를 이루어낼 수 있도록 지원하는 커리어 코칭 전문가로 성장해나가고 싶은 꿈을 갖게 된 것이 삶의 변화라고 할 수 있습니다.

### B 코치로서 달성한 비전은?

- 한국코치협회 인증코치KPC 자격 취득
- 대기업 및 중견·중소기업 임직원 전직 지원사업 참여와 생애설계 코칭
- 서울시 청년 일자리 센터 취업지원 매니저로서 이력서 & 면접 코칭
- 직업상담사 1급, 사회복지사 2급 국가기술자격 취득
- 생애설계코치, DISC, MBTI 전문 강사 취득

### C 코칭을 통해 깨닫게 된 것은?

- 자기 인식: 자아에 대한 깊은 통찰을 얻고, 강점과 개선점을 인식함
- 포용적 성장: 포용력을 갖추고 다양함과 인간다음을 존중하는 마음 자제
- 심리적 안정감: 당면한 문제를 해결하고 긍정적인 변화를 통한 안정감 유지
- 효과적 커뮤니케이션: 주변 환경과 더 효과적으로 소통을 할 수 있도록 하여 지속적으로 성장하게 함

### plus 앞으로의 비전은?

- 사회적 책임과 기여: 공익사업 참여 취업 취약계층 진로개발 및 진로 코칭
- 전직 지원 & 생애설계코칭 분야의 아이디어, 경험, 지식을 기반으로 글쓰기
- 〈전직지원 과정의 심리적 안정과 코칭이 주는 효과〉 주제 논문 발표

## Coach's Powerful Coaching Question
## 커리어 채움 코치 강승연의 파워풀 코칭퀘스천

1 시간을 잘 활용하는 것도 중요하지만 자신의 시간을 온전히 몰입하여 밀도 있는 시간을 만들어나가는 것이 중요합니다. 당신에게 그런 의미의 시간을 부여한다면 온전하게 시간과 일체가 되어 몰입할 수 있는 주제는 무엇인가요?

2 특정한 행동을 수행함으로써 얻어지는 성과에 대한 개인적인 평가를 '결과기대'라고 말하는데, 당신에게 그러한 결과기대를 가져올 수 있도록 행동을 수행하는 데 동기를 주는 에너지원이 있다면 무엇인가요?

3 상대방의 감정과 관점을 이해하며 협력적인 해결책을 찾기 위해 갈등해소는 조직생활을 하는 데 있어 매우 중요합니다. 이 문제를 해결하는 데 상대방의 감정을 이해하는 당신만의 방법은 무엇인가요?

082

# 월요일 출근길이 기다려지는 조직이 되도록 돕는 리더십 코치 김대형

소통과 연결 코칭연구소 대표(since 2009)
(사)한국코치협회 코치인증심사위원, 최연소 임원
한국산업기술대학교 겸임교수
칼빈대 대우교수

리더십 개발 · 성과 향상 · 조직체질 개선 · TGIM 프로젝트

"행복한 성공의 비결을 함께 나누는 힘이 되는 리더십코치 김대형입니다."

TGIM Thanks God It's Monday 프로젝트: 월요일 출근이 기다려지는 회사 만들기

**코칭이란** 평범한 사람이 비범한 성과를 낼 수 있도록 돕는 방법이 코칭입니다.

## 코치로서의 전문성

1. 2,400시간이 넘는 코칭 시간을 통해 현장의 다양한 경험
2. 중소기업 현장에서 코칭을 통한 성과를 다룬 사례집 《HR 비즈니스 코칭》이 2023 한국코치협회 올해의 코치도서 우수상 수상
3. MBTI 전문가로 170회가 넘는 워크숍 진행

**코칭철학 - 사생결단**

사 - 사랑받는다고 느낄 때 변화한다(관계구축)

생 - 생각이 바뀌면 행동이 바뀐다(의식확장)

결 - 결과에 영향을 주는 킹핀을 찾는다(후원환경)

단 - 단계적 효과를 낼 수 있는 작은 실천하기(실행촉진)

**프로그램 개발 및 저서**

– 《에이플러스: 변화와 성장을 위한 5가지 열쇠》(더로드, 2016)

– 《경쟁력 확보를 위한 HR 비즈니스 코칭》(공저, 더로드, 2022)

월요일 출근길이 기다려지는 조직이 되도록 돕는 리더십 코치 김대형의
## ABC 코칭대화모델

### A 코치로서 꾸준히 해오고 있는 것이 있다면 무엇인가요?

하루에 감사한 것 5가지를 꾸준히 적고 있습니다. 얼마 전 계산해 보니 4,000일을 넘었습니다. 10년 넘게 해오고 있습니다. 건강하려면 운동만큼이나 멘탈관리가 중요한데 멘탈관리에 가장 좋은 가성비 좋은 방법이 감사일기를 적어보는 겁니다. 코칭하면 고객들에게도 적극적으로 권합니다. 하루를 돌아보는 반성의 시간도 되고 자기 성찰을 통해 긍정적 에너지를 얻으며 하루를 마무리할 수 있습니다.

### B 코치로서 달성한 비전은?

두 가지가 떠오르는데요. 첫 번째는 저는 제가 만나는 고객들이 조직을 책임지는 리더로 성장하길 바라고 코칭합니다. 몇 해 전에 고위 공무원 코칭에서 만난 분이 청문회를 통과해 본인이 속해 있는 조직의 장이 되었습니다. 당시 S기업 임원후보들을 코칭하는 프로젝트에 참여할 때였는데 그분들에게도 여러분 중에 조직을 책임지는 리더가 나올 것을 기대한다고 말했습니다. 두 번째는 100명의 KSC 배출을 돕고자 하는 마음이 있는데 매주 일요일 오전에 코칭 실습하고 피드백 하는 BBCBecoming Better Coach 모임을 2018년부터 꾸준히 해오고 있습니다. 그 모임을 통해 지금까지 21명의 KSC가 배출되었습니다. 최근 9차수에 걸쳐서 1명 이상의 합격자가 매번 나오고 있습니다.

### C 코칭을 통해 깨닫게 된 것은?

세상에 문제 없는 사람은 없다는 겁니다. 기업의 대표님도 말 못 할 고민들이 있고, 팀장들도 가지고 있는 문제가 많이 있습니다. 문제 해결 가능성이 높은 쪽이 어느 쪽인지 생각해보고 가능성이 높은 선택을 하는 것이 중요합니다. 또 모든 일에는 빛과 그림자가 있습니다. 양쪽 면을 균형 있게 바라보면서 성장을 하는 것이 중요합니다.

### plus 앞으로의 비전은?

앞으로의 비전은 비즈니스 코칭의 대중화에 기여하는 코치가 되는 겁니다. 100억 이상 매출하는 회사에 1명의 코치가 활동하는 '1 Company, 1 Coach' 시대가 오도록 현장에서 코칭을 통한 성과 창출을 돕는 것입니다. '세상을 바꾸는 건 기업이고 기업을 바꾸는 건 리더다'는 신념으로 리더들의 변화와 성장을 도와 대한민국이 1인당 국민소득 5만 불이 되는 그날까지 강의와 코칭으로 기여하겠습니다.

## Coach's Powerful Coaching Question
## 리더십 코치 김대형의 파워풀 코칭퀘스천

1. 나는 무엇을 잘해야 하는 사람인가요?

2. 어떻게 고객에게 가치를 더할 것인가요?

3. 어떻게 어제의 나와 다르게, 남과 다르게 할 것인가요?

083

# 강점, 성장마인드를 발휘할 수 있도록 돕는 Growth 코치 박소영

그렙 사업전략 팀장
채용/면접 컨설팅 및 진로코칭 전문가
코칭프렌즈 이사 / 사회공헌코치
한국코치협회 인증코치(KPC)

사 랑 · 성 장 · 균 형

*"개인과 조직의 강점, 성장 마인드를 끌어내어 몰입과 성과를 높일 수 있도록 도와주는 Growth 코치 박소영입니다."*

**코칭이란** 유연한 태도로 다양함과 다름을 포용하고, 성장 마인드를 가지고 배우고 성장하는 내 자신이 되는 것. 더불어 함께 성장하기 위해 성장마인드과 유연함의 기술을 널리 알리는 코치가 되는 것입니다.

## 코치로서의 전문성

### 1 HR 전문가

15년 이상 HR산업에서 근무하며 사업기획/전략을 담당

### 2 진로코칭/컨설팅 전문가

대학생, 취업준비생을 대상으로 진로/취업 프로그램 개발 및 진로코칭, 취업 컨설팅 및 강의 진행

### 3 조직몰입 & 리더십 코칭

중견기업, 스타트업에서의 리더십 경험을 토대로 동기부여, 조직몰입을 위한 리더십 코칭 및 워크숍 진행

**프로그램 개발 및 저서**

- 《당신만을 위한 100개의 질문》(공저, 북코리아, 2021)

**강연**

- 제17차 세상을 바꾸는 코칭(세바코), 무한한 가능성을 얻는 성장 마인드셋

## 강점, 성장마인드를 발휘할 수 있도록 돕는 Growth 코치 박소영의
# ABC 코칭대화모델

### A 코치가 되어 본인 삶에서 무엇이 달라졌나요?

코칭은 안전지대를 벗어나 제가 진정 원하던 삶으로 나아갈 수 있게 도와준 제 인생의 가장 소중한 협력자입니다. "Nobody's wrong" 모든 사람은 문제를 해결할 수 있는 잠재력이 있다는 것을 온전히 받아들이는 과정을 통해 스스로가 가지고 있던 불안함, 갈망을 인지하고 성장할 수 있었으며 이는 삶에 더 많은 의미와 만족감을 가져다주었습니다. 저는 인생을 더 나은 방향으로 이끌고 싶다면 '코칭'을 배워보라고 주변 사람들에게 권유합니다. 코칭은 삶의 균형을 유지하게 해주는 가장 효과적인 도구이며 '코칭'을 통해 나와 진정성 있게 마주하는 것만으로도 삶의 변화가 시작된다고 믿습니다.

### B 코치로서 달성한 비전은?

- 코칭퀘스천 클래스 캡틴코치
- 아이지엘코칭그룹 파트너코치, IGL 창의적코칭과정 FT
- Birkman Preview Debriefer
- 한국코치협회 인증코치KPC 자격 취득
- 《당신만을 위한 100개의 질문》 책 출간
- 코칭 석사학위 취득(국민대학교 MBA코칭 & 리더십 전공)

### C 코칭을 통해 깨닫게 된 것은?

그동안 조직에 근무하며 조직원들의 성장, 몰입을 돕고 조직의 성과를 높이는 비전을 가지고 조직 안에서의 코칭을 실천해왔습니다. 2020년 아이를 만나고 부모로의 삶을 살다 보니 양육자의 건강한 마음, 태도가 아이들의 잠재력을 키워주고 나아가 이로운 사회를 만들 수 있다는 생각에 부모코칭에 대한 중요성을 느끼게 되었습니다. 앞으로 우리 아이들이 살아갈 세상을 위해 코칭을 모든 사람들에게 널리 알리고 싶다는 비전과 목표가 생겼으며, 코칭서비스의 저변 확대를 통해 더 많은 사람들이 자신이 가지고 있는 내면의 잠재력과 강점을 인식하고 긍정적인 변화화 성장을 경험할수 있도록 돕고 싶습니다.

### plus 앞으로의 비전은?

- 조직몰입을 위한 코칭 방법론 연구 및 저서 출간
- 코칭의 저변 확대를 위한 온라인 코칭서비스 출시/부모코칭 프로그램 개발

## Coach's Powerful Coaching Question
## Growth 코치 박소영의 파워풀 코칭퀘스천

1. (눈을 감고 잠시 명상해보세요.) 당신은 끊임없이 성장해왔으며, 원하는 모습으로 더 성장할 수 있는 잠재력을 가지고 있습니다. 당신에게 아무런 제약도(시간, 환경 등) 없다면 원하는 삶을 위해 꼭 해보고(이루고) 싶은 것은 무엇인가요?

2. 안전지대는 당신을 보호해주기도 하지만, 때로는 장애물이 되기도 합니다. 당신이 앞으로 이루고 싶은 담대한 도전과, 성장에 방해가 되는 안전지대는 무엇인가요? (습관, 감정)

3. 안전지대를 벗어나 앞으로 나아가기 위해서는 무엇이 필요할까요? 당장 실행에 옮길 수 있는 행동, 도움을 줄 수 있는 기회나 협력자(지원자)를 생각해보세요.

# 084
# 커리어코치 윤영돈

윤코치연구소 소장
커리어코치협회 부회장
인사혁신처 정책자문위원

한 결 같 음 · 인 내 심 · 탁 월 성

*"채용·취업 분야 커리어코치 윤영돈입니다."*

**코칭이란** 코칭은 내면의 관점을 바꾸는 것입니다.

## 코치로서의 전문성

1. 세계적인 채용 트렌드를 안내하는 채용코치
2. 면접관 양성을 오랜 시간 해왔던 면접코치
3. 취업이나 이직을 도와주는 커리어코치

**프로그램 개발 및 저서**

- 커리어코치 1급(민간자격증) 발급 기관 윤코치연구소
- 본하트 카드 세트 개발자(리멤버카드, 소질카드, 역량카드, 정서카드, 질문스토리카드, 모자이크카드 등), 면접STAR카드, 에니어그램코칭카드, 27가지본능유형카드 등
- 《채용트렌드 2024》(비전코리아, 2023), 《채용트렌드 2023》(비전코리아, 2022), 《채용트렌드 2022》(비전코리아, 2021), 《채용트렌드 2021》(비전코리아, 2020), 《채용트렌드 2020》(비전코리아, 2019)
- 《한국형 커리어코칭을 말한다》(북코리아, 2020)
- 《독습, 책을 지적 자본으로 바꾸는 10가지 습관》(예문, 2019)
- 《NCS 기반 블라인드 채용 자소서&면접마스터》(비전코리아, 2018)
- 《남을 것인가? 떠날 것인가? 터닝시프트》(이새, 2018)
- 《아직도 글쓰기가 어려운가? 공식대로만 쓰면 된다! 글쓰기 신공 5W4H1T》(경향미디어, 2017)
- 《1PAGE로 설득하라! 보고서 마스터》(가디언, 2017)
- 《상대의 마음을 훔쳐라! 기획서 마스터》(새로운 제안, 2015)
- 《한번에 OK 사인받는 기획서 제안서 쓰기》(랜덤하우스, 2008)
- 《자연스럽게 Yes를 끌어내는 창의적 프레젠테이션》(뜨인돌, 2005)
- 《30대, 당신의 로드맵을 그려라》(매일경제신문사, 2004)
- 《자기소개서 작성법 특강》(양서원, 2003)

커리어코치 윤영돈의
## ABC 코칭대화모델

### A 코치가 되어 본인 삶에서 무엇이 달라졌나요?

가장 바뀐 것은 '자기효능감'을 갖게 되었다는 것입니다. 제가 하는 일에 대해서도 의미를 찾기 어려운 시기에 멘토코치를 뵙고 큰 뜻을 갖게 되었습니다. 주변의 눈치를 많이 보면서 도전적인 삶보다 안정적인 삶을 추구했던 것입니다. 호기심을 갖고 새로운 것을 배우고 나누는 삶을 살게 되었습니다.

### B 코치로서 달성한 비전은?

지혜의 탄생 산파의 역할을 하고 있습니다. 《한국형 커리어코칭을 말한다》(북코리아, 2020), 《한국형 정서코칭을 말한다》(북코리아, 2020), 《한국형 리더십코칭을 말한다》(북코리아, 2020) 등 어느덧 20권 이상의 책을 내고, 1년 200일 강의나 코칭을 하는 바쁜 삶을 살고 있습니다. 《채용트렌드 2024》, 《채용트렌드 2023》, 《채용트렌드 2022》, 《채용트렌드 2021》, 《채용트렌드 2020》 등 채용트렌드 시리즈는 5년째 내고 있습니다.

### C 코칭을 통해 깨닫게 된 것은?

코칭은 스스로 관점을 바꾸는 리프레밍Reframing 과정입니다. "인생의 절반이나 지냈구나!"보다 "이제 인생의 절반을 어떻게 살 것인가?" 사람마다 다르게 바라보게 됩니다. 코칭을 통해서 자발성을 깨닫게 됩니다. 푸시Push보다 풀Pull이 되어야 합니다. 코칭을 통해 깨닫게 된 것입니다.

### plus 앞으로의 비전은?

- 자신의 길을 탐색할 수 있는 커리어코치로서 대한민국과 인류에 기여한다.
- 존재 자체로 빛나는 목적 중심 커리어코칭 프로그램을 개발한다.
- 강점역량을 가진 존재로서 나답게 빛과 그림자를 함께 살아간다.

## Coach's Powerful Coaching Question
## 커리어코치 윤영돈의 파워풀 코칭퀘스천

1 당신은 어떤 사람으로 기억되고 싶나요?
당신은 세상과 어떻게 상호작용하고 있나요?
당신의 가치를 어떻게 전달하고 싶나요?

2 가장 좋아하는 일은 무엇인가요?
가장 잘하는 일은 무엇인가요?
가장 몰입하는 일은 무엇인가요?

3 당신의 인생에서 가장 행복했던 때는 언제인가요?
가장 어두웠던 때는 언제인가요?
그것을 어떻게 극복했나요?

# 085

# 코칭학의 선구자 라이프코치 유충열

안양대학교/개신대학원대학교 코칭학교수
토마스레너드 코칭교육원 원장
유충열 라이프코칭연구소 대표

신 뢰 · 존 중 · 상 대 중 심 · 자 발 성 촉 진 · 미 래 긍 정

*“사람들로 하여금 인생의 목적을 찾아주고 이전과는 다른 멋진 삶을 살아가도록 돕는 라이프코치 유충열입니다.”*

**코칭이란** 코칭이란 상대중심으로 자기존재 가치를 스스로 인식하게 하고, 미래긍정 관점으로 가능성을 확장하고, 자발성을 촉진함으로 자각과 책임을 불러일으키고 위대함을 끌어내어 고객만의 미래를 창조하는 새로운 패러다임입니다.

## 코치로서의 전문성

### 1 코칭학 교수

미국 Regent University 대학원 코칭 리더십 박사로서 한국에서 처음으로 코칭학 석·박사과정을 개설하여 코칭 전문가를 양성

### 2 라이프코칭 전문가

미국에 있는 The institute for Life Coach Traning 130시간을 이수하고 ICF Professional Certified Coach 자격을 취득하여 유충열 라이프코칭연구소를 통해 라이프 코치로 활동하며, 라이프코치를 양성

### 3 토마스 레너드코칭 전문가

현대 코칭의 아버지인 토마스 레너드 코칭을 연구하고, 가르치고 훈련하여 코칭을 탁월하게 할 수 있는 마스터 코치를 양성

**프로그램 개발 및 저서**

- 〈라이프코치아카데미〉 한국코치협회 자격 유지 보수 교육 32시간(유충열라이프코칭연구소, 2017)
- 《인생 설계 코치 민간 자격증 개발》 한국직업능력개발원 2019-00547호
- 《인생 목적 코칭 워크북 및 코칭가이드 개발》(유충열라이프코칭연구소, 2017)
- 《인생 설계 코칭 워크북 및 코칭가이드 개발》(유충열라이프코칭연구소, 2019)
- 《크리스천코칭 입문》(개신대학원대학교, 2015)
- 《아주 놀라운 이야기: 인도자용》(스토리텔링코칭시리즈 1, 크리스천리더, 2015)
- 《아주 놀라운 이야기: 학습자용》(스토리텔링코칭시리즈 2, 크리스천리더, 2015)
- 《전문코치를 위한 ICF 8가지 코칭핵심역량》(공저, 도서출판 신정, 2021)
- 《토마스레너드의 프로페셔널 코칭》(토마스레너드코칭교육원, 2023)
- 〈코칭의 미래 발전 방향을 위한 토마스레너드의 코칭에 대한 탐색적 연구〉(《코칭연구》 14(1), 2021)

코칭학의 선구자 라이프코치 유충열의
## 아가페 코칭대화모델

### A 코치가 되어 본인 삶에서 무엇이 달라졌나요?

미국 Regent University 대학원 박사과정을 하면서 코치 훈련 과정 3개의 트랙을 이수하게 되었는데 그 가운데 Lifefocus 트랙을 통해 내가 왜 이 땅에 태어났는지 알게 되었고 가슴 뛰게 하고 나에게 영감을 주는 인생의 목적을 발견할 수 있었습니다. 그리고 나의 인생 목적을 구체화할 수 있는 인생 설계도를 만들어 살면서 행복하고 의미 있고 가치 있는 삶을 살게 되었습니다. 그로 인해 이러한 삶을 가능하게 하는 라이프코치를 한국에서 21세기 신직업으로 자리 매김을 하여야 한다는 비전을 가지게 되었고, 한국에서 처음으로 코칭학 석·박사과정을 개설하여 코칭 전문가를 양성하게 된 것입니다.

### B 코치로서 달성한 비전은?

- 미국 Regent University 대학원 코칭리더십 박사학위 취득
- Regent University TLC Christian Leadershp Coach, Coach Trainer 자격 취득
- ICF Professional Certified Coach 자격 취득
- 한국코치협회 명예 KPC 자격 취득
- 한국 최초 개신대학원대학교 코칭학 석·박사과정 개설 7명의 코칭학 박사 배출
- 안양대학교 경영행정대학원 코칭학 전공 과정 개설
- 《토마스 레너드의 프로페셔널 코칭》 책 출간
- 한국코치협회 2019년 올해의 코치상 수상

### C 코칭을 통해 깨닫게 된 것은?

현대 코칭의 아버지인 토마스 레너드의 코칭을 배우면서 코칭의 신세계를 경험했습니다. 코칭은 새로운 패러다임으로 What, How가 아니라 Who에 초점을 맞춥니다. 코칭은 내가 얼마나 가치 있는 존재인지 스스로 인식하게 하는 최고의 기술이라 할 수 있습니다. 프로페셔널 코치를 만나 코칭을 받으면 내가 얼마나 위대한 사람인지 스스로 인식하게 되고 자기를 좋아하고 자기를 기뻐하고, 즐기게 됩니다.

### plus 앞으로의 비전은?

앞으로의 비전은 가슴을 뛰게 하는 인생 설계도를 가질 수 있도록 500~1,000명의 인생 설계코치를 양성하는 것입니다.

## Coach's Powerful Coaching Question
## 라이프코치 유충열의 파워풀 코칭퀘스천

1 코칭을 시작함에 있어서 첫 번째 질문은 매우 중요합니다. 코치가 고객에게 던지는 첫 번째 질문은 코칭 대화가 목적이 있는 전문적인 대화라는 것을 암시해야 합니다. 다음의 질문은 내가 사용하는 강력한 오프닝 질문의 예입니다.

"우리가 함께하는 이 시간에 무엇에 초점을 맞추어 대화를 하면 당신에게 중요하고 가치를 가져다주고 당신의 삶을 달라지게 할 수 있을까요?"

2 고객의 첫 이야기를 들은 후 던지는 첫 번째 질문은 전체 코칭 대화에서 가장 중요한 질문이 될 수 있습니다. 고객의 존재와 행동을 분리시키는 질문을 해야 합니다. 이러한 질문은 고객이 누구인지에 대한 것이며, 대화를 진전시키고, 문제의 밑바닥에 있는 원인을 탐색하는 데 유용한 단서를 포착하게 합니다. 이 질문이 대화의 깊이를 결정하게 됩니다. 다음의 질문은 내가 사용하는 질문의 예입니다.

"당신은 ~을 고민하고 있는 것 같습니다. 이 결정을 내리는 데 무엇이 도움이 될 수 있을까요?" 또는 "지금 이 시점에서 ~을 해결하는 데 어떤 점이 중요할까요?" 또는 지금 이 시점에서 ~을 해결하는 것이 당신에게 왜 중요한가요?

3 코칭은 기분 좋게 하는 대화가 아니라 생각을 도발하는 대화입니다. 이러한 대화를 하려면 명백하고 뻔한 질문을 해야 합니다. 도발하는 질문을 통해 고객의 문제의 증상과 긴급성에서 진리를 발견하도록 지원해야 합니다. 다음은 내가 사용하는 도발적 질문의 예입니다.

당신의 말을 들으면서 당신은 매우 책임감이 강한 사람이라는 생각이 들었어요. 그런데 당신이 덫에 걸려 아무 대안이 없다고 느끼니 ~이 왜 지금 당신에게 문제가 되는지 궁금해지는데요?

086

# 가치를 발견하는 코치 정승연

IT 스타트업/
팀코치 사내 코치 및 인사 디렉터
대학 로봇공학 연구실 근무
수학 전공 및 관련 업무

진 정 성 · 열 정 · 실 행 력

*"코칭을 통해 자신이 가지고 있는 내면의 빛을 보게 되었고 각자 가지고 있는 그 내면의 빛을 알게 하도록 돕는 코치 정승연입니다."*

**코칭이란** 코칭이란 자신만의 방식과 속도로 진정한 가치를 찾아 누리는 삶을 살도록 돕는 것입니다.

## 코치로서의 전문성

1. 강점코치, 팀코치, 사내코치, 비폭력대화, 애착, 죽음학 등
2. 성공하는 사람들의 7가지 습관 FT
3. MBTI 글로벌 자격증
4. KPC 인증 심사위원

**주요 코칭 교육 수료 내용**

- 연세대학교 고위자코칭 과정
- 인터널코칭, 비즈니스 코칭, 마음 코칭(블루밍연구소)
- 미국 갤럽 강점 인증 프로그램(갤럽 코치 양성 과정)
- CEPCore Essential Program
- Executive Coach Society5S
- NLPNeuro-Linguistic Programming
- MBTI 글로벌 전문가 과정
- 에니어그램기초과정
- 비폭력대화, 연결의 대화
- 코칭 MBA
- 코치 감수성 훈련
- Koo 퍼실리테이션
- 7Habits(성공하는 사람들의 일곱가지 습관) FT 과정
- 두란노상담학교 2년 과정

가치를 발견하는 코치 정승연의
## ABC 코칭대화모델

### A 코치가 되어 본인 삶에서 무엇이 달라졌나요?

전업맘으로 8년을 살고 사회에 나온 후에는, 내 삶이 한없이 초라하게 느껴지는 시간을 겪었습니다. 코칭을 배우며 다른 사람의 삶과 비교하기보다 나의 인생 그림을 만들어 가는 것에 집중하며 나 스스로를 믿어주는 사람이 되어가고 있습니다. 그러다 보니 내가 에너지가 많은 사람이라는 것을 알게 되었습니다. 그리고 남편 및 사춘기를 겪고 있는 아이들과의 관계가 좋아져 지금 나의 핵심 자원은 내가 뭘하든 지지해주는 가족입니다. 사람들의 감정 및 욕구를 볼 수 있는 눈이 생겨 판단하기에 앞서 그 사람의 진정한 모습을 보게 되었습니다. 그래서 "아이들은 엄마가 코치라서 너무 다행이야"라고 말합니다. 그리고 조직의 인사업무에서 사내에서 고민이 생기거나 이직의 고민이 생기면 사람들은 먼저 나를 찾아옵니다. 누구나에게 안전한 사람, 코치가 되어서 달라진 부분입니다.

### B 코치로서 달성한 비전은?

내 안에 가능성을 발견하고 나 자신의 방향성과 나의 속도를 찾아가는 사람이며 서로 지지해주는 가족 관계를 갖게 되었습니다. 주위 사람들에게 안전한 사람이 되었습니다. 원하는 바를 이루어내는 힘을 가져서 아이를 키우며 직장을 다니며 KPC, 강점코치, MBTI 자격증을 땄고 성공하는 사람들의 7가지 습관을 필요한 곳마다 가르치며 삶으로 살아내려고 애쓰고 있습니다. 애착 관련 프로그램을 개발해 리더들이 자신을 인식하고 건강하게 관계 맺으며 리더쉽을 발휘하여 건강하고 행복한 조직을 만들도록 돕고 있습니다.

### C 코칭을 통해 깨닫게 된 것은?

사람들은 모두가 자기의 가치가 있고 자기만의 색깔, 자기만의 속도, 자기만의 방식이 있습니다. 타인의 강점과 나의 단점을 비교하는 것이 아니라 내가 가진 것으로 충분히 빛날 수 있고 자기만의 삶의 그림이 각자에게 있고 이루어갈 힘이 있습니다.

### plus 앞으로의 비전은?

- 자신과 연결되어 자신의 가치를 찾고 가족과의 관계가 회복되며 자신의 가슴 뛰는 일에서 성과를 내고 서로 협력하여 건강한 사회를 함께 만들도록 돕는다.
- 사회적 약자와 사회적 약자를 도울 수 있는 리더들을 돕는다.

## Coach's Powerful Coaching Question
## 가치를 발견하는 코치 정승연의 파워풀 코칭퀘스천

1. 삶이 3개월 남았다면 그 3개월 동안 무엇을 하고 싶은가요?

2. 자신이 가장 중요하게 생각하는 가치는 무엇인가요?

3. 중요한 가치를 이루기 위해서 삶에서 줄여야(제거해야) 하는 부분은 무엇인가요?

087

# 용기부여 코치 오은경

케이코칭컴퍼니 대표
(사)한국코치협회 인증심사위원
(사)한국코치협회 KSC 코치

긍정 · 공감 · 진정성

*"잠재 능력이 결과가 될 때까지 끝까지 함께 하는 용기부여 코치 오은경입니다."*

**코칭이란** 라이프코칭이란, 자신의 긍정적 의도를 자각하고, 그 너머 잠재자원을 발견해 확장된 자아로 재통합함으로써 변화와 성장을 지원하는 대화 프로세스입니다.

## 코치로서의 전문성

1. 25년차 개인사업가
2. 40대 제2의 커리어로 경력 전환
3. 사업가 멘탈코치

**프로그램 개발 및 저서**

- 코칭엔 어드밴스드 라이프코칭 40시간, ACPK01249(2023)
- 《청소년을 위한 질문 수업》(공저, 벗나래, 2021)
- 〈A Study on Effect of Coaching Program by Reading on Academic Achievement for Youth: Attitudes towards Reading and Learding Motivation〉(캐나다 크리스천 칼리지 대학교 상담심리학 박사학위논문, 2020)

용기부여 코치 오은경의

## ABC 코칭대화모델

### A 코치가 되어 본인 삶에서 무엇이 달라졌나요?

코칭을 통해 내면을 들을 수 있는 힘이 생겨 단단해진 점이 가장 큰 혜택입니다. 저는 25년간 개인사업가로, 10년간 학원장으로 앞만 보며 달렸습니다. 어느 날, 모든 게 의미가 없어지고 무력감과 허망감이 엄습했을 때 코칭을 만났습니다. 코칭을 받으면서 있는 그대로 존중받으며 온전히 내 안으로 들어가는 경험은 태어나 처음 느껴보는 존중감이었습니다. 이후 코치가 되는 과정에서 내 감정을 있는 그대로 수용할 수 있게 되고, 일상에서 건강한 목표를 세우고 결과에 책임지는 삶, 타인의 이야기를 해석이나 판단 없이 있는 그대로 듣는 훈련은 더 나은 사람으로 성장하고 싶은 제 욕구를 그대로 펼치며 사는 자유로운 삶이었습니다. 코칭을 통해 내면과 외면이 온전히 자유로운 삶을 누릴 수 있게 되었습니다.

### B 코치로서 달성한 비전은?

- 제2의 커리어로 전환 달성: 전문코치로 활동
- (사)한국코치협회 인증코치KSC 취득
- (사)한국코치협회 인증심사위원 자격
- 《청소년을 위한 질문 수업》 공저
- 박사학위 취득
- 코치인증 프로그램 개발

### C 코칭을 통해 깨닫게 된 것은?

- 자기 이해: 내면을 경청하며 자신과 관계를 회복하게 됨
- 관계 개선: 섣부른 판단이나 편견을 알아차리고, 상대방 입장에서 들으면 상대의 긍정적 의도를 찾으며 대화하려는 노력이 소통을 원활하게 도와주며 관계에서 스트레스가 현저히 줄어듦
- 목표 달성: 자기 이해를 기반으로 방향성을 정하고 그 방향에 따라 목표를 정하고 현실적인 실행 계획과 실천을 통해 구체적인 성장 경험
- 자신감, 열정, 용기와 도전 정신, 긍정적인 마음의 생활화

### plus 앞으로의 비전은?

- 1만 코치와 100만 고객을 연결하는 플랫폼 역할
- 암환우 가족 코치 양성 / 자녀진로코치 전문가 양성

## Coach's Powerful Coaching Question
## 용기부여 코치 오은경의 파워풀 코칭퀘스천

1. 힘든 시기를 어떻게 이겨낼 수 있었나요?

2. 당신 안에 무한한 가능성이 있고 지금 당장 그걸 꺼내 쓸 수 있다고 한다면, 무엇을 꺼내어 어디에 써보겠습니까?

3. 지금 이 순간 삶에서 가장 중요한 '한마디'를 정해야 한다면, 무엇이라고 말하고 싶은가요? 그 이유는 무엇인가요?

088

# 빛과 어둠을 사랑에너지 일치로 연결하는 굿모닝Good-morning 코치 나무 예우희

한국코치협회 인증코치 KPC
대한예수교 장로회(통합) 임곡교회 담임목사

의미 · 책임 · 가치 · 공감 · 환대

"몸·마음·영혼이 일치된 삶을 누리며 함께 변화와 성장을 공유하도록 돕는 굿모닝코치 나무 예우희입니다."

**코칭이란** 코칭은 코치가 고객을 굿모닝으로 이끄는 과정입니다. 사람의 삶에서 빛과 어둠, 시간과 시간, 인간과 인간, 인간과 자연 사이에 생명과 자유, 사랑에너지 일치로 연결하여 함께 변화와 성장을 이루어가는 프로세스가 있는 대화의 협력 과정입니다.

## 코치로서의 전문성

### 1 리더십

사람들의 삶에서 언어가 끼치는 영향의 지대함을 발견하여 삶의 변화와 성장을 가져올 수 있는 언어와 삶이 일치하는 관계 형성이 탁월함

### 2 코칭

한국코치협회 인증코치로서 심리학과 상담학, 철학과 영성을 연결하여 코치로서의 역량과 강점 개발을 훈련하는 전문가

### 3 어린이와 노인 세대의 연결고리

20여 년 유아교육과 노인대학의 경험을 살려서 코칭철학을 개인의 삶에 적용하여 삶을 통합할 수 있도록 돕는 일에 전문가

빛과 어둠을 사랑에너지로 연결하는 굿모닝 코치 나무 예우희의

## ABC 코칭대화모델

### A 코치가 되어 본인 삶에서 무엇이 달라졌나요?

사람을 향한 시선이 이해와 포용, 따스함으로 다가갈 수 있는 여유와 사람에 대한 근본적인 사랑이 내 안에 있음을 발견합니다. 내게 주어진 삶을 책임성과 성실함으로 '말이 살아있는 사람'이 되어, 내가 속해 있는 공동체와 나라와 민족에게 보탬이 되고, 변화와 성장을 함께 이루고자 하는 에너지가 확장됨을 삶의 여러 부분에서 경험하고 있습니다.

### B 코치로서 달성한 비전은?

저와의 코칭을 경험한 고객 몇 분이 코치가 되고자 코칭 공부를 하고 있다는 것을 오랜만에 알게 되었을 때, 모든 사람이 코치가 되기를 소망하는 저로서 코칭의 효과와 그 감동을 경험하는 순간이 있었습니다.

### C 코칭을 통해 깨닫게 된 것은?

코칭을 통해서 사람은 이미 온전한 존재이며 그 속에 창조성과 생명 에너지가 있다는 것을 코칭의 대화 속에서 발견할 때마다 고객을 향한 사랑이 내 속에서 솟아오르며, 가슴을 울리며 전율하며 감동의 눈물을 흘리며 주먹을 불끈 쥐게 하는 도전정신과 내면 깊이에서 올라오는 에너지의 파동을 몸으로 느끼는 순간들이 있음을 알고 감동하게 됩니다.

### plus 앞으로의 비전은?

- 목회자들의 전문코치 안내 및 코칭서비스 제공
- 노인 및 어린이 코칭사역
- 비전 2030 실현(한 가족 1코치 30가정)

Coach's Powerful Coaching Question

## 굿모닝 코치 나무 예우희의 파워풀 코칭퀘스천

1. 사람들은 평범한 삶을 추구한다고 흔히들 말합니다. 그러면서 동시에 특별한 삶을 추구하는 내면의 마음을 알아채기도 합니다. 고난과 역경이 왔을 때, 사람들은 일상의 삶이 기적이라고 말합니다. 일상을 통해서 우리는 기적을 체험할 수 있다는 말입니다. 일상의 삶을 통해서 '이것이 바로 나에게 온 기적이구나'라고 체험한 경험이 있다면 무엇인가요?

2. 사람들은 약속을 잘 지키는 사람을 좋아합니다. 곧 말이 살아있는 사람에 대한 신뢰감이 있습니다. 당신은 스스로 자신의 말과 삶이 일치하고 있는 것을 알아차릴 때 자신이 자랑스러울 것입니다. 당신이 말이 살아있는 사람으로 살아갈 수 있도록 여기까지 이끌어준 것은 무엇인가요?

3. 부모님과 좋은 추억을 많이 갖고 있는 사람이 고난과 역경을 만났을 때 더 잘 이겨내고 빨리 회복하는 힘이 있다고 합니다. 당신이 여기까지 살아오는 동안 당신을 지탱해준 부모님과의 좋은 추억은 무엇인가요? 그것은 당신에게 어떤 의미 혹은 가치관으로 이끌었나요?

089

# 부모가 자녀 수면 습관으로 양육 기준을 세우도록 돕는 미베타 코치 김연수

미라클 베드타임(이하 미베타) 대표코치
엄마성장학교 미타임캠퍼스 대표
전 동서울대학교 실용음악과 교수

성취 · 공감 · 소통 · 집중 · 성장

*"자녀 수면 습관을 기준으로 가족 구성원의 동반 성장을 돕는 미베타 코치 김연수입니다."*

**코칭이란** 〈미라클 베드타임〉은 코칭 프로그램 명칭으로, 부모가 자녀에게 행복한 수면 루틴을 유도함으로써 일상의 균형을 찾을 수 있도록 도와줍니다. 아이가 충분한 휴식을 취하고 기쁨 속에서 안정적으로 잠들 때, 부모는 수많은 자녀 교육 고민에서 해방되게 됩니다. 이로써 자녀 관련 고민은 감소하고, 부모는 자신의 삶에 균형을 찾아 나가는 도움을 받게 됩니다. 코칭은 일상 생활의 균형을 우선적으로 맞추고, 고객이 자신의 잠재력을 즉각적으로 최대한 발휘할 수 있도록 지원합니다.

## 코치로서의 전문성

### 1 리더십

엄마 성장학교 미타임캠퍼스 대표로서 현 시대 여성이 가진 다양한 역할에서 성과를 높이는 부모교육 코칭, 엄마 브랜딩 컨설팅, 프로그램 진행 중

### 2 시간&감정 루틴 코칭

루틴으로 실행력과 코칭 효과를 높이는 루틴 전문 코치

### 3 교육학 & 예술 교육

음악 교육에 기반한 미래 인재 교육 역량을 강의하고 코칭하는 음악 교육 전문가

**프로그램 개발 및 저서**

- 《미라클 베드타임》(다독다독, 2021)
- 《9시 취침의 기적》(끌리는책, 2018)
- 《악기보다 음악》(끌리는책, 2017)
- 세바시랜드 공모전 선발 공식 티처 〈미라클 베드타임〉
- 제17 & 19회 대한민국 코칭컨페스티벌 공모전 선발 〈미라클 베드타임〉

부모가 양육 기준을 세우도록 돕는 미베타 코치 김연수의

## ABC 코칭대화모델

### A 코치가 되어 본인 삶에서 무엇이 달라졌나요?

코칭을 하면서 타인의 삶을 반면교사하고, 이를 통해 나를 돌아보게 되었습니다. 코칭의 가장 큰 수혜자는 저 자신입니다. 말과 행동이 일치하는 코치의 삶을 살기 위해서 부단히 노력할 수 있었기 때문입니다. 일상에서 쉽게 화를 내거나 감정이 요동치지 않게 되었으며, 셀프 코칭의 진정한 의미를 깨닫고 있습니다.

### B 코치로서 달성한 비전은?

- 〈미라클 베드타임〉 23기까지 운영하며 800여 가정, 1,300여 아이를 코칭
- 엄마 성장학교 미타임캠퍼스 커뮤니티 설립
- 15개 소모임 런칭: 육아하는 여성이 나다운 브랜딩과 수익화를 이룸. 상호 성장하며 커뮤니티 안에서 유난히 많은 KAC, KPC 코치가 배출되고 있음
- 〈미라클 베드타임〉 코칭 프로그램으로 2023년 중장년 창업경진대회 우수상 수상하며 코칭을 널리 알림
- '서울 50플러스 재단' 에세이 공모전: 교수에서 코치로 두 번째 커리어를 시작하게 된 과정으로 우수상 수상
- 자녀교육 플랫폼 〈꾸그〉 부모교육 대표 코치, 〈세바시대학〉 부모교육 전담 코치

### C 코칭을 통해 깨닫게 된 것은?

- 자기 사랑: 나를 있는 모습 그대로 인정하게 됨
- 삶의 균형: 일과 가정, 가족과 나 사이에서의 균형을 지키게 됨
- 꾸준한 성장: 작은 성공의 경험과 원씽의 중요성
- GRIT: 끝까지 해내는 힘이 내 안에 있음

### plus 앞으로의 비전은?

- 미라클 베드타임 민간자격증 등록
- 한국코치협회 인증코치KPC 자격 취득
- 한국코치협회 & 미베타코치 KAC 자격 양성 과정 개설

## Coach's Powerful Coaching Question
# 미베타 코치 김연수의 파워풀 코칭퀘스천

1 **자기사랑** 내가 나를 사랑하지 않는데 타인이 나를 사랑해주길 바랄 수 없습니다. 내가 내 마음을 알아주는 나만의 다정한 리츄얼(특별한 행동이나 의식)을 나도 모르게 가지고 있을 거에요. 나눠주실래요?

2 **회복** 누구나 앞으로 나아가기 위해서는 과거로부터의 회복이 필요합니다. 우린 이제 성인이 되었고, 여전히 부모탓, 남 탓만을 할 수는 없습니다. 과거의 내가 가진 상처를 안아주는 나만의 방법을 찾아볼까요?

3 **균형** 수많은 역할로부터 나를 지키기 위해서는 일과 가정, 가족과 나 사이에서 균형을 잡아야 합니다. 시소sea-saw의 한쪽 끝이 내려가기도 하고 올라가기도 하겠지요. 균형을 유지하며 꾸준히 성장하기 위해서는 삶에 기준이 필요합니다. 당신 삶에 중심이 되어주는 기준은 무엇인가요? 그 기준(소망)을 가지게 된 이유는 무엇인가요?

**090**

# 마스터코치MCC
# 秀亨 서우경

연세대학교 겸임교수 및 리더십센터 수석코치
한국상담코칭진흥원 원장
전 ICF Korea(Seoul) Chapter 회장

전문성 · 영성 · 통찰력 · 열정 · 공감

"통찰력 있는 영성 코칭으로 개인과 조직을 살리는 마스터코치
수형秀亨 서우경입니다."

**코칭이란** 코칭은 고객의 잠재력을 발견하고 탁월한 성과를 도와주기 위해 진정한 '변화'와 '성장'을 가져오게 하는 체계적인 대화 기술입니다(서우경의 행복코칭, 2009).

## 코치로서의 전문성

### 1 전문가적 역량

- Ph.D. / D. Min. / MCC / NLP trainer / EBMC / KSC / 1급 전문상담사 수련감독(한국상담학회)
- ICF 국제코칭연맹 대한민국 여성 1호 마스터코치

### 2 코칭 강의와 연구, 슈퍼비전

- 연세대학교 코칭아카데미(국내 대학교 최초 코칭 프로그램) 책임교수 역임(2007-2013)
- 서울대학교 은퇴코칭전문가 과정 강의 및 연구(2014-현재)

### 3 코칭 전全 영역 학술 활동 및 보급

기업 CEO 및 임원코칭, 국제학술대회 발표, 정부(행안부) 프로젝트 참여 중

**프로그램 개발 및 저서**

- 《무엇이 CEO를 만드는가?》(김영사, 2015)
- 《행복코칭》(자유로운 상상, 2009)
- 《NLP 전인코칭》(연세대학교 출판문화원, 2009) 외 다수
- 〈가족치료와 가족코칭의 융합적 접근〉(《JCCT》 9(3), 2023: 347-358)
- 〈기독교 상담 코칭 시각에서 바라본 기독 교수의 소명과 역할 인식: Q분류(Qsorting) 인터뷰 자료를 중심으로〉(공저, 《신앙과 학문》 27(3), 2023: 5-30)
- 〈나노 사회에서 중소기업 CEO의 상담코칭 융합 연구〉(*Asia-pacific Journal of Convergent Research Interchange*, 9(9), 2023: 391-407)
- 〈나노사회의 심리적 현상에 관한 연구〉(공저, 《상담심리교육복지》, 10(3), 2023: 93-111)
- 〈SSCI: Contextual analysis of retirement anxiety among Korean: benefits of retirement coaching〉(*Educational gerontology*, 49(8), 2023: 726-735)
- 〈SSCI: A Worry-Free Retirement in Korea: Effectiveness of Retirement Coaching Education〉(*Educational gerontology*, 42(11), 2016: 785-794)

**방송 출연**

KBS TV 여유만만 〈은퇴부부를 위한 라이프가이드〉 편 / SBS TV 〈생방송 좋은 아침〉 / CTS TV 〈서우경의 행복코칭: 20강〉 / CTS TV 4인 4색 〈바이블 코칭: 8강〉 / CBS 크리스천 코칭, 기업코칭 / 극동방송 〈사랑의 뜰안, 코칭: 24회〉 외 다수

마스터코치 秀亨 서우경의
## GOD 코칭대화모델

### G *Goal* 코치로서 삶의 목표는 무엇인가요?

삶과 죽음의 경계에서 코칭을 만난 이후 제 삶의 목표는 완전히 달라졌습니다. 거듭나기 이전에는 자기중심적인 삶을 살았다면, 코칭을 접한 이후에는 타인의 삶에 더욱 관심을 갖게 되었습니다. 코칭을 통해 고객들의 인생 변화와 비범한 삶의 여정을 함께 목도하는 것은 코치로서 형언할 수 없는 기쁨을 줍니다. 특히 평범한 일상을 살아가던 고객들이 자신의 잠재력과 비전을 발견하고 도전을 통해 놀라운 성장을 할 때면 코칭의 저력을 느끼게 됩니다. 저에게 코칭은 사명mission이며 살아갈 존재 이유입니다. 코치로서 제 삶의 목표는 단지 성과 위주의 코치가 아니라 고객의 영혼을 살리는 '영성코치spiritual coach'로서 삶의 의미와 가치를 깨닫게 해주고 싶습니다.

### O *Operating system* 현재 코치로서 하는 일은 무엇인가요?

20년 전, 전문코치의 길로 들어섰을 때 제일 중점을 두었던 것은 어떤 분야든 전문가로 훈련을 받기 위해서는 그 영역의 근접 영역까지 숙달해야 한다고 생각했습니다. 특히 그 당시 코칭 영역은 학문적 체계와 임상 데이터가 크게 축적되어 있지 않은 상태여서 고객을 깊이 이해하기 위해서는 3CCounseling, Coaching, Consulting 연구가 절대적으로 필요하다고 보았습니다. 왜냐하면, 고객에게는 상황에 맞는 방법적 대안들을 전문가가 제공해줄 수 있어야 하기 때문입니다. 종종 코칭 현장에서 고객과 깊은 라포rapport가 형성되면 고객의 스몰 트라우마small trauma를 목격하게 됩니다. 코로나 팬데믹pandemic 이후 우리 사회는 이전보다 더 외롭고 고립된 나노 사회nano society가 되었고 이러한 사회적 현상은 코칭 현장에도 자주 나타나고 있습니다. 따라서 현재 저는 트라우마를 경험한 고객에게 빠른 회복을 위해 트라우마 코칭, 상담코칭의 융합적 접근을 연구하고 코칭 현장에 적용하고 있습니다. 이러한 코칭의 방향성을 선도하기 위해 코치로서 더욱 깊이 있는 연구와 코칭을 지속해나가고 싶습니다.

### D *Development* 코치로서 성장하기를 기대하는 것은 무엇인가요?

코치는 고객에게 변화와 성장을 경험하게 하는 사명을 갖고 있는 사람입니다. 코치가 어떤 관점에서 고객의 말을 듣느냐에 따라 코칭 결과는 너무도 달라집니다. 제가 코치로서 더욱 성장하기를 원하고 기대하는 한 가지는 끝까지 소명 의식을 놓치 않고, 고객의 '리얼 원트real want'에 귀를 기울이는 것입니다. '훌륭한 경청자'로서의 역할은 제가 더욱 성장하기를 기대하는 '영성코치'의 참 모습이기 때문입니다.

## Coach's Powerful Coaching Question
## 마스터코치 秀亨 서우경의 파워풀 코칭퀘스천

1 그동안 인생의 어떤 골짜기들을 지나왔나요?

2 당신의 인생에서 가장 중요한 것은 무엇인가요?

3 고난의 때 어디에서 희망을 찾습니까?

**plus** 앞으로의 비전은?

- 국민 모두에게 코칭 보급
- 영성 코칭 영역 확대
- 300 코치형 리더(글로벌 핵심 인재) 육성

091

# 고객의 일상을 재창조하도록 돕는 감성코치 박정향

JH Coaching 대표코치
여성CEO대상 감성코칭
(사)한국코치협회 기관인증자격 심사위원

공감 · 연결 · 집중 · 균형 · 협력

"익숙한 패턴을 발판으로 새로운 패턴으로의 변화와 성장을 촉진하고 함께하는 감성코치 박정향입니다."

**코칭이란** 코칭은 망원경과 현미경을 동시에 볼 수 있도록 시각을 열어주는 과정입니다. 즉, 현미경으로 보듯 자신과 타인을 섬세하게 바라보고, 망원경으로 보듯 관점을 확장하여 개인과 그룹(가족)의 변화와 성장을 돕는 과정입니다.

## 코치로서의 전문성

1. 가족치료적 감수성 훈련을 기반으로 한 그룹감성코칭
2. 가족치료적 관점으로 부부코칭, 가족코칭, 일대일 개별코칭
3. 코치 인증심사위원으로 코치역량에 도움을 주는 전문가

**프로그램 개발 및 저서**

- 칼 로저스의 이론과 감수성훈련을 기반으로 그룹 감성코칭 개발(운영 24주 / 48시간)
- 창조성 코칭 프로그램 개발(운영 18시간)
- 《상위 1%가 되는 말하기 스킬》(미다스북스, 2020)

고객의 일상을 재창조하도록 돕는 감성코치 박정향의

## ABC 코칭대화모델

### A 코치가 되어 본인 삶에서 무엇이 달라졌나요?

- 코칭을 알게된 후, 가장 큰 변화는 나의 내면 깊숙이 바라볼 수 있는 힘이 생긴 것입니다. 나의 감정 밑의 감정, 그 이유와 관계의 연관성 등을 깨닫게 되고, 관점이 나의 관점에서 상대의 관점으로 바뀌기 시작했습니다.
- 코칭은 사람을 상대로 하기 때문에 인간에 대한 공부를 끊임없이 하게 된 것도 삶에서 달라진 부분입니다. 사람에 대한 이해를 하면 할수록 어렵게 느껴지지만 혼자서도 힘 있게, 또 함께 잘 어우러져 살아가는 것이 어떤 것인지를 경험하면서 사람들에게도 선한 영향을 미칠 수 있는 코치로 성장해나가고 있습니다.

### B 코치로서 달성한 비전은?

- 코치로서는 15년 전 처음으로 인증준비반을 만들어 코치 양성을 시작했습니다.
- 한국코치협회 코치KPC, ICF국제코치PCC의 자격을 가지고 있습니다.
- 세계 선교사들을 온라인·오프라인으로 매년 봉사강의를 하고 있습니다.
- 가족치료학을 전공하여 패밀리코칭 인증프로그램을 운영하고 있습니다.
- 감수성 훈련과 코칭을 접목하여 감성코칭을 15년 전부터 시작했습니다.

### C 코칭을 통해 깨닫게 된 것은?

- 자기관리: 자신의 생각과 감정을 잘 관리해야 한다는 것
- 균형감각: 긍정성과 부정성을 정확히 인식하고 수정하고 변화하는 것
- 개별성과 협력성: 개인의 독특성을 존중하고 조화를 이루는 것
- 알지 못함의 자세: 판단이나 선입견, 자신의 가치를 드러내지 않고 상대를 바라보는 것

### plus 앞으로의 비전은?

- 2026년까지 온라인 플랫폼 커뮤니티 운영하여 1만 명 구독자 만들기
- 2028년까지 100명 여성 CEO 감성코칭하기
- 2028년까지 감성코칭 전문가로 프로그램 개발과 전문가 20명 양성하기

Coach's Powerful Coaching Question

## 감성코치 박정향의 파워풀 코칭퀘스천

1 살다 보면 문제에 빠져 상황을 있는 그대로 보는 것이 힘들 때가 있습니다. 그럴 때 중심을 잡기 위해 새롭게 힘을 얻는 것이 있다면 무엇인가요?

2 인생은 한 번뿐인데, 살면서 이것 하나만큼은 꼭! 꾸준히 하고 싶다고 생각하는 것 하나는 무엇이며 그것은 살아가는 데 어떤 의미가 있나요?

3 한때 미니멀라이프가 유행하기도 했습니다. 필요없는 물건들을 줄여서 공간을 공간답게 사용하는 것처럼 자신을 자신답게 살아가기 위해 바꾸어야 할 삶의 패턴이 있다면 무엇인가요?

092

# 더함코치 이현주

더함리더십코칭센터 대표
리더십코칭센터 파트너코치
블루밍경영연구소 파트너코치
코칭경영원 슈퍼바이저코치
리더십코칭센터 코치인증 심사위원KAC

**갤럽강점 · 강점조직문화 · 의사소통 · 코칭리더십 · 마음관리**

*"더불어 함께 성장하는 행복 파트너, 거울처럼 비추며 마음으로 소통하는 공감 파트너, 모두의 More then 강점 파트너 더함코치 이현주입니다."*

**코칭이란** 코칭은 행복한 삶의 대화법입니다. 개인의 다양한 삶의 역할에서 이루어지는 코칭의 형태는 다를 수 있지만 궁극적으로 지향하는 것은 '행복'입니다. 원하는 것을 스스로 탐구하고 구체화하며 이루어가는 여정에서 코치와 고객이 함께 배우고 성장하고 성찰하며 행동의 변화를 이끄는 행복한 삶의 대화법입니다.

## 코치로서의 전문성

1. 갤럽 강점코치로 일대일 강점 코칭과 강점 코칭 워크숍 진행
2. 마음코칭 FT, 인터널코치 FT, 임파워링코칭 FT, 피드백피드포워드코칭 FT, 실전비즈니스 코칭 FT로 프로그램 진행 및 코치 육성
3. 슈퍼바이저 코치와 멘토 코치로 코치 육성
4. 코칭 강의와 코칭 워크숍 진행
5. 기업 및 공공기관 연간 코칭 프로그램 진행

**프로그램 개발 및 저서**

- 코칭 재능기부: 착한코칭 프로젝트(8회 진행)
- 더함 코칭 클래스 운영(상호 코칭 실습 및 멘토 코칭)
- 국민대학교 경영학 석사

더함코치 이현주의
## ABC 코칭대화모델

### A 코치가 되어 본인 삶에서 무엇이 달라졌나요?

- 코치가 되어 나를 사랑하며 나답게 원하는 삶에 집중하게 했습니다. 이전의 저는 외부 요인에 의해 흔들리는 존재였습니다. 그러나 코칭을 통해 내면의 목소리를 듣는 법을 배웠고, 그것이 저에게 원하는 삶으로 나아가는 목적성과 힘을 주었습니다.
- 실수에 대해 자책하기보다 성찰의 기회로 상황을 전환하면서 실수는 저에게 더 많은 것을 배울 수 있는 자원이 되었습니다.
- 코칭으로 매일을 수행하듯 살아가려 노력합니다. 덕분에 자신에게도 타인에게도 사랑이 깊어집니다.

### B 코치로서 달성한 비전은?

- 국제코치연맹 인증코치PCC 자격 취득
- 한국코치협회 인증코치KPC 자격 취득
- 한국코치협회 코치인증 심사위원 자격
- 100명 이상 유자격자 코치 배출 및 멘토코칭, 슈퍼비전 진행
- 임파워링코칭, 인터널코치, 마음코칭, 피드백피드포워드코칭, 실전비즈니스코칭 FT

### C 코칭을 통해 깨닫게 된 것은?

- 고객의 고유한 스토리를 통해 배움얻고 존귀함을 깨닫는다.
- 코칭철학의 Creative(창조적), Resourceful(자신의 해답), Wholistic(전인적 존재)을 경험한다.
- 자기답게 살아 볼 만한 삶이다.

### plus 앞으로의 비전은?

- 자신의 고유한 에너지로 자기답게 살도록 돕는 파트너
- 한 가정에 한 명의 코치 육성
- 강의와 코칭으로 세상에 도움에 도움되기

## Coach's Powerful Coaching Question
## 더함코치 이현주의 파워풀 코칭퀘스천

1 당신이 진짜 원하는 것은 무엇인가요?

2 당신에게 정말 중요한 것은 무엇인가요?

3 지금 이 상황에서 배울 수 있는 것은 무엇인가요?

093

# 미라클Miracle 코치 남상은

봄,길 대표
숭실대학교 교육대학원 겸임교수
한국커리어학습코칭연구소 부소장

Observe • Listen • Empathize • Discover

"사람들이 자신만의 고유한 길을 찾아가는 여정을 함께 걷는 든든한 동행자 미라클코치 남상은입니다."

**코칭이란** 코칭은 성장으로 가는 따뜻한 대화입니다.

## 코치로서의 전문성

교육학 박사 / KPC / 기질분석상담사STA / 학습유형검사해석 전문가U&I

### 1 코칭

MZ세대 코칭, 커리어코칭, 학습코칭

### 2 강의

- ICCF(국제크리스천코치협회) 부회장 및 코치 양성과정 운영: 크리스천코칭 기본과정, 커리어학습코칭 과정, 패밀리코칭 과정
- 숭실대학교 교육대학원 겸임교수: 커리어학습코칭 프로그램 개발의 이론과 실제, 코칭심리학, 학습코칭의 이해, 커리어코칭의 이론과 실제, 코칭 현장의 이해 등
- 교육부 & 고려사이버대학교 공동: 〈커리어코칭〉 과정 개발 및 KOCW 강의

### 3 연구

- 〈커리어개발, 조직문화, MZ세대의 차원으로 본 조직 내 인적자원개발을 위한 코칭의 역할과 전망〉(고려대학교 HRD정책연구소, 25(2022-1))
- 〈대학생의 코칭 참여 경험을 통한 자아정체감 확립과정 탐색〉(《코칭연구》 14(4), 2021)
- 〈대학생활적응을 위한 대학생 또래코칭모델 개발: CAMPUS 코칭모델〉(《교육방법연구》 33(1), 2021)
- 〈교수-학습 관련 코칭 연구 동향 탐색〉(《교육문제연구》 32(3), 2019)
- 〈대학생 학사경고자를 위한 학습코칭 프로그램의 개발 및 적용에 관한 실행연구〉(《교양교육연구》 11(1), 2017)

**프로그램 개발 및 저서**

- 코치들을 위한 커리어학습코칭 과정 개발(ICCF, 2023)
- 대학생 자립준비청년을 위한 교양교육 프로그램 개발(숭실대학교, 2023)
- 시니어 방과후 코치 양성과정 개발(서대문구, 2022)
- 퇴직교원의 퇴직 이후 교육공헌과정 설계(교육부 중앙교육연수원, 2022)
- 《커리어 코치도 커리어 고민을 합니다》(리얼러닝, 2023) 외 5권

미라클 코치 남상은의

## 스스로 묻고 답하다 – OLED

### O Observe 코치로서 세심하게 관찰하고 싶은 것은 무엇인가요?

사람들은 모두 각자의 고유함과 독특함을 가지고 있다고 믿습니다. 사람들의 고유함과 독특함을 세심하게 관찰하여 비춰주고 싶습니다. 현재의 처지와 상태, 상황이 아니라, 어떤 처지와 상태, 상황에서도 발현되는 그 사람의 고유함을, 그만이 가진 독특한 빛을 관찰하고 싶습니다.

### L Listen 코치로서 주의 깊게 듣고 있는 것은 무엇인가요?

게리콜린스는 코칭 바이블에서 듣기에 대해 이야기하며 HEAR라는 약자로 설명했습니다. 사람들의 희망과 열정을 듣고Hope, 그들의 에너지 상태를 들으며Energy, 그들이 삶을 대하는 태도를 듣고Attitude, 그들의 일상의 습관과 루틴들을 듣는 것Routine이 바로 그것이죠. 그래서 저는 제게 오는 사람들의 이야기 속에서 그들의 열정과 욕구, 희망, 삶의 목적, 현재의 에너지, 발목 잡는 역에너지, 삶의 태도와 방식, 삶을 바라보는 관점, 습관과 루틴, 일상을 들으려고 노력합니다.

### E Empathize 나만의 공감하는 방법이 있다면 무엇인가요?

코칭을 처음 시작하면서 다른 사람에게 공감하는 것이 참 어려웠습니다. 같은 감정을 느끼는 것이 제게는 쉽지 않았죠. 고객이 울어도 그저 기다릴 뿐 같이 울지 못하는 저를 보며 스스로 '나는 참 냉정하구나' 하고 느꼈습니다. 그러던 어느 날 한 고객과 저의 이런 점에 대해 나누는데, 그분이 제게 놀랄 만한 이야기를 전해줍니다. "코치님은 냉정한 게 아니라 냉철한 것 같아요. 제가 우는 그 지점에서 제가 우는 이유를 누구보다 정확하게 이해하고 계시잖아요." 공감은 같은 감정을 느끼는 것이 아니라, 그의 상황에서 그의 입장을 이해하는 것이라는 것을 다시 깨닫게 해준 선물 같은 말이었습니다. 그래서 어쩌면 더욱 냉철하게 사람들 곁에 서 있는 것 같습니다. 그의 상황과 감정, 생각들을 제대로 이해하기 위해서요.

### D Discover 코칭을 통해 발견하게 된 것은?

코칭을 하면서 점점 더 발견하게 되는 것은, '각자의 답이 있다'는 사실입니다. 어느 것도 모든 상황과 사람에게 적용되는 정답은 없으며, 우리들 모두는 각자가 가진 달란트와 성향대로 자신의 길을 찾아갈 수 있죠. 그래서 그 길을 찾는 여정에 기쁨으로 함께 하는 것 같습니다.

Coach's Powerful Coaching Question

## 미라클 코치 남상은의 파워풀 코칭퀘스천

1 아무리 물어도 답을 얻기 힘든 당신의 고민은 무엇인가요? 그 고민 안에 숨어 있는 당신의 기대, 열망, 욕구는 무엇인가요?

2 당신에게 있는 고유함과 독특함, 유일함은 무엇인가요? 그것은 얼마나 아름다운가요?

3 오늘 당신이 향하는 곳은 어디인가요? 어떤 길을 가고 있나요? 혹은 어떤 길을 만들고 있나요?

**plus** 앞으로의 비전은?

각자의 고유함으로 자신만의 길을 걷는 걸음에 동행할 수 있다는 건 그 어떤 것보다 행운 아니겠어요~? 길이 끝나는 곳에서도 길이 되는 사람이 있다는 정호승 시인의 싯구처럼, 저는 앞으로도 누군가의 길에 함께 있고 싶습니다. 90살에도 코칭하는 할머니, 그것이 지금 저의 꿈입니다.

094

## 라이프코치
## Lara 진정아

딜라이트 라이프 코칭랩 대표
사람앤사랑연구소 파트너 코치
CiT코칭연구소 파트너코치
KAC 기관인증 심사위원
한국코치협회 KPC 자격
국제코치연맹 PCC 자격

통찰력 · 신뢰감 · 연결 · 책임 · 공감

*"삶이 나에게 주는 선물을 더 기쁘게 더 신나게 더 즐겁게 라라라 누리며 사는 여정을 함께 하는 라이프코치 Lara 진정아입니다."*

**코칭이란** 나와 내가 만나는 자기대화를 통해 삶을 창조해가는 과정이 코칭입니다.

## 코치로서의 전문성

### 1 존재중심코칭

비즈니스 코칭과 차별화된, 존재를 중심에 둔 라이프 코칭

### 2 인증심사위원

코치다움, 코칭다움을 수련, 유지하기 위한 전문 트레이너

**프로그램 개발 및 저서**

- 3CS 베이직 FT 자격
- 셀프 북코칭 〈블라인드 독서모임〉
- 북코칭 〈다연리지〉
- 자기대화 프로그램 〈나의 목소리가 들려〉
- 습관형성 프로그램 〈루메리카노〉

라이프코치 Lara 진정아의

## ABC 코칭대화모델

### A 나에게 코칭이란 무엇인가요?

나의 삶을 살아갈 수 있게 만든 힘, 코칭.

삶을 살아내는 것에 몰두하여 버둥대다가 어느 날 마주 본 나의 모습은 허깨비 같았습니다. 초점이 없는 눈, 그리고 지금 있는 곳이 어디인지, 나는 무엇을 하고 있는지 전혀 의식하지 못한 채 뭐에 홀린 듯이 그저 살아내는 것에만 집중을 하는, 살아있지만 죽어 있는 듯한 삶. 그 삶의 터널을 빠져 나오기 위해 선택한 것이 코칭이었습니다. 그리고 그 시도가 마중물이 되어 나는 코치가 되었고 되어가는 중입니다. 고객과 코치를 넘나들면서 나의 삶은 생기가 더해지기 시작했고, 단단한 중심축이 세워지고, 넘어져도 다시 일어날 회복탄력성을 갖추게 되었습니다. 삶을 살아가는데 필요한 요소들이 삶으로 스며들기 시작했습니다. 코칭의 장에 나를 던져두었을 뿐인데 어느 사이 나는 삶의 주인 자리에서 내 삶을 기획하며 만들어내는 일을 해내고 있었습니다. 그 힘을 길러준 것이 나에겐 코칭이었습니다.

### B 코치로서 달성한 비전은?

내가 살고 싶은 삶이라는 항아리에 물을 한 방울씩 채워가는 여정이 코치로 살아가는 삶의 모양인 듯합니다. 한 방울 한 방울 모으는 순간에는 어떤 일이 일어나고 있는지 전혀 인식되지 않지만, 그 작은 한 방울이 모여서 삶은 조금씩 차오르기 시작합니다. 코치로 살아가면서 가장 큰 수혜자는 그래서 그 누구도 아닌 코치 자신입니다. 코치로 산다는 건, 나의 삶에 온전한 주인이 되어 살아가는 힘을 쌓아가는 여정입니다.

### C 코칭을 통해 깨닫게 된 것은?

자기와의 대화가 중요하다는 것을 알게 되었습니다. 자기와의 대화를 바탕으로 사람은 생각의 흐름을 만들고 그 생각을 바탕으로 감정을 일으켜 행동을 하여 삶의 모양을 바꿔나갑니다. 자기와의 대화, 자기를 대하는 태도의 변화가 성장과 변화를 만들어내는 장면을 마주하면서 결국은 대화하는 방식의 변화가 삶의 변화를 일으킴을 알게 되었습니다.

## Coach's Powerful Coaching Question
## 라이프코치 Lara 진정아의 파워풀 코칭퀘스천

1 나의 삶을 하나의 그릇이라고 한다면, 무엇을 담고 싶나요?
(그림으로 표현해 보세요)

2 숨 쉴 때마다 새로운 내가 될 수 있다면, 어떤 모습으로 변화하고 싶나요?

3 인터넷 포털에 어느 날 당신의 이름을 검색했습니다 연관 검색어로 나란히 어떤 단어들이 뜬다면 당신은 당신의 삶에 흐뭇한 미소를 보내게 될까요?

095

# 개인의 가능성과 조직의 방향을 연결하는 성장동행가 코치 김진경


이니움코칭 대표
버크만코리아 기업교육 강사
리얼코칭 협력코치


배움 · 성장 · 공감 · 도전

*"주도적인 삶과 일을 통해 성장을 원하는 고객의 파트너, 성장동행가 코치 김진경입니다."*

**코칭이란** 코치와 함께 무한한 잠재력을 가진 고객이 원하는 목표를 스스로 설정하고 실행을 도우며 고객의 삶에 충만함을 채워나가는 과정입니다.

## 코치로서의 전문성

### 1 코칭

자신의 일과 삶에서 나다운 리더십을 함께 찾아 하는 코치

### 2 팀빌딩

팀과 개인이 One Team으로 일할 수 있도록 일과 사람에 대한 이해의 스펙트럼을 넓혀주는 팀빌딩 및 워크숍 전문가

### 3 프로젝트 리더

코칭 PM의 다양한 경험으로 프로젝트 기획 및 진행에 탁월한 리더

**프로그램 개발 및 저서**

- ONE TEAM으로 일하는 팀빌딩
- 중간관리자를 위한 리더십 코칭
- 자기이해를 통한 동기부여 워크숍
- 버크만을 활용한 성과로 연결되는 커뮤니케이션 교육
- RGPI를 활용한 리더십 전략 그룹코칭
- 팀을 움직이는 플레이어십
- 공동저서 ICF 코치 자격 취득 노하우

개인의 가능성과 조직의 방향을 연결하는 성장동행가 코치 김진경의

## ABC 코칭대화모델

### A 코치가 되어 본인 삶에서 무엇이 달라졌나요?

코칭을 통해 나의 삶을 진심으로 사랑하고 응원할 수 있게 되었고, 현재를 미래를 향해 나아가고자 하는 사람과 조직의 파트너, 코치라는 직업을 갖게 되었습니다. 실패와 시련 속에 있는 경험을 통해 삶의 즐거움과 주도적인 선택의 중요성을 배웠고 나 자신에게 제일 엄격하던 내가 스스로에게 다정한 사람이 될 수 있었습니다. 그렇게 코칭을 통해 키운 나다움에 대한 호기심의 힘으로 코치이자 엄마 그리고 리더로서 단단하면서도 유연하게 성장하고 있으며, 자신의 성장을 일과 삶으로 연결하는 일을 하고 있습니다.

### B 코치로서 달성한 비전은?

- 코치로서 커리어맵: 전문코치로 성장
- 국민대학교 코칭리더십 MBA 석사학위 취득
- 기관 및 기업 내 커리어 그룹코칭 및 일대일 코칭 진행
- 진단 기반으로 한 기업 팀빌딩 및 워크숍 프로그램 개발 및 진행
- 서울시우먼업 커리어 그룹코칭 코치
- 기업 내 팀장 대상 코칭리더십 코치
- 전문코치 양성

### C 코칭을 통해 깨닫게 된 것은?

- 자아 인식: 사람은 항상 끊임없이 변화하려하고 이를 이해하고 자신만의 성장 의미를 발견 할 때 나의 잠재력이 발현됨
- 성장 가능성: 누구나 변화를 일으키고 성장할 수 있는 힘을 가지고 있음
- 긍정적 변화: 긍정적인 시선과 행동을 움직여 원하는 모습을 위한 선택을 할 수 있음
- 실행의 힘: 지속적인 실행은 동기를 만들며 계속적으로 하게 하는 시스템을 만들 수 있음

### plus 앞으로의 비전은?

- 20대, 30대, 40대의 인생성장질문 프로그램 개발
- 사회 공헌 코칭으로 1,000명의 사람 만나기
- 리더로서 성장하는 과정 글쓰고 나누기

## Coach's Powerful Coaching Question
## 성장동행가 코치 김진경의 파워풀 코칭퀘스천

1. 무엇을 결정할 때 우리는 선택의 기로에 놓일 때가 있습니다. 중요한 것을 놓치지 않고 나다운 선택을 하기 위해 신중해지기 마련입니다. 매번 달라지고 복잡한 상황 속에서 나의 목표를 향해 가기 위해 어떤 선택을 하더라도 내가 반드시 지킬 가치 또는 원칙은 무엇인가요?

2. 나는 어제보다 오늘 좀 더 성장하기 위해 나의 시간과 자원을 사용하고 있습니다. 때로는 성장의 걸림돌에 고군분투하기도 하고 때로는 순간의 깨달음으로 돌파구를 마련하기도 합니다. 지금 나는 어떤 영역의 성장을 가장 바라고 있나요?

3. 스스로 삶을 주도한다는 것은 자신이 선택하고 책임지는 것을 의미합니다. 더불어 이는 일과 삶에서 자신이 원하는 것을 창조하는 것으로 이어지며 점차 리더로서 성장하게 됩니다. 어느 누구도 나의 삶을 대신해서 살아주지도 않고, 결정 내려주지 못한다는 것을 깨달은 당신이 진정 삶의 주인이 되기 위해 필요한 것은 무엇인가요? 할 수 있는 것은 무엇인가요?

096

# 한 존재의 빛(온전함)을 만나 공명하는 오로라Aurora 코치 권영애

사람앤사랑코칭심리연구소(주) 소장
가천대학교 유아교육학과 교수
(사)버츄프로젝트 이사
바인그룹(주) 교육이사

사 랑 에 너 지 · 창 조 성 · 기 적 · 진 심 · 기 쁨

"몸-마음-영(의식)이 깨어난 창조자 라이프에 함께 하는 오로라코치 권영애입니다."

**코칭이란** 코칭은 한 사람이 자신의 가능성, 창의성, 특별성을 발휘해 전인적 삶을 창조할 수 있게 지지하는 영감(영적 공명) 파트너십입니다.

## 코치로서의 전문성

### 1 의식: 영적 존재로 내면의 빛을 사랑하는 코치Spirituality presence orientation

### 2 지식: 코칭심리 전문코치Evidence-based coaching

교육학(상담심리전공)박사, 근거기반 코칭심리 전문가

### 3 라이프코칭 전문코치

다양한 라이프코칭 프로그램 개발, 라이프 코치 아카데미, 라이프 코치학교 운영 등으로 의식, 지식, 능력이 통합된 라이프코치의 성장에 함께 하는 라이프코칭 전문가

**프로그램 개발**

- 〈마음코칭 COAT〉 직무연수 프로그램 개발(I-Scream Media(주), 2021)
- 〈버츄 프로젝트〉 직무연수 프로그램 개발(I-Scream Media(주), 2017)
- 교육부 인성교육 프로그램 개발, 교육부장관상, 2014

**사례 발표**

- 〈미래역량을 깨우는 존재코칭〉((사)한국코치협회 코칭컨페스티발, 2022)
- 〈행복교육실천프로그램〉(국회정기학술세미나 위즈덤포럼, 2018)
- 〈인성교육실천프로그램〉(국회정기학술세미나 위즈덤포럼, 2017)
- 〈기적을 만드는 내면의 힘〉((사)한국코치협회 코칭컨페스티발, 2017)

**저서**

《그 아이만의 단 한 사람》, 《자존감, 효능감을 만드는 버츄프로젝트 수업》, 《마음에도 옷이 필요해, 마음 추운 날 마음코트》, 《현장 실전 코칭》(공저), 《선생님의 해방일지》 등

**방송 출연**

KBS1 〈강연 100도씨〉, KBS 〈생방송 토요일입니다〉, KBS 〈생방송 정보쇼〉, KBS1 〈라디오 전국일주〉, SBS 〈한수진이 만난 사람〉, KBS 강원국의 〈지금 이 사람〉

**수상**

- 교육공적포상, 교육부장관 표창(2018), 행복교육실천 교육자상(2018)
- 스승의 날 교육공적포상, 교육부장관 표창(2017)
- 경기도 연구년 우수연구교사 교육감 표창(2017)

한 존재의 빛(온전함)을 만나 공명하는 오로라 코치 권영애의

## ABC 코칭대화모델

### A 코치가 되어 본인 삶에서 무엇이 달라졌나요?

한 사람의 근원적 변화성장, 그 KEY를 찾았습니다. 30여 년 전 교사가 되었을 때, 평생 한 존재의 변화성장을 기뻐하며 가슴 뛰게 살아갈 줄 알았습니다. 다양한 교육지식, 방법, 노하우를 적용했고, 창의적 교육 프로그램을 개발해 적용했지만 변화는 일시적이었고, 교직을 떠나고 싶었습니다. 변화성장을 가로막는 무의식의 상처, 결핍 문제를 해결하는 게 우선이라 믿어 상담심리 전공, 교육학 박사가 되었고, 다양한 교육심리 프로그램 개발, 개인·가족 상담에 10년의 시간을 몰입했습니다. 하지만 잠시 성장, 다시 결핍 패턴을 반복하는 사람들을 만나며 간절히 지속 성장의 KEY를 찾고 싶었습니다. 승진도 포기하고 연구했고, 몰입했습니다. 이후 내면의 온전함, 빛, 가능성, 고유성을 초점화하는 코칭을 만났습니다. 그토록 원했던 한 사람의 근원적 변화, 지속적 성장의 KEY를 찾았고, 16년간 기쁨, 기적의 삶이 현재 진행 중입니다. 태양 빛(신)이 지구(사람)를 비춰 만들어지는 빛! 오로라처럼 저는 신이 선물로 주신 한 사람 내면의 온전함(빛)을 만나는 순간, 가슴이 벅찹니다. 온전함의 빛에 공명하며 생명력이 넘치는 삶을 창조하는 오로라 코치는 저의 소명이 되었습니다.

### B 코치로서 달성한 비전은?

- ACPK 인증 [마인드코드-존재코칭] 베이직, 플러스 자기인식, 자기관리 개발
- ACPK기초, 심화, 역량 워크숍 연간 40여 회 운영(사람앤사랑연구소(주), 2023)
- 인증코치 양성기관 운영, KAC, KPC, KSC 약 100여 명 자격 취득(2023~2024)
- [마음키움] 인성코칭 프로그램 개발(동화세상에듀코(주), 2022)
- [존재육아] 부모존재코칭 개발 및 클래스유(주) 론칭(사람앤사랑연구소(주), 2023)
- [버츄코칭리더 교사성장학교] 재능기부 운영(2018-2023)
- [교사 100명 코칭 나눔] 300회 코칭나눔 금원 기부운영(2023)

### C 코칭을 통해 깨닫게 된 것은?

- 온전함 체험: 나는 몸(체성)-마음(심성)-의식(영성)을 가진 이미 온전한 존재다.
- 대화적 실존: 나는 내면의 온전함을 서로 비추며 대화할 때 가슴 뛰는 존재다.
- 근원적 성장: 나의 1% 깨어난 의식이 99%의 무의식을 주도한다.

## Coach's Powerful Coaching Question
## 오로라 코치 권영애의 파워풀 코칭퀘스천

1. 당신의 삶에서 만난 동시성(신의 선물, 연결, 인연) 체험은 무엇인가요? 그 체험으로 알아차린 것은 무엇인가요?

2. 당신에게 일은 어떤 의미인가요? 일을 통해 세상에 전하고 싶은 강력한 신념은 무엇인가요? 그 신념과 관련한 당신의 고유한 체험은 무엇인가요?

3. 당신은 무엇을 할 때, 가슴 뛰는 기쁨을 느끼나요? 그 기쁨과 관련해 무한대의 삶을 창조할 수 있다면, 어떤 삶을 창조하고 싶으세요? 올해에 실행할 세 가지는 무엇인가요?

**plus** 앞으로의 비전은?

- 교사 100명 300회 코칭 기부, 위탁가정 50명 150회 코칭 기부, 청소년 50명 150회 코칭 기부
- [마인드코드-존재코칭] 존재코치 1,000명 세우기
- [코치의 심리학, 철학, 영성] 아카데미 및 [라이프코칭학교] 운영

097

# 환대리더십 코치 유미애

(주)OIC월드 대표
마스터코칭랩 대표코치
(사)한국조직경영개발학회 상임이사
진성리더십 총괄운영
(주)다인리더스 이사
평생교육연구소 소장

공감 · 직관 · 고유함과 탁월함 캐치

"존중, 환대로 조직과 개인의 성장을 촉진하고 삶의 주인으로 살아가도록 동행하는 세르파코치 유미애입니다."

**코칭이란** 코칭은 전인적이고 창조적인 인간이 잠시 웅덩이에 빠졌을 때, 더 나아가도록 할 때 손을 잡아주는 것입니다.

## 코치로서의 전문성

1. 국제코치연맹 PCC / 한국코치협회 KPC
2. 미갤럽 인증 강점코치 GGSC / SMART코칭 FT / ACT-GROWTH FT
3. IT계열 전문가(정보처리기사, MCSE, MCDBA, 웹디자인) / 프로젝트 PM

**프로그램 개발**

- EST_SOFT 〈그룹코칭〉 전사교육 프로그램 개발 및 코칭
- 〈진성리더십아카데미〉 프로그램 업그레이드 및 총괄운영(2020~현재)
- 서울시 〈청년그룹코칭〉 프로그램 개발 및 코칭
- 〈세상에 비전을 외치다CEVI〉 프로그램 개발 및 운영
- 〈일상에서 예술하기〉 프로젝트 수행

환대리더십 코치 유미애의

## ABC 코칭대화모델

### A 코치가 되어 본인 삶에서 무엇이 달라졌나요?

제게 가장 중요한 주제는 언제나 인간이었습니다. 인간답게 살고 싶고 인간을 돕고 싶다는 마음이 늘 가득했지요. 코치가 된 후 제 자신을 더욱 돌보고 소중하게 생각하고 존재의 가치를 깨달았습니다. 고객에게도 그런 마음을 전하고 전문적인 코칭으로 고객이 원하는 변화와 성장, 치유를 하게 되었습니다. 의미있고 가치 있는 존재목적을 깨닫고 평생 업을 결정하게 되었습니다.

### B 코치로서 달성한 비전은?

- 삶의 의미를 모르고 숨 가쁘게 살아가다, 때론 이렇게 살아 뭐하지 하는 고객이, 살아가고 싶고 자기답게 살아내려는 의지를 돕고, 삶에 대한 의미를 다시 새기고 활력을 얻고, 자신의 원하는 새로운 도전을 하고 성공하도록 했습니다.
- 리더십과 구성원과의 소통을 고민하는 임원에게 자기인식을 돕는 질문과 코칭을 통해 스스로 인식과 성찰의 변화를 도왔습니다.
- 은퇴를 앞두고 모든 마음이 닫혀 있는 고객에게 특유의 따뜻함과 공감, 환대를 통해 마음의 문을 열게 하고 새로운 제2의 인생을 살도록 도왔습니다.

### C 코칭을 통해 깨닫게 된 것은?

사람들은 불완전한 존재입니다. 또한 자신의 존재목적과 가야 할 길을 알고 있는 존재이기도 합니다. 산정상을 가기 위해 길을 안내하는 세르파가 필요하듯이, 누군가의 질문을 받고 절대적으로 공감해줄 한 사람을 만나면 깊은 성찰과 실천을 통해 온전히 나아갈 수 있습니다. 더 좋은 선택과 나은 결정을 위해서는 코치가 필요합니다. 누구나 더욱 온전한 성공을 하기 위해서는 코치를 만나야 합니다. 제가 그랬고 많은 이들이 그랬습니다.

### plus 앞으로의 비전은?

- 준중, 환대, 직관을 발휘하여 고객이 삶의 주인으로 살아가도록 함께 걷는다.
- 고유성과 탁월성을 발견하여 고객 스스로 결정과 선택을 하도록 돕는다.
- 코치다움을 갖춘 코치를 100명 양성한다.

## Coach's Powerful Coaching Question
## 환대리더십 코치 유미애의 파워풀 코칭퀘스천

1 당신은 누구의 인생을 살고 있습니까?

2 생애 가장 행복한 순간은 언제인가요?

3 힘든 순간을 어떻게 이겨냈나요?

098

# 커리어의 미래를 잇는 코치 심숙경

(주)이노HR컨설팅 대표이사
(주)휴넷 HR사업본부 팀장
Adelaide Convention Centre CS팀
(주)대덕전자 IT팀/ERP개발

일 · 사람 · 가치 · 미래 · 실행력

*"미래의 커리어와 더 가깝게 만날 수 있도록, 생각하고 깨어있게 하는 코치 심숙경입니다."*

**코칭이란** 코칭은 창의적인 프로세스 안에서 고객 스스로 내면에 지닌 삶의 목적과 해답을 찾게 하고, 무한한 잠재력을 최대한 발휘하여 삶을 변화하고 성장할 수 있도록 지원하는 과정입니다.

## 코치로서의 전문성

### 1 커리어코칭

다양한 상황별 커리어 진단을 통해 스스로 자기개발 계획을 세우고 실행함으로써 개인을 성장시키는 커리어코칭 능력이 탁월함

### 2 인재채용 전문가

1,000여 개 이상의 국내외 기업에 인재를 매칭해온 인재채용 전문가로서 기업과 인재의 미래를 연결하고 성장시키는 능력이 탁월함

### 3 자기개발 전문가

미래의 진정한 승자가 되기 위해 함께 생각하고 실행하는 자기개발 분야 전문가

**프로그램 개발 및 저서**

- 자기개발, 변화관리, 커리어 씽킹 등 과정 개발 및 운영
- 인재채용 전문가, 역량면접 전문가, 평판조회 전문가 등 다수의 콘텐츠 개발 및 운영
- 10대 대표 역량 정의, 행동지표, 역량별 질문, 면접도구 등 개발
- INNO커리어코칭 프로그램 운영
- 《미래를 잇다: 헤드헌팅 라이브》(플랜비디자인, 2022)
- IBK경제연구소, 한경리크루트('커리어 라이브') 등 다수의 칼럼 연재

커리어의 미래를 잇는 코치 심숙경의

## ABC 코칭대화모델

### A 코치가 되어 본인 삶에서 무엇이 달라졌나요?

급변하는 경영환경 속에서 미래에 대한 불안감을 헤쳐나가기 위해 고민하고, 다양한 경험과 도전을 시도하면서 코칭을 만나게 되었습니다. 삶의 목적을 찾게 하는 질문에서부터 '이 일을 왜why 하는가? 등과 같은 단순하지만 파워풀powerful한 질문들은 일의 의미와 가치를 갖게 했고, 또한 내면의 큰 변화와 성장을 경험하게 하는 '마중물'의 역할을 했습니다. 이를 계기로 코칭은 저에게 개인적으로나 조직 내의 크고 작은 문제에 직면했을 때, 외부에서 해결책을 찾으려고 했던 방법에서 벗어나 먼저 다양한 각도에서 생각하고, 그 해결책을 스스로 찾고 실행해나가는 데 큰 도움이 되었습니다.

### B 코치로서 달성한 비전은?

- 커리어코칭 1급 자격 취득
- ICF ACTP 자격 취득
- 커리어진단Career Pro, 'Inno커리어코칭' 등 다수 프로그램 개발
- 일자리 창출을 위한 산학협력 프로그램 '커리어를 디자인하다' 외 다수 진행
- 실행하는 리더, 셀프리더십 개발 및 코칭
- 차세대 글로벌 리더 발굴 프로그램 개발

### C 코칭을 통해 깨닫게 된 것은?

삶 속에서 '일'과 '관계'에 대해서 생각하고 고민하면서 소명의식을 갖게 되었습니다. 나는 어떤 존재인가? 나는 어떤 사람으로 기억되고 싶은가? 내가 가고 있는 길이 맞는가? 등의 질문을 통해 커리어 비전과 미션을 갖게 되었고, 이를 통해 다른 사람들의 성공을 돕는 선한 영향력을 발휘할 수 있게 되었습니다. 또한 상황 변화나 위기 발생 시에도 방향과 목표를 설정하고, 그 목표를 달성하기 위해 최선의 노력과 책임감 있게 행동하는 셀프리더 중심의 자기경영 마인드를 갖게 되었습니다.

### plus 앞으로의 비전은?

- 개인과 기업이 함께 성장하는 코칭 서비스 제공
- 개인의 일과 미래를 이어주는 '커리어퓨쳐 프로젝트: I-퓨쳐YY'
- 기업의 '사내코치' 육성

Coach's Powerful Coaching Question

## 커리어의 미래를 잇는 코치 심숙경의 파워풀 코칭퀘스천

1 신체적·정신적으로 어려운 상황에서도 두려움을 극복하고 성공한 사람들의 크고 작은 스토리는 감동과 희망 그리고 동기부여됨을 느끼게 해줍니다. 당신이 기억하는 가장 감동적이거나 가슴 뛰게 하는 스토리 중 '자신의 삶의 중심이자 방향의 역할'을 하는 것이 있다면 무엇인가요?

2 일이 주는 의미와 그 일을 하게 하는 동기motivation는 세대마다, 사람마다 다양할 수 있습니다. 그리고 자신의 일을 통해서 얻고자 하는 것이나 꿈꾸는 것 또한 각자 다를 수 있습니다. 당신이 지금 하고 있는 일은 무엇이고, 당신으로 하여금 그 일을 하게 하는 가장 큰 동기는 무엇인가요?

3 긍정심리학positive psychology에서는 '미래의 내가 현재의 행동과 삶을 좌우한다'고 설명합니다. 미래를 꿈꾸고 상상할 수 있는 것은 아직까지 인간만이 할 수 있는 능력입니다. 당신이 오매불망, 마치 본 듯이, 느낀 듯이, 생생하게 마음에 품고 있는 당신의 꿈 또는 원하는 모습은 무엇인가요?

# 099
# 마음과 마음을 잇는 커넥터, 커뮤니케이션 코치 윤성혜

윤성혜 코칭아카데미 대표
그레이스 크리스천코칭연구소 대표
국민대학교 겸임교수

사 랑 · 연 결 · 긍 정 · 포 용 · 공 감

*"저를 만나는 모든 분들이 사랑과 평안을 누리는 가운데 자기 자신을 있는 그대로 기뻐하며, 자신의 탁월성을 온전히 발휘할 수 있도록 지원하는 커뮤니케이션 코치 윤성혜입니다."*

**코칭이란** 코칭은 경험과 지식에 의해 규정 지어진 자신을 뛰어넘어, 존귀하고 소중한 존재인 '진정한 자신'과의 긍정적 내면 소통을 통해 다른 사람들도 있는 그대로 수용하고 마음이 하나되는 커뮤니케이션 프로세스입니다.

## 코치로서의 전문성

### 1 리더십코칭

국내 및 글로벌 기업 임원/팀장, 중소기업 및 스타트업 CEO/부서 리더들이 깊이 있는 자기인식을 통해 구성원들의 성장과 변화를 이끌어내고, 조직의 성과를 낼 수 있도록 지원하고 있습니다.

### 2 커뮤니케이션 전문코치

커뮤니케이션 전공자로서 건강한 내면 소통을 기반으로 한 대인관계 향상, 관계 회복, 갈등관리 및 조직 내 의사소통 활성화를 이루어 집단 천재성이 나타나도록 지원하고 있습니다.

### 3 크리스천코칭

사랑이신 하나님과의 깊은 만남을 통해 하나님 자녀로서의 정체성을 가지고 날마다의 삶 속에서 하나님의 사랑을 흘러보내는 삶을 살기 원하시는 분들과 함께합니다.

**프로그램 개발 및 저서**

- 〈BLS 코칭 커뮤니케이션〉 개발
- 〈BLESS 코칭대화모델〉 개발
- HTM 월간지(킹덤빌더紙), '킹덤빌더커뮤니케이션' 연재(2020. 1~2020. 10)

마음과 마음을 잇는 커넥터, 커뮤니케이션 코치 윤성혜의

## ABC 코칭대화모델

### A 코치가 되어 본인 삶에서 무엇이 달라졌나요?

제일 큰 변화는 존재Being에 초점을 맞춘 소통을 더욱 깊이 하게 되었다는 것입니다. 저 자신과 다른 사람들을 바라볼 때 행동Doing 이면에 있는 존재Being에 더 집중하게 되었습니다. 먼저 제 존재를 있는 그대로 인정하며 셀프코칭 질문을 하는 가운데 내면소통이 더 풍요로워졌습니다. 고객과 함께할 때도 Doing 이면의 Being을 바라보며 잠재된 최고의 탁월성을 나타낼 수 있도록 지원하고 있습니다.

### B 코치로서 달성한 비전은?

- 커뮤니케이션/리더십 전문코치로 개인 및 조직의 변화와 성장을 지원(2,500시간 이상)
- 한국코치협회 전문코치KPC 자격 취득, KAC 인증기관 심사위원으로 활동
- ICF 국제코칭연맹 전문인증코치PCC 자격 취득, ICF 코리아챕터 국제위원장으로 활동
- 국제공인 NLP 트레이너NLP University
- 대학에서 미래를 이끌어갈 리더들을 꾸준히 양성하고 있음
- 크리스천 코칭을 통해 하나님 나라 복음을 전하고 킹덤빌더를 세우고 있음

### C 코칭을 통해 깨닫게 된 것은?

코칭은 다만 한 개인의 삶을 바꾸는 것을 넘어 '문화'를 변화시킬 수 있다는 것입니다. 한 사람의 존재가 얼마나 소중하고 고귀한지 진심으로 느끼고 그 존재에 대해 감격하며, 있는 그대로 바라보는 데서 출발하기에, 코칭은 개개인의 삶의 터칭을 넘어 문화를 역동하는 것임을 보게 됩니다. 신문방송학과에 입학했을 때부터 그렸던 비전이 있습니다. 그것은 사람들이 서로 사랑하며 하나 되는 문화로 바뀔 수 있도록 연구소를 만들어 이바지하는 것이었습니다. 영국에서 문화이론을 공부하며 다방면으로 노력했지만, 그 일은 쉽지 않았습니다. 그 비전을 코칭을 만나 이루고 있습니다. 코칭을 통해 한 사람이 변화됨으로 가정이 변하고, 속한 조직과 공동체가 변해감으로 '하나 됨의 문화'가 형성된다는 것을 매일 기쁘게 경험해가고 있습니다.

### plus 앞으로의 비전은?

- 한국코치협회, ICF 국제코칭과정 프로그램 인증 및 인증코치 100명 양성(2030)
- BLS 코칭 커뮤니케이션 저서 집필(2025)
- 가정, 기업, 교회, 실버세대를 위한 BLS 코칭커뮤니케이션 프로그램 확산(2024~)

## Coach's Powerful Coaching Question
# 커뮤니케이션 코치 윤성혜의 파워풀 코칭퀘스천

1. 비행기를 탔을 때 위급상황 시 산소마스크가 떨어지면 반드시 본인이 먼저 마스크를 착용하고 동반자를 도우라고 안내받습니다. 나의 존재를 소중히 여겨야 마음에 다른 사람을 소중히 여길 수 있는 여유가 생깁니다. 소중한 나 자신에게 매일 아침 거울을 보며 어떤 말을 해주면 좋을까요?

2. 미국에서 코칭을 배울 때 나 자신을 은유로 나타내는 글을 써오라는 숙제를 받은 적이 있습니다. A4 약 두 장 분량의 글에서 나는 '라일락 트리'가 되었고, 아름다운 향기가 나는 '라일락 트리'의 입장에서 나 자신과 세상을 바라보며 큰 감동을 느꼈던 기억이 십수 년이 지난 지금까지도 생생합니다. 지금 잠시 눈을 감고 여러분 자신을 한 번 느껴보세요. 여러분을 은유로 표현한다면 어떻게 표현하고 싶은가요? 종이를 내어 그 입장이 되어 글을 써볼까요?

3. 내가 컨트롤 할 수 있는 일과 없는 일이 있습니다. 나도 모르게 익숙하기 때문에 통제하려 하고 있는 일이 있을 때, 마음에 짐이 되고 부담이 되는 경우가 많이 있습니다. 내가 문제 삼지 않으면 아무것도 문제가 되지 않습니다. 나의 경험과 지식에 기초한 판단이 실재가 아닐 수도 있습니다. 상황과 사람을 통제하려는 마음을 내려놓고 '있는 그대로' 바라보고 허용한다면 나와 내가 속한 가정, 조직에 어떤 변화가 생길까요?

100

# 생명을 살리는 한 사람의 코치 김애진

리얼코칭 대표
한국생산성본부 교수
연세대학교 상담대학원, 고려대학교 경영대학원 EMBA

경영자 마인드 이해 • 심리분석 • 현실적 코칭 • 삶의 의미 발견 • 실행력

"생명을 살리는 한 사람이라는 사명으로 20년간 사람을 낳고 키워온 코치 김애진입니다."

**코칭이란** 한 사람의 삶의 조각에 초대되어, 삶을 북극성(삶의 목적)에 맞게 정렬하도록 돕는 전문적인 파트너 관계입니다.

## 코치로서의 전문성

### 1 경영자의 심리 관리

현재 개인코치에서 리얼코칭 회사를 운영하며 경영자와 리더의 심리를 깊이 이해함(연세대학교 상담대학원, Canada Christian College 박사과정 중, 고려대학교 경영대학원 EMBA)

### 2 결과와 성과를 내는 영향력 있는 코칭

코칭을 통해 고객의 삶과 고객사의 성장에 실제적인 성과를 내는 코칭

### 3 코치양성 전문

복면코칭왕 우승, 고객의 도전에 코치 역시 도전적인 삶을 살아야 한다는 생각으로 코칭 입문 5년 만에 KSC(슈퍼바이저) 자격을 도전하여 취득함. 코치 양성 200명 이상

**프로그램 개발 및 저서**

- 〈일년살이〉 그룹코칭 운영
- 〈잃어버린 나를 찾아서〉 경력단절 여성 코칭
- 코칭 북스터디 그룹 운영
- 그룹코칭 청소년 지도자 과정
- 부모코칭 강의 및 그룹코칭
- 2022 자립준비청년협회 코치양성 과정 및 일대일 코칭 프로그램 진행
- 2020, 2022, 2023 코칭컨페스티벌 세션 발표(한국코치협회)
- 2020 복면 코치왕 대상(CiT코칭연구소 주최)

생명을 살리는 한 사람의 코치 김애진의

## ABC 코칭대화모델

### A 코치가 되어 본인 삶에서 무엇이 달라졌나요?

꿈을 현실에서 이루어갈 수 있게 되었습니다. 내 자신이 더 잘될 수 있을지 몰랐고, 계속되는 과거로부터 발목이 잡히는 제한적인 생각 속에 살았는데, 코칭을 통해 '무엇을 하고 싶나요?'라는 질문에 진정 하고 싶은 이상을 향한 1cm의 변화를 현실에서 시도하게 되었고 하나씩 이뤄가게 해주었습니다. 또한 주변 사람들과 고객들을 항상 도와주어야 하는 존재로만 인식했는데, 그들 스스로에게 '가능성'과 잠재력이 있다는 것을 믿고 일방적으로 도와주는 관계가 아닌, 독립적이면서도 협력적인 수평적 관계를 맺을 수 있게 되었습니다.

### B 코치로서 달성한 비전은?

- 한 사람, 한 사람에게 삶의 의미를 발견하도록 한 것
- 성공적으로 CEO 및 임원 코칭을 진행하고 있는 것
- 경력 단절 여성에서, 사명을 성취해가는 회사를 만들어가는 CEO가 된 것
- 기업의 리더십코칭에서 리더들의 일과 삶의 의미를 찾아주고 실제적인 리더십 향상, 조직 내 변화를 이루어내는 결과를 이룬 것(코칭 만족도 4.8점/5점)
- 커리어코칭에서 지역사회의 인력개발기관과 연계하여 10여 명의 코치들에게 일할 기회를 제공하고 만족도 높은 결과를 이룬 것
- 수익금을 내어 자살예방콘서트를 개최하여 기업의 사회적 책임을 이루어가는 것

### C 코칭을 통해 깨닫게 된 것은?

- 사람은 상상하는 것만큼 이뤄갈 수 있다. 한계를 넘어선 도전은 가능하며 현실로 만들어가는 과정이 쉽지는 않아도 사람의 머릿속에 상상할 수 있는 만큼 이루어갈 수 있다.
- 사람의 가치를 믿어주는 한 사람에 의해 사람은 꿈을 이루어간다. 누구나 꿈꾸지만, 그 꿈이 흔들릴 때 자신을 믿어주고 현실로 만들어가려는 노력을 기울이도록 한 사람이 있을 때 움직여간다.
- 이상은 현실 안에서 이루어지며, 현실은 이상을 향해 나아간다. 실제적인 삶의 변화는 결코 뜬구름 잡는 이상 속에 있지 않고, 실제적인 실행을 현실 안에서 이루어갈 때 가장 힘이 있다. 고객의 삶의 실제적인 변화가 있을 때 코칭은 파워풀해지며 고객은 더욱 자신의 삶에 자신감이 있어진다.

## Coach's Powerful Coaching Question
## 생명을 살리는 코치 김애진의 파워풀 코칭퀘스천

1. 천천히 가더라도 포기할 수 없는 것은 무엇인가요?

2. 5년 뒤 생각하는 미래가 진실로 자신의 것이라면, 지금 무엇을 하시겠나요?

3. 나를 제한하는 내면의 목소리를 한마디로 일축시킨다면 무엇이라고 말해주고 싶나요?

**plus** 앞으로의 비전은?

- 한 사람의 변화를 통해 세상의 변화에 기여한다는 사명을 내·외적으로 실제적으로 실천해나가는 리얼코칭을 만들어가는 것
- 5년 내에 국내 중소기업 CEO들의 전문적인 경영자들의 심리 코치가 되는 것
- 5년 안에 코치들이 실제적인 수익을 얻는 비즈니스 모델을 개발해 보급하는 것
- 10년간 회사의 수익금을 기부하여 자살예방콘서트를 매년 개최하는 것

# INDEX

대한민국 전문코치 백인백서

# 100인의 전문코치

강성윤 강승연 강시원 고태현 구소연 권세연 권영선 권영애

그레이스 박 김경화 김대형 김미정 김상호 김숙정 김애진

김연수 김영숙 김은영 김재림 김정배 김진경 김태균 김혜영

김홍석 나성재 남상은 문효정 민지선 박선희 박소영 박순천

박용권 박정향 박주연 박지영 배명숙 백수연 복혜정 서순금

서우경 서재진 석윤희 손미향 송지원 신수진 신여윤 신정순

신혜섭 심숙경 심현숙 안남섭 안순봉 연영주 예우희 오수남

오윤주 오은경 오정근 왕장호 왕효분 유미애 유승아 유충열

유현심 윤성혜 윤수영 윤영돈 이경희 이미경 이민지 이상희

이석재 이수지 이은선 이정민 이정윤 이정현 이정화 이현정

이현주 이홍원 임은주 장재섭 정경화 정승연 정 혁 조진영

진정아 차경희 천은희 최동하 최성남 최인복 한민수 한성지

한종진 한혜정 허영숙 홍성향 황현호

Coaching Friends 코칭프렌즈

'코칭프렌즈'는 아이지엘코칭그룹(www.iGL.kr)에서 설립한 사회공헌 비영리단체입니다. 코칭프렌즈는《당신만을 위한 100개의 질문》의 저작권사용료 및 후원금으로 운영되고 있으며, 한국 비영리단체 전문 코칭기관으로 발돋움하고 있습니다.

주요 사업으로는 사회공헌코칭, 코칭퀘스천 클래스, 한국 비영리단체 임직원 사내코치 육성 등이 있습니다. 사회공헌코칭은 라이프코칭, 커리어코칭이 필요한 단체/모임에 1 : 1 코칭을 유·무상으로 제공하고 있습니다. 현재 제3호 사회공헌코칭이 진행되었으며 앞으로 제100호 사회공헌코칭을 진행하고자 하는 VOC 비전을 가지고 있습니다.

제1호 사회공헌코칭(서대문시니어클럽 임직원)

제2호 사회공헌코칭(강동종합사회복지관 임직원)

제3호 사회공헌코칭(부산 지역 학부모 모임)

위와 같이 사회공헌코칭이 진행되었으며, 10명 이상 단체/모임을 추천받고 있습니다. 관심 있는 단체는 아래 연락처로 연락 주시면 됩니다. 코칭퀘스천 클래스는《당신만을 위한 100개의 질문》을 교재로 하는 라이프코칭 프로그램으로, 총 10주간의 커리큘럼으로 구성되어 있습니다. 자세한 내용은 '100개의 질문' 책에서 살펴볼 수 있습니다. 한국 비영리단체 임직원 사내코치 육성 사업은 IGL Coaching Group의 'IGL 창의적 코칭과정'(한국코치협회 ACPK 인증프로그램)을 통해 한국코치협회 인증코치를 매칭펀드로 육성하고 있습니다.

- 문의: 코칭프렌즈 한민수 hoyeoncoach@gmail.com
- 후원: 공식후원계좌 277-20-072663 SC제일은행 (코칭프렌즈 한민수)
- 인스타그램: @coaching.friends